ENCYCLOPÉDIE
ou
DICTIONNAIRE RAISONNÉ
DES SCIENCES
DES ARTS ET DES MÉTIERS

1

ENCYCLOPÉDIE

ou

DICTIONNAIRE RAISONNÉ DES SCIENCES DES ARTS ET DES MÉTIERS

(articles choisis)

1

Discours préliminaire,
par d'ALEMBERT
(texte intégral)

Chronologie, introduction et bibliographie
par Alain Pons

*Publié avec le concours
du Centre national des Lettres*

GF Flammarion

*On trouvera dans le second volume
un index des articles, un index des auteurs.*

CHRONOLOGIE

1745 : Sellius, Allemand de Dantzig vivant à Paris, propose à l'éditeur Le Breton de traduire la *Cyclopaedia, or an Universal Dictionary of Arts and Sciences,* d'Ephraim Chambers (1728, 2 vol. in-folio).

Le Breton se fait accorder un privilège (février) et passe un contrat avec Sellius et l'Anglais John Mills qui est censé financer l'opération. Le texte de la *Cyclopaedia* sera corrigé et développé (4 vol. de texte et 1 vol. de planches). Rupture entre Le Breton et ses deux associés (août). Le Breton s'associe à trois autres libraires, Briasson, Durand, David l'aîné (octobre).

1746 : Un nouveau privilège est accordé pour une *Encyclopédie ou Dictionnaire universel des Arts et des Sciences, traduit des Dictionnaires anglais de Chambers et de Harris, avec des additions.* L'abbé Gua de Malves est chargé de diriger le travail, Diderot est engagé comme traducteur, et d'Alembert contrôlera les articles scientifiques.

1747 : Gua de Malves abandonne ses fonctions. Diderot et d'Alembert deviennent responsables de la publication (octobre).

1748 : Le projet initial est élargi. D'Alembert s'occupe de la partie scientifique, Diderot du reste de l'ouvrage et, en particulier, de la *Description des Arts*. De nouveaux collaborateurs sont engagés.

1749 : Diderot est incarcéré au donjon de Vincennes (juillet) à la suite de la publication de la *Lettre sur les aveugles*. Les

libraires multiplient les démarches en sa faveur. Il est
libéré en novembre.

1750 : Diffusion du *Prospectus* rédigé par Diderot (novembre). 10 vol. in-folio sont prévus, dont 2 de planches.

1751 : Les souscriptions commencent à affluer. Polémique
entre Diderot et le P. Berthier, qui a critiqué le *Prospectus*
dans le *Journal de Trévoux* publié par les jésuites.

En juin, publication du premier volume de l'*Encyclopédie
ou Dictionnaire raisonné des Sciences, des Arts et des Métiers,
par une société de gens de lettres*. En tête du volume se trouve
un long *Discours préliminaire* rédigé par d'Alembert.

Le *Journal de Trévoux* reprend ses attaques. L'abbé de
Prades, collaborateur de l'*Encyclopédie*, soutient une thèse
de théologie à la Sorbonne (novembre).

1752 : Publication du second volume (janvier). La thèse de
l'abbé de Prades est censurée et condamnée au feu.
L'archevêque de Paris, Christophe de Beaumont, lance un
mandement contre son auteur, qui s'enfuit en Hollande,
puis à Berlin, suivi de l'abbé Yvon, autre collaborateur du
Dictionnaire.

Pamphlet du P. Geoffroy, jésuite, et attaques des *Nouvelles
ecclésiastiques*, jansénistes. Arrêt du Conseil d'Etat interdi-
sant les deux premiers volumes, déjà distribués (février).

Grâce à l'appui de Malesherbes, directeur de la Librairie et
du parti antijésuite à la Cour (Mme de Pompadour, Bernis),
l'*Encyclopédie* peut continuer, sous surveillance. Diderot publie la *Suite de l'Apologie de l'abbé de Prades* (octobre).

1753 : Publication du IIIe volume, précédé d'un *Avertissement* de d'Alembert (novembre).

1754 : Le tirage définitif est porté à 4 225 exemplaires.
Publication du IVe volume.

Fréron commence ses attaques dans l'*Année littéraire*. A
Lyon, le jésuite Tholomas s'en prend violemment à
d'Alembert. D'Alembert est reçu à l'Académie française
(novembre).

1755 : Publication du Ve volume, qui marque les débuts de la
collaboration de Voltaire et contient l'article *Encyclopédie*,
de Diderot (novembre).

1756 : Publication du VIe volume (mai).

1757 : Attentat de Damiens contre Louis XV (janvier). Edit du Parlement punissant de mort ou des galères les responsables d'écrits tendancieux (avril).

Dans les derniers mois de l'année, les ennemis de l'*Encyclopédie* se déchaînent. Publication du *Premier Mémoire sur les Cacouacs*, de Vaux de Giry (octobre), du *Nouveau Mémoire pour servir à l'histoire des Cacouacs*, de Jacob-Nicolas Moreau (novembre), des *Petites Lettres sur de grands philosophes*, de Palissot, et de *La Religion vengée ou Réfutation des auteurs impies*, de Soret et du P. Hayer.

Le volume VII, paru en novembre, contient l'article *Genève*, de d'Alembert, qui provoque les protestations des Genevois (en particulier Tronchin, le médecin ami des encyclopédistes) et la rupture avec Rousseau, dont la *Lettre à d'Alembert sur les spectacles* sera publiée en 1758.

1758 : D'Alembert, excédé par les attaques et les persécutions, décide d'abandonner l'*Encyclopédie* (il accepte cependant de continuer à s'occuper des articles de mathématiques). Voltaire, qui menaçait de quitter l'entreprise lui aussi, maintient sa collaboration. Le travail prend du retard, et aucun volume ne paraît en 1758.

Condamnation du livre d'Helvétius, *De l'Esprit* (août). Début de la publication des *Préjugés légitimes contre l'Encyclopédie*, d'Abraham Chaumeix (novembre).

1759 : L'année terrible. Le procureur général Joly de Fleury prononce un réquisitoire contre huit ouvrages subversifs, au nombre desquels l'*Encyclopédie*, qui sont condamnés par le Parlement de Paris (février). Les sept volumes de l'*Encyclopédie* déjà parus devront être soumis à une commission de censure. Leur distribution est suspendue, alors que le VIIIe volume est déjà sous presse.

Le Conseil du Roi révoque le privilège de 1746 (mars). Les libraires devront rembourser 72 livres aux souscripteurs. Ils menacent de continuer l'entreprise en Hollande ou en Suisse. Malesherbes transige : les souscripteurs seront remboursés par la livraison des volumes de planches (qui n'ont pas encore été publiés). Un nouveau privilège est accordé pour un *Recueil de mille planches gravées* (septembre). L'*Encyclopédie* est sauvée. Le gouvernement, dans les années suivantes, fera semblant d'ignorer que l'ouvrage, y compris les textes, va être mené à bonne fin.

Bref du pape Clément XIII condamnant l'*Encyclopédie* (septembre). L'*Année littéraire*, de Fréron, publie une lettre du graveur Pierre Patte accusant les éditeurs du *Dictionnaire* de s'être servis des planches commandées par Réaumur pour les *Descriptions des Arts et Métiers* de l'Académie des Sciences (novembre). Réponse des libraires dans l'*Observateur littéraire* de décembre.

1760 : Le Franc de Pompignan attaque les « philosophes » dans son discours de réception à l'Académie française (mars). Première représentation, à la Comédie-Française, de la comédie des *Philosophes*, de Palissot, où les encyclopédistes sont ridiculisés. En réponse, publication d'une brochure anonyme, *Préface de la comédie des Philosophes, ou la vision de Charles Palissot*, où la princesse de Robecq, protectrice de Palissot et maîtresse du duc de Choiseul, est prise à partie. Son auteur, l'abbé Morellet, collaborateur de l'*Encyclopédie*, est démasqué et enfermé à la Bastille.

Une certaine accalmie se manifeste dans la seconde partie de l'année. Diderot travaille d'arrache-pied à la préparation des dix derniers volumes de discours, que les éditeurs ont décidé de faire paraître d'un seul coup.

1762 : Publication du Ier volume des *Planches* (janvier).

La Compagnie de Jésus est condamnée par le Parlement de Paris, les collèges et noviciats dirigés par les jésuites sont fermés (août). Diderot rédige l'article *Jésuites*. Il refuse les propositions de Catherine II de Russie qui lui offre de venir terminer l'*Encyclopédie* à Riga.

1763 : Publication des volumes II et III des *Planches*. Diderot donne le bon à tirer des dix derniers volumes de discours.

1764 : Diderot découvre que Le Breton a exercé sans le lui dire une censure préventive sur les textes qui lui semblaient dangereux, et que le texte imprimé définitif ne correspond pas toujours aux épreuves (novembre).

Sartine, lieutenant général de la police, remplace Malesherbes comme directeur de la Librairie.

1765 : Publication du volume IV des *Planches* (janvier). Les derniers volumes de texte sont imprimés, et Diderot peut s'écrier : « Le grand et maudit ouvrage est fini ! » (septembre).

1766 : Les dix volumes de texte qui restaient à paraître au moment de la condamnation de 1759 sont mis à la disposition du public. La distribution en reste interdite à Paris et à Versailles. Pour être passé outre à cette interdiction, Le Breton est embastillé quelques jours (avril).

1767 : Publication du Ve volume des *Planches*.

1768 : Publication du VIe volume des *Planches*.

1769 : Publication du VIIe volume des *Planches*.

1770 : Panckouke, qui a acquis les droits de réimpression de l'ouvrage, se voit refuser par le gouvernement le droit de mettre en circulation les volumes qu'il a déjà imprimés. Il s'associe avec l'éditeur suisse Cramer pour poursuivre sa réimpression à Genève.
Une réimpression de l'*Encyclopédie* est entreprise à Livourne (le *Dictionnaire* français avait déjà été réédité à Lucques, avec des notes de O. Diodati, à partir de 1758).
A Yverdon, B. de Felice commence à publier une véritable réélaboration de l'œuvre, en 58 volumes in-quarto.

1771 : Publication des volumes VIII et IX des *Planches*.
Le procès intenté aux libraires par un souscripteur mécontent, Luneau de Boisjermain, vient devant la justice. Le jugement sera rendu en 1778, et Luneau débouté.

1772 : Publication des volumes X et XI des *Planches*. La publication de l'*Encyclopédie* proprement dite, avec 17 volumes de texte et 11 volumes de planches, est terminée.

1776-1777 : Panckouke fait paraître un *Supplément* à l'*Encyclopédie* (4 vol. de texte, 1 vol. de planches).

1780 : Publication d'une *Table* (2 vol.).

INTRODUCTION

« Londres : le comte d'Excester (*sic*) expulse de sa bibliothèque et livre aux flammes les œuvres de Voltaire, Rousseau, Bolingbroke et Raynal, ainsi que l'encyclopédie française. » Cette brève nouvelle, publiée dans le *Moniteur* du 6 juillet 1798, serre le cœur du bibliophile moderne, mais elle aurait attristé pour d'autres raisons l'auteur des *Lettres anglaises* et tous les encyclopédistes, admirateurs de Bacon, de Newton et de Locke, qui voyaient en l'Angleterre la patrie de la philosophie, de la science et de la liberté civile et religieuse. L'*Encyclopédie*, « ouvrage immense et immortel », comme l'écrit Voltaire dans son *Siècle de Louis XIV*, « traversé et persécuté par l'envie et l'ignorance » pendant les années de sa publication, a continué à avoir après son achèvement un destin tourmenté. Ce que Voltaire encore appelle un « monument des progrès de l'esprit humain » n'est devenu que tardivement le monument historique quasi officiel que nous connaissons. Si, en effet, les dernières années de l'Ancien Régime voient son succès commercial à travers les éditions in-quarto et in-folio répandues dans l'Europe entière, et le triomphe de ses idées largement adoptées par les élites dirigeantes de la monarchie française, une vive réaction se produit dès les débuts de la Révolution. En 1790, Burke, dans ses *Réflexions sur la Révolution de France*, met en cause la « cabale

philosophique », les « hommes de lettres politiques »
qui, associés aux « capitalistes », conçurent un « plan
régulier de subversion » : « L'union des deux académies de France, et ensuite la vaste entreprise de
l'*Encyclopédie* dirigée par ces messieurs, ne contribuè-
rent pas peu au succès de ces projets[1]. » En 1797,
l'abbé Barruel consacre les quatre volumes de ses
Mémoires pour servir à l'histoire du jacobinisme à dénon-
cer « les adeptes de l'impiété, les adeptes de la
rébellion et les adeptes de l'anarchie », c'est-à-dire
respectivement les « philosophes », les « francs-
maçons » et les « Illuminés », dont « la triple conspiration contre l'autel, le trône et la société » avait abouti à
la création des clubs des Jacobins. Selon Barruel, les
chefs des conjurés étaient Voltaire, d'Alembert et
Frédéric II de Prusse, secondés par Diderot.

Tout au long du XIXe siècle, l'*Encyclopédie* a porté le
poids de ces controverses. Elle a continué à être le
symbole admiré ou exécré de la « philosophie », des
« Lumières », et, comme telle, elle est restée livrée à
des jugements sommaires et partisans, en un mot
« idéologiques ». Vieillie et dépassée en tant que
« dictionnaire » et ouvrage de documentation, restée
trop proche en tant que « machine de guerre » chargée
d'explosifs encore amorcés, elle n'a bénéficié du recul
historique et commencé d'être un objet d'études pour
les historiens de la littérature et des idées qu'à une date
relativement récente. Entre les deux guerres, les livres
de René Hubert, de Raymond Naves et de L. P. May
ont joué un rôle précurseur[2], mais les études encyclopédistes n'ont pris leur véritable essor qu'avec le travail
de Franco Venturi sur les origines de l'*Encyclopédie*,
publié en 1946[3], l'ouvrage de synthèse et de vulgarisation de Pierre Grosclaude[4], et les publications collec-
tives suscitées par le deuxième centenaire du *Dictionnaire*[5]. Depuis, en France, en Angleterre, aux Etats-
Unis, en Italie, les historiens, au premier rang desquels
il faut citer Jacques Proust et John Lough, ont fait
progresser nos connaissances de façon continue[6].

Il n'est pas dans notre intention de dresser ici l'état
présent des études encyclopédistes, nous voudrions
seulement indiquer, pour les lecteurs non spécialistes,
les principales directions dans lesquelles se poursuit
actuellement le travail[7].

L'histoire de la publication de l'œuvre, l'aventure
éditoriale, avec ses péripéties et sa dimension économique, est mieux connue, malgré la disparition presque
totale des archives des éditeurs, grâce à May, Gordon
et Torrey, Lough[8]. Pour la vingtaine d'années qui suit
l'achèvement de l'*Encyclopédie* et qui voit l'œuvre
popularisée par des éditions in-4° et in-8° à (relativement) bon marché, le livre récent de Robert Darnton[9]
apporte, grâce à l'utilisation systématique des archives,
restées intactes, de la Société typographique de Neu-
châtel, des éclaircissements décisifs.

Un autre champ d'investigation est celui qui est
constitué par les collaborateurs de Diderot et de
d'Alembert pour la rédaction du *Dictionnaire*. Les
recherches de Proust, Lough et Schwab, en particulier, ont permis de faire des progrès importants dans
les attributions d'articles et l'identification des collaborateurs, bien que nombre d'articles soient sans doute
destinés à rester à jamais anonymes[10]. Le milieu
encyclopédique est ainsi mieux cerné, et la base sociale
de l'œuvre définie avec davantage de nuances. Quant
au public, celui des souscripteurs et celui des lecteurs,
de patientes recherches locales lui donnent désormais
un visage moins flou.

Les onze volumes de planches, à cause de leur valeur
documentaire et esthétique, ont particulièrement
retenu l'attention des éditeurs. En moins de vingt ans,
ils ont été reproduits intégralement, et avec beaucoup
de soins, à plusieurs reprises, sans parler des recueils
de planches choisies[11].

La conception même de l'*Encyclopédie*, dans ce
qu'elle emprunte à la tradition comme dans ce qu'elle a
d'original, est mise en évidence par les études de
R. Collison, A. Salsano et A. Rey sur le genre encyclo-

pédique en général[12] et par celles de G. Tonelli,
F. A. Kafker et ses collaborateurs, et M. Mamiani sur
les dictionnaires et encyclopédies des XVII⁰ et XVIII⁰ siècles, auxquels Diderot et d'Alembert ont beaucoup
emprunté[13].

Le texte de l'*Encyclopédie*, le contenu des articles,
offre une matière énorme, prête à être exploitée par les
historiens des idées philosophiques, scientifiques,
techniques, politiques, économiques, sociales, esthétiques, linguistiques, grammaticales, etc. Quelles sont
les sources des idées exprimées dans ces articles, quels
sont les emprunts et les influences qui s'y révèlent?
L'information est-elle à jour, compte tenu de l'époque? Quelles conclusions peut-on en tirer sur l'état
d'avancement du savoir dans les différents domaines?
Quelle est l'idéologie qui s'y exprime? Y a-t-il des
lacunes, des différences de point de vue, voire des
contradictions entre les divers collaborateurs? Quelles
comparaisons y a-t-il lieu de faire avec les œuvres des
contemporains non encyclopédistes, français ou étrangers? Telles sont quelques-unes des questions que l'on
peut poser à l'*Encyclopédie*. Certains, moins nombreux
qu'on ne l'attendrait, s'y sont employés, mais les
résultats de leurs recherches sont la plupart du temps
dispersés dans des revues, et ne peuvent être tous cités.
En mettant à part les ouvrages généraux de Proust et
de Lough, nous mentionnerons le livre déjà ancien de
R. Hubert, *Les Sciences sociales dans l'Encyclopédie,* qui
aurait mérité d'être repris et continué[14], les recueils
commémoratifs de 1951 et 1952[15], l'ouvrage collectif
intitulé *Langue et langages de Leibniz à l'Encyclopédie*[16],
La Sémiotique des encyclopédistes, de Sylvain Auroux[17],
et le très riche volume d'*Essais et notes* qui conclut la
grande réédition publiée par l'éditeur italien
F. M. Ricci[18].

Malgré toutes ces publications, malgré les monogra-
phies consacrées à Diderot, à d'Alembert et aux autres
encyclopédistes célèbres, la tâche des chercheurs reste
immense. Ce n'est pas à eux qu'est destiné en premier

lieu le choix de textes que nous présentons ici. Nous savons mieux que quiconque ce qu'il y a de détestable à dépecer les grandes œuvres pour en tirer des « extraits » ou des « morceaux choisis », mais cette pratique trouve, dans le cas de l'*Encyclopédie,* sa justification. Vingt-huit volumes in-folio, dont dix-sept de texte et onze de planches, soixante et onze mille huit cent dix-huit articles, vingt millions de mots, voilà de quoi intimider les plus courageux. Et les collections complètes du *Dictionnaire* de Diderot et d'Alembert n'existent, dans le monde, qu'en nombre limité. La première édition, dite de Paris, a été tirée à quatre mille deux cent vingt-cinq exemplaires. Si l'on compte les réimpressions faites à l'étranger et les éditions in-4° et in-8° imprimées dans les années 1770-1780, on peut, avec Robert Darnton, estimer à vingt-quatre mille environ le nombre d'exemplaires mis en circulation, dont onze mille cinq cents en France [19]. Combien de collections ont-elles été perdues ou dispersées ? Celles que les bibliothèques conservent sont d'un accès et d'un maniement peu aisés et, surtout, seuls les spécialistes peuvent éviter de se perdre dans ce labyrinthe aux dizaines de milliers d' « entrées » qui se succèdent dans l'ordre alphabétique [20].

Il est donc légitime, parce qu'inévitable et indispensable, d'offrir à un public plus large que celui des « érudits », nous dirions aujourd'hui des « dix-huitièmistes », un certain nombre d'articles de l'*Encyclopédie,* reproduits dans leur intégralité, ou avec des coupures quand c'est nécessaire, pour donner une idée, la plus juste possible, de l'œuvre, à ceux qui ne peuvent la consulter *in extenso,* et leur fournir ainsi un instrument d'information et de réflexion, de travail et de plaisir [21].

On aura d'autant moins de scrupules à procéder à cette sélection que tout n'est pas d'égale valeur dans le *Dictionnaire.* Il n'y a pas de raison d'être moins sévère que le maître d'œuvre lui-même, Diderot, quand il juge rétrospectivement le travail de ses collaborateurs :

« On n'eut pas le temps d'être scrupuleux sur le choix des travailleurs. Parmi quelques hommes excellents il y en eut de faibles, de médiocres et de tout à fait mauvais. De là cette bigarrure dans l'ouvrage où l'on trouve une ébauche d'écolier à côté d'un morceau de main de maître ; une sottise voisine d'une chose sublime ; une page écrite avec force, pureté, chaleur, raison, élégance au verso d'une page pauvre, mesquine, plate et misérable [...]. L'*Encyclopédie* fut un gouffre où ces espèces de chiffonniers jetèrent pêle-mêle une infinité de choses mal vues, mal digérées, bonnes, mauvaises, détestables, vraies, fausses, incertaines et toujours incohérentes et disparates[22]. »

Pour l'historien, rien n'est absolument sans intérêt, on nous accordera cependant qu'une bonne partie des textes contenus dans les « volumes de discours » peut sans inconvénient être laissée de côté dans une anthologie de ce genre. Mais ceux qui méritent l'attention et vaudraient d'être reproduits excèdent infiniment les limites éditoriales qui nous sont assignées. Celui qui a la charge du choix doit donc faire, encore et encore, des sacrifices, et prendre ses responsabilités.

La marge d'arbitraire est pourtant plus réduite qu'il n'y paraît d'abord. Il y a, en effet, les articles de l'*Encyclopédie* qui *ne peuvent être reproduits*, il y a ceux qui *doivent être reproduits*, et enfin il y a ceux qui, en fonction de l'espace laissé libre par ces derniers, figureront ou non selon le bon plaisir, les goûts, les intérêts du « sélectionneur ».

Ne peuvent être présentés les articles scientifiques et techniques, qui perdent leur valeur quand ils sont isolés, et dont seuls les historiens des différentes disciplines peuvent tirer parti. Ces documents précieux sur l'état de la science et des « arts et métiers » au milieu du XVIIIe siècle n'ont pas leur place ici. Formons seulement le vœu que soient publiés un jour des recueils thématiques de textes de l'*Encyclopédie* sur les mathématiques, la physique, les sciences de la nature, la médecine, l'économie, la grammaire, la musique, etc.

De la même façon doivent être écartés à priori les innombrables articles géographiques et historiques (et l'on sait que, par « histoire », il faut entendre, dans l'*Encyclopédie*, moins l'étude des événements que celle des institutions, qu'elles soient politiques, juridiques, administratives ou ecclésiastiques).

A ces exclusions de principe, nous n'avons fait que de rares exceptions, avec l'article *Bas*, qui est un bon exemple de l'intérêt porté par Diderot aux techniques des métiers, et avec *Inoculation*, de Tronchin, prise de position marquante dans un débat d'ampleur européenne. *Shropshire, Stratford, Vaucouleurs,* sont des illustrations, parmi bien d'autres possibles, du biais trouvé par les encyclopédistes pour parler, dans un dictionnaire qui ne se veut pas biographique, de certains individus, personnages d'importance historique ou artistes célèbres. C'est ainsi qu'il faut chercher à l'article qui traite de la ville natale de Shakespeare ou de celle de Jeanne d'Arc les renseignements et les commentaires qui concernent ces personnages fameux. Quant à l'économie, si elle est mieux représentée dans notre recueil, c'est parce qu'elle n'a pas encore à cette époque le caractère scientifique et technique qu'elle prendra par la suite, et que, comme nous le verrons, dans les articles de Quesnay, Turgot et autres, en même temps que naît la doctrine physiocratique, s'expriment certaines valeurs, certaines attitudes devant la vie caractéristiques de la pensée des Lumières.

Il y a aussi, avons-nous dit, les textes qui doivent nécessairement figurer dans ce volume. Ils le méritent par leur qualité intrinsèque, par leur position stratégique dans l'ensemble de l'œuvre, par la personnalité de leur auteur, par les réactions, voire le scandale qu'ils ont suscités, en un mot par le fait qu'ils sont célèbres, « classiques ». C'est, bien entendu, le cas du *Discours préliminaire* de d'Alembert, qui sera reproduit ici dans son intégralité, suivi, comme dans le premier volume de l'édition originale, de l'*Explication détaillée du système des connaissances humaines*, avec les *Observations sur la division des sciences du chancelier Bacon*, le *Système général de la connaissance humaine suivant le chancelier Bacon*, et le *Système figuré des connaissances humaines* ou « arbre encyclopédique ». A la fin de son *Discours*, d'Alembert reprend, avec quelques modifications, le *Prospectus* rédigé en 1750 par Diderot pour présenter au public le projet de l'*Encyclopédie*. Ce *Prospectus* pourra être comparé à l'article *Encyclopédie*, de Diderot encore, et à l'article *Dictionnaire*, de d'Alembert.

D'Alembert, Diderot, les deux « directeurs » (Diderot surtout, puisque d'Alembert, après la crise de 1759, s'est retiré de l'entreprise, se contentant de fournir les articles scientifiques pour lesquels il s'était engagé), seront aux places d'honneur. De d'Alembert, on lira *Eléments des sciences*, *Expérimental*, qui traitent de l'épistémologie de la science moderne (c'est-à-dire newtonienne), *Collège*, *Ecole*, où le système éducatif français est critiqué de façon acerbe, *Genève*, enfin, qui provoqua de si vives réactions et fut à l'origine de la *Lettre à d'Alembert sur les spectacles*, de Rousseau. Quant à Diderot, parmi les milliers d'articles qu'il a rédigés, qu'ils fussent signés par lui ou non, un bon nombre sont devenus classiques, en particulier *Art*, *Autorité politique*, *Beau*, *Droit naturel*, *Encyclopédie*. A côté d'eux, on trouvera aussi, avec *Agnus scythicus*, *Aigle*, *Capuchon*, *Cordeliers*, de bonnes illustrations de la méthode consistant à dissimuler les audaces sous des rubriques anodines ou bien sous des « renvois ». La pensée proprement philosophique de Diderot nous a particulièrement retenu. On pourra l'étudier dans ses articles d'histoire de la philosophie, *Antédiluvienne*, *Eclectisme*, *Ethiopiens*, *Hobbisme*, *Machiavélisme*, *Mosaïque et chrétienne*, *Pyrrhonienne*, *Scolastiques*, *Socratique*, *Syncrétistes*, et surtout dans les textes où transparaît, de façon plus ou moins avouée, son naturalisme ou, plutôt, son matérialisme original qui refuse de dissocier matière, mouvement, vie et pensée (*Ame*, *Animal*, *Imperceptible*, *Impérissable*, *Jouissance*,

Modification, Naître, Néant, Origine, Production, Spinosiste).

La collaboration de Voltaire, limitée à une quarantaine d'articles moins « engagés » et virulents que ses autres écrits, sera évoquée par *Esprit, Finesse, Français, Heureux, Histoire, Idole*. Rousseau ne figurera pas avec ses articles de musique, mais avec le célèbre *Economie politique*, qui marque une étape décisive dans l'évolution de sa pensée. Autres auteurs « vedettes », autres articles capitaux : Quesnay, le fondateur de la Physiocratie, avec *Fermiers* et *Grains*, Turgot, l'apologiste du « laissez-faire », avec *Foire* et *Fondation*, d'Holbach, avec *Prêtres, Représentants, Théocratie*, Marmontel avec *Critique*, Saint-Lambert avec *Génie* et *Législateur*.

Mais d'autres articles seront reproduits, écrits par des auteurs parfois anonymes, ou moins célèbres que ceux qui viennent d'être cités, comme le chevalier de Jaucourt, responsable à lui seul de près du quart des textes, Damilaville, Boulanger, Faiguet, Véron de Forbonnais, Pesselier, Romilly, Boucher d'Argis, polygraphes ou spécialistes. Ce sont eux qui, avec bien d'autres (on a, à ce jour, réussi à identifier plus de deux cents collaborateurs), ont fait du grand *Dictionnaire* ce qu'il est. Comment, pourquoi, avons-nous choisi ces articles, et pas d'autres ? Ici, les critères relativement objectifs derrière lesquels nous nous étions jusque-là abrité disparaissent, le choix devient personnel, arbitraire, toujours contestable, et ne peut prétendre à aucune « scientificité ». Dirons-nous qu'ils nous ont semblés particulièrement « représentatifs », mais de quoi ? De l' « esprit de l'*Encyclopédie* » ? Nous voilà ramené à cette notion d' « esprit », chère au XVIIIᵉ siècle, qui désigne l'essence subtile obtenue par une distillation savante. D'ailleurs le premier recueil du genre, publié en 1768, portait déjà ce titre : *L'Esprit de l'Encyclopédie*. Son auteur déclarait s'en tenir « aux articles de philosophie, de morale, de critique, de galanterie, de politique et de littérature ». Nous

n'avons pas la prétention de faire mieux, mais nos
choix ne seront pas toujours les siens, car c'est à partir
de nos points de vue et de nos intérêts d'homme
moderne que nous essaierons de donner à lire et à
comprendre ce que fut l' « esprit » des encyclopédistes
ou, pour parler plus lourdement, leur « conception du
monde », leur représentation de l'homme dans ses
rapports avec Dieu, avec la nature, avec les autres
hommes.

Il faut le dire tout de suite, un tel échantillonnage, si
fidèle qu'il se veuille à l'esprit de l'œuvre, si pertinent
qu'il soit dans la sélection des principaux thèmes
inspirateurs des encyclopédistes, laissera inévitablement échapper l'essentiel. L'essentiel, c'est que l'*Ency-
ciopédie* est un dictionnaire, et un dictionnaire ne vaut
que par sa totalité. Jamais quelques « morceaux choisis » brillants ne permettront de répondre à la question
majeure, qui peut être formulée sous des formes
diverses. Pourquoi les mots « encyclopédiste » et
« philosophe » sont-ils synonymes ? Comment un siècle riche en chefs-d'œuvre littéraires les plus variés
passe-t-il pour avoir trouvé son expression la meilleure
dans un ouvrage appartenant à un genre considéré
comme secondaire et simplement « instrumental » ?
Comment a-t-on pu se battre pour et contre ce
dictionnaire, soutenir qu'il a infléchi, pour le meilleur
ou pour le pire, le cours de l'histoire, et effectivement
« changé la manière commune de penser », comme le
voulait Diderot ? Comment ce phénomène a-t-il été
rendu possible, peut-il à nouveau se manifester ? C'est
à de telles interrogations que nous voudrions tenter
maintenant de fournir quelques éléments de réponse,
plutôt que de passer en revue les « idées » des encyclopédistes, ce qui a déjà été fait, et bien fait, dans les
ouvrages que nous avons mentionnés.

*
**

On parle souvent de l' « audace » des encyclopédistes, qui ont osé braver l'Eglise et les pouvoirs

publics de l'Ancien Régime. La véritable audace de Diderot et de d'Alembert (nous ne les dissocierons pas, dans l'ignorance où nous sommes de la part respective qu'ils ont prise dans la conception du projet encyclopédique) n'est pourtant pas là. Il faut la trouver dans la rapidité et la clarté avec lesquelles ils ont pris conscience des possibilités immenses et jusque-là insoupçonnées que leur offrait l'entreprise, somme toute modeste, à laquelle ils avaient accepté de collaborer, à savoir l'adaptation et l'amplification de la *Cyclopaedia* de l'Anglais Chambers.

Diderot et d'Alembert n'ont jamais caché ce qu'ils devaient à Chambers et, dans une moindre mesure, aux autres dictionnaires et encyclopédies qui s'étaient multipliés depuis le milieu du xviiᵉ siècle. Leurs emprunts, plus étendus qu'ils ne l'avouent, n'ont rien de scandaleux. Chambers lui-même, dans la *Préface* de sa *Cyclopaedia* et dans l'article *Plagiary*, n'insiste-t-il pas sur le fait que les ouvrages de l'esprit, à partir du moment où ils ont été rendus publics par l'imprimerie, ne sont la propriété de personne? « Les auteurs de dictionnaires, tout au moins ceux qui s'occupent des arts et des sciences, semblent échapper aux lois communes du *meum* et du *tuum*[23]. » Mais il ne suffit pas d'énumérer, comme on le fait le plus souvent, les ouvrages appartenant au genre « dictionnaires et encyclopédies » qui ont précédé celui des encyclopédistes français, ni même de repérer les emprunts ponctuels que ces derniers ont pu y faire, il faut pousser plus loin la confrontation. L'originalité de l'*Encyclopédie* dans sa conception et dans ses ambitions n'en apparaîtra que mieux[24].

Pour s'en tenir aux plus importants, un premier caractère commun apparaît dans tous ces ouvrages : leurs dimensions restreintes, si on les compare aux vingt-huit volumes de l'*Encyclopédie*. Le *Grand dictionnaire historique* de Moréri (1674) est en un volume in-folio (il sera développé par la suite, à l'occasion de rééditions successives, jusqu'à comporter dix

volumes). Le *Dictionnaire universel* de Furetière (1690)
est en trois volumes in-folio, le *Dictionnaire des arts et
des sciences* de Thomas Corneille (1694) en deux
volumes in-folio, le *Dictionnaire historique et critique* de
Pierre Bayle (1697) en deux volumes in-folio, le
Lexicon technicum de Harris (1704) en un volume in-
folio, la *Cyclopaedia* de Chambers (1728) en deux
volumes in-folio, le *New General English Dictionary* de
Thomas Dyche (1735) en un volume in-octavo, le
Nuovo dizionario scientifico de Gianfrancesco Pivati
(1746-1751) en dix volumes in-folio. Seul l'*Universal
Lexicon* de Zedler (1732-1750), avec ses soixante-
quatre volumes in-folio (et quatre volumes de suppléments), dépasse, par ses dimensions, l'*Encyclopédie*
française.

Autre caractère commun, lié au premier : tous ces
dictionnaires, lexiques et encyclopédies sont, à l'exception du Zedler, qui a été rédigé par neuf universitaires
de Leipzig et de Halle, l'œuvre d'un homme seul, d'un
érudit, d'un publiciste, qui y a consacré la plus grande
partie de son existence. L'*Encyclopédie,* avec plus de
deux cents collaborateurs (sans compter tous ceux qui
n'ont pas été identifiés) de professions et de conditions
sociales extrêmement diverses, a un caractère collectif
qui est proclamé dans son titre même (« par une société
de gens de lettres »). Une bonne partie reste écrite par
des « polygraphes », Diderot en premier, et, bien sûr,
de Jaucourt, mais une pratique nouvelle s'instaure, qui
ensuite deviendra la règle dans la majorité des ouvrages
de ce genre, l'appel aux « spécialistes » pour traiter des
sujets de leur compétence.

Telle était la condition pour que l'*Encyclopédie* fût
véritablement un dictionnaire « universel », sinon dans
son titre, relativement modeste (« Dictionnaire raisonné des sciences, des arts et des métiers »), du moins
dans son ambition réelle. Bien que refusant d'être un
répertoire historique et biographique, elle admet, en
effet, l'histoire événementielle et même les « vies des
grands hommes » par le biais de l'étude des institu-

tions, des doctrines et, nous l'avons vu, des articles
géographiques.

Aucun des prédécesseurs de nos encyclopédistes
n'avait tenté d'embrasser une matière aussi vaste. Le
Moréri est un dictionnaire historique et biographique
riche en renseignements factuels. Son titre, bien que
long, mérite d'être reproduit in extenso, car il est
révélateur des intérêts du public pendant une période
de près d'un siècle (le Moréri a été réédité vingt-quatre
fois, jusqu'en 1759), et du déplacement que l'*Encyclopédie* a fait subir, de façon irréversible, à ces intérêts et
à leur hiérarchie :

« *Le Grand dictionnaire historique,* ou le Mélange curieux de
l'Histoire sainte et profane, rapportant en abrégé les vies des
Patriarches, Juges et Rois de l'Ancien Testament ; des
Souverains Pontifes de l'Eglise ; des Saints Pères et Docteurs
orthodoxes ; des Evêques des quatre Eglises Patriarcales ; des
Cardinaux et Prélats célèbres ; et des Hérésiarques ; celle des
Empereurs de Rome, de Grèce, d'Allemagne, païens, chrétiens et Ottomans ; des Rois, des Princes illustres et des
Grands Capitaines ; des Auteurs grecs et latins, anciens et
modernes ; des Philosophes, des Inventeurs des Arts et autres
personnes de toute sorte de professions, renommées ou par
leur érudition, ou par leurs ouvrages, ou par quelque action
éclatante ; faisant remarquer les plus importants traités des
Auteurs ; les opinions particulières des Philosophes, et les
principaux dogmes des hérésiarques,
                          et contenant
la description des Etats, Empires, Royaumes, Provinces,
Villes, Iles, Montagnes et Fleuves considérables de
l'ancienne et nouvelle géographie où l'on remarque exactement les bornes, la situation et les qualités des Pays ; les
mœurs, les coutumes, le gouvernement et la religion des
Peuples. Avec l'Histoire des Conciles généraux et particuliers, synodes, conciliabules et autres assemblées ecclésiastiques, en parlant des Villes où elles ont été réunies ; le nom,
l'établissement et la propagation des Ordres Religieux et
Militaires, et la Vie de leurs Fondateurs, et l'Histoire
fabuleuse des Dieux et Héros de l'Antiquité Païenne. Le tout
enrichi de remarques et dissertations curieuses, tant pour les

éclaircissements des difficultés de chronologie, que pour la direction des controverses historiques. »

Le *Dictionnaire* de Bayle est consacré avant tout aux questions religieuses et philosophiques, et l'érudition historique y est inséparable d'un libre commentaire « critique ». Le Furetière se veut un dictionnaire de la langue, non pas normatif et élitaire, comme l'est le *Dictionnaire de l'Académie française,* mais ouvert au vocabulaire des professions et des sciences. Ni les noms propres, ni les événements historiques, ni les lieux géographiques n'y ont leur place. Les articles sont courts, et ceux qui traitent des sciences, de qualité inégale. Il en va de même pour le *Dictionnaire des arts et des sciences* de Thomas Corneille, plus spécialisé, et qui veut être le complément du *Dictionnaire de l'Académie française.* L'histoire naturelle y a la part belle, à côté de la physique et de la chimie (confondue avec l'alchimie), mais l'information est dépassée, et traitée dans un état d'esprit « préscientifique ». Avec le *Lexicon technicon, or an universal English dictionary of arts and sciences explaining not only the terms of arts, but the arts themselves,* de John Harris, qui a servi de modèle à Chambers, et que Diderot cite, dans le *Prospectus,* comme une des sources de l'*Encyclopédie,* on mesure l'avance prise, à la fin du XVIIe siècle, par l'Angleterre en matière de science et de technologie. Harris, qui a une formation de mathématicien, expose avec compétence les travaux de Boyle, Newton et autres membres de la *Royal Society,* et son *Lexicon* peut être considéré comme la première encyclopédie générale de la science moderne. Les autres domaines, sauf le droit, sont presque entièrement sacrifiés (c'est ici le moment de rappeler que dans le vocabulaire de l'époque, les « arts » et les « sciences » couvrent toutes les disciplines, ce qui explique le titre de l'*Encyclopédie,* qui se contente d'ajouter les « métiers »). Mais la *Cyclopaedia* de Chambers va plus loin encore. Elle est presque entièrement consacrée à la science, à la technologie (illustrée par des planches), à l'économie et à la philosophie. Diderot et d'Alembert lui doivent beaucoup, bien plus qu'ils ne l'ont reconnu, des articles entiers, et non des moindres, comme *Attraction*, *Gravitation*, *Newtonisme*, *Arithmétique politique*, mais aussi, comme nous allons bientôt le voir, leur conception de la systématique encyclopédique.

Bénéficiant de l'acquis de ses devancières, de collaborations nombreuses et souvent de premier ordre, l'*Encyclopédie* ne pouvait que l'emporter. Mais pour passer comme elle l'a fait à la postérité, il lui fallait davantage. Il fallait que Diderot et d'Alembert fissent œuvre de « philosophes », et ici l'emploi des guillemets n'est ni machinal ni restrictif, il correspond à la conception que les encyclopédistes et leurs amis se faisaient de la philosophie, une conception que nous les verrons définir et mettre à exécution.

Que l'on pût faire œuvre de philosophie en confectionnant un dictionnaire n'allait pas de soi, à cette époque. Les ouvrages que nous avons cités jouissaient, à l'exception de celui de Bayle, d'un prestige intellectuel médiocre. Nous n'en donnerons que quelques exemples, venant d'horizons intellectuels différents.

Dans ses *Entretiens sur les sciences* (1684), le P. Lamy, oratorien, disciple de Descartes et de Malebranche, parle des « Encyclopédistes, c'est-à-dire de ceux qui ont traité de toutes les sciences en abrégé ». « Théodose », écrit-il (Théodose est son porte-parole dans le livre), « ne les estimait pas, et à la réserve de l'Encyclopédie d'Alstedius, il les méprisait presque toutes ; parce que, disait-il, il est plus à propos d'ignorer entièrement certaines choses que de les savoir mal. Lorsqu'on puise dans les sources, on n'a pas besoin de ces ruisseaux. [...] Plusieurs avaient ces abrégés, parce qu'ils sont commodes à la paresse, qu'ils se contentent d'effleurer les choses, et qu'ils s'estiment habiles quand ils savent seulement les termes des arts [25] ».

En 1726, le Napolitain Giambattista Vico, anticartésien, exprime son dédain pour « le génie du siècle, plus avide de résumer ce que les autres ont appris que de l'approfondir pour aller plus loin ». Et il ajoute : « Aussi doivent-ils travailler à des dictionnaires, à des « bibliothèques », à des abrégés, exactement de la même façon que les derniers lettrés de la Grèce furent des hommes comme Suidas (les Hofman, Moréri, Bayle, avec leurs dictionnaires, lui sont comparables), comme Photios, avec sa *Bibliothèque*, comme Stobée, avec ses *Sylves*, comme bien d'autres avec leurs *Eglogues* qui, dans leur genre, correspondent aux abrégés de notre époque[26]. » Vico voit donc dans la multiplication des dictionnaires des signes de paresse et de facilité, des symptômes de décadence et de stérilité d'une époque qui n'est plus capable de créer et d'inventer, et se contente de vulgariser et de monnayer les richesses acquises, comme l'avaient déjà fait l'Antiquité grecque tardive et Byzance.

Enfin Buffon lui-même, tant admiré des encyclopédistes (sa collaboration au *Dictionnaire*, annoncée, semble n'avoir jamais été effective), écrit, deux ans à peine avant la publication du premier volume de l'*Encyclopédie*, dans le *Discours* qui ouvre son *Histoire naturelle générale et particulière* (1749) : « Dans ce siècle même, où les sciences paraissent être cultivées avec soin, je crois qu'il est aisé de s'apercevoir que la philosophie est négligée, et peut-être plus que dans aucun autre siècle ; les arts qu'on veut appeler scientifiques ont pris sa place ; les méthodes de calcul et de géométrie, celles de botanique et d'histoire naturelle, les formules en un mot, et les dictionnaires, occupent presque tout le monde[27]. »

Ces critiques contre les « demi-savants » qui écrivent et qui lisent les dictionnaires[28], ne visent pas seulement la pratique de la vulgarisation du savoir, elles ont aussi un caractère « humaniste » prononcé, si l'on entend par humanisme la défense d'une culture reposant sur les belles-lettres, l'étude des classiques et de l'histoire considérée comme un répertoire d'exemples, et sur les préoccupations morales et philosophiques, en réaction contre la prépondérance prise par les sciences et les techniques. Lorsque cet humanisme est défendu et illustré par quelqu'un comme Vico, dans son *De nostri temporis studiorum ratione*, il passe facilement pour « retardataire [29] ». On sera peut-être davantage étonné de retrouver la même attitude chez Bayle, dont se réclament les hommes des Lumières. Dans son *Projet d'un dictionnaire critique*, il défend ceux qui « étudient à fond l'histoire avec toutes ses dépendances » contre ceux qui les taxent de pédanterie, et dénonce « l'impertinence de ces maximes [qui] ne vont pas à moins qu'à la ruine de tous les beaux-arts et de presque toutes les sciences qui polissent et qui élèvent le plus l'esprit » :

« Il ne nous resterait selon ces beaux raisonnements que l'usage des arts mécaniques, et autant de géométrie qu'il en faut pour perfectionner la navigation, le charroi, l'agriculture et la fortification des places. Pour tous professeurs, on n'aurait presque que des ingénieurs, qui ne feraient qu'inventer de nouveaux moyens de faire périr beaucoup de monde [...] Il faut donc malgré qu'on en ait que l'on m'accorde qu'il y a une infinité de productions de l'esprit humain qui sont estimées, non pas à cause de leur nécessité, mais à cause qu'elles nous divertissent [...] N'est-il pas certain qu'un cordonnier, qu'un meunier, qu'un jardinier sont infiniment plus nécessaires à un Etat que les plus habiles peintres ou sculpteurs, qu'un Michel-Ange ou qu'un cavalier Bernin ? N'est-il pas vrai que le plus chétif maçon est plus nécessaire dans une ville que le plus excellent chronologue, ou astronome, qu'un Joseph Scaliger, ou qu'un Copernic ? On fait néanmoins plus de cas du travail de ces grands hommes, dont on se pourrait fort bien passer, que du travail absolument nécessaire de ces artisans. Tant il est vrai qu'il y a des choses dont on ne règle le prix que par rapport à un honnête divertissement, ou à un simple ornement de l'âme [30]. »

Deux grands philosophes cependant ne partagent pas cette méfiance à l'égard des dictionnaires et encyclopédies. Il s'agit de Locke et surtout de Leibniz, auprès de qui Diderot et d'Alembert ont pu trouver encouragements et justifications à leur entreprise. Au livre III de l'*Essai philosophique sur l'entendement humain*, Locke, à propos des « remèdes qu'on peut apporter aux imperfections et aux abus des mots », parle de l'intérêt qu'il y aurait à composer un dictionnaire donnant des « définitions simples des substances » et dans lequel « les mots qui signifient les choses qu'on connaît et qu'on distingue par leur figure extérieure devraient être accompagnés de petites tailles-douces qui représentassent ces choses[31] ». Mais il insiste peu sur ce projet de dictionnaire dont l'ambition n'est ni vraiment scientifique ni vraiment descriptive, et reste fidèle à la vieille conception nominaliste (on la retrouve aussi chez Hobbes) qui s'attache aux mots plutôt qu'aux choses, et qui suppose que tout le malheur des hommes vient de l'emploi de termes mal définis.

Chez Leibniz, l'encyclopédisme n'est pas une préoccupation accessoire, il est essentiel à sa pensée philosophique et ne fait même qu'un avec elle. Les différents écrits rassemblés dans le volume VII des *Philosophischen Schriften* (éd. Gerhardt) sous le titre *Scientia generalis. Characteristica*, témoignent de cet intérêt qui est apparu très tôt chez Leibniz. L'exigence d'une « Encyclopédie » ou « Science générale » se manifeste d'abord par la nécessité d'un rassemblement ou inventaire des connaissances :

> « Je suis obligé quelques fois de comparer nos connaissances à une grande boutique ou magasin ou comptoir sans ordre et sans inventaire ; car nous ne savons pas nous-même ce que nous possédons déjà et ne pouvons pas nous en servir au besoin (p. 178) [...] on admirerait nos richesses que nous-mêmes maintenant ne connaissons pas, parce qu'elles sont dispersées par une infinité de personnes et de livres. Nous aurions un inventaire général de notre trésor public qui serait d'un usage incomparable dans tous les besoins de la vie (p. 158). »

Cet inventaire du savoir scientifique sera aussi celui des métiers, et plus généralement encore de toutes les pratiques humaines qui n'ont jamais été fixées par l'écriture. Ici, les projets de Leibniz annoncent directement ceux de Diderot :

« Pour ce qui est des connaissances non écrites qui se trouvent dispersées parmi les hommes de différentes professions, je suis persuadé qu'ils (*sic*) passent de beaucoup tant à l'égard de la multitude que de l'importance, tout ce qui se trouve marqué dans les livres, et que la meilleure partie de notre trésor n'est pas enregistrée [...] Il n'y a point d'art mécanique si petit et si méprisable, qui ne puisse fournir quelques observations ou considérations remarquables, et toutes les professions ou vocations ont certaines adresses ingénieuses dont il n'est pas aisé de s'aviser et qui néanmoins peuvent servir à des conséquences bien plus relevées. On peut ajouter que la matière importante des manufactures et du commerce ne saurait être bien réglée que par une exacte description de ce qui appartient à toute sorte d'arts [...]. Pour concevoir ce qu'il nous faudrait choisir pour ces descriptions réelles et propres à la pratique, on n'a qu'à se figurer de combien de lumières on aurait besoin pour se pouvoir faire à soi-même dans une île déserte, ou faire faire par des peuples barbares, si on s'y trouvait transporté par un coup du vent, tout ce que nous peut fournir d'utile et de commode l'abondance d'une grande ville toute pleine des meilleurs ouvriers et des plus habiles gens de toutes sortes de conditions » (pp. 181-182).

Robinson Crusoe, s'il avait sauvé du naufrage l'encyclopédie leibnizienne, aurait évité bien des tâtonnements et su faire travailler Vendredi avec plus d'efficacité ! Et puisque le roman de Daniel De Foe (paru en 1719) passe pour le manifeste du colonialisme moderne, notons que pour Leibniz l'inventaire encyclopédique n'est pas clos, il est ouvert sur les conquêtes ultérieures, il permet de coloniser des terres inconnues, il est un instrument de l'*ars inveniendi* : « La Géographie des terres connues donne moyen de pousser plus loin les conquêtes de nouveaux pays. On enverrait des colonies pour faire des plantations nouvelles dans la partie la moins connue d'Encyclopédie, où chacun trouverait de quoi montrer son adresse et sa capacité, en défrichant quelque matière conforme à son inclination » (pp. 158-159). La mise en ordre du savoir acquis n'a pas pour seule fonction d'assurer la jouissance paisible de ce que l'homme possède. Leibniz, comme déjà Bacon, est animé de l'inquiétude typiquement moderne du *plus ultra*. La culture est un processus perpétuellement *in fieri*, et toute Encyclopédie *a work in progress*. Œuvre ouverte et nécessairement collective, l'encyclopédie leibnizienne, ou plutôt son projet, puisqu'elle ne connut pas le moindre commencement de réalisation, annonce très clairement l'encyclopédie moderne.

Elle s'en écarte pourtant sur un point. Pour Leibniz, en effet, elle ne pourra être réalisée que grâce à « un grand Prince dégagé d'embarras et curieux ou amateur de gloire, ou plutôt éclairé lui-même [...] qui fera tirer la quintessence des meilleurs livres et y fera joindre les meilleures observations encore non écrites des plus experts de chaque profession pour faire bâtir des systèmes d'une connaissance solide et propre à avancer le bonheur de l'homme, fondés sur des expériences et des démonstrations, et accommodés à l'usage par des répertoires, ce qui serait un monument des plus durables et des plus grands de sa gloire, et une obligation incomparable que lui en aurait tout le genre humain » (pp. 162-163). Faut-il voir là une survivance du mécénat princier, ou au contraire le pressentiment du fait qu'une encyclopédie est une « affaire d'Etat » ? Toujours est-il que Diderot et d'Alembert réaliseront, eux, leur *Dictionnaire* à travers une entreprise commerciale, avec des capitaux privés, le pouvoir royal n'intervenant que pour y mettre des obstacles.

Nous pourrions en rester là avec Leibniz. Les textes que nous venons de citer montrent suffisamment avec quelle netteté il avait défini les caractères et les objectifs principaux de l'encyclopédisme tel qu'allaient le pratiquer Diderot et d'Alembert. Et c'est d'ailleurs

ce que Diderot lui-même souligne dans l'article *Leibni-
zianisme* :

« Ce mot *Encyclopédie* avait été employé dans un sens plus
général par Alstedius : celui-ci s'était proposé de rapprocher
les différentes sciences, et de marquer les lignes de communication qu'elles ont entre elles. Le projet en avait plu à
Leibniz ; il s'était proposé de perfectionner l'ouvrage d'Alstedius ; il avait appelé à son secours quelques savants :
l'ouvrage allait commencer, lorsque le chef de l'entreprise,
distrait par les circonstances, fut entraîné à d'autres occupations, malheureusement pour nous qui lui avons succédé, et
pour qui le même travail n'a été qu'une source de persécutions [...] »

Une différence fondamentale sépare cependant les
encyclopédistes français de Leibniz, fondamentale
parce qu'elle touche à la conception même de l' « encyclopédie », aux « lignes de communication » que les
sciences ont entre elles, pour reprendre la formule de
Diderot, à « l'ordre et l'enchaînement des connaissances », en un mot à ce qui fait de l'encyclopédie un
« système ». L'encyclopédie leibnizienne n'est pas un
simple inventaire utile, elle s'identifie à la *scientia
universalis* ou *scientia generalis,* et elle n'est donc qu'un
des aspects, un des points de vue exprimant à leur
manière l'identité du logique et de l'être. L'art combi-
natoire, la caractéristique, la langue et la *mathesis*
universelles, et l'encyclopédie ou science générale, se
renvoient constamment l'une à l'autre : « La Caractéristique que je me propose ne demande qu'une espèce
d'Encyclopédie nouvelle. L'Encyclopédie est un corps
où les connaissances humaines les plus importantes
sont rangées par ordre. Cette Encyclopédie étant faite
selon l'ordre que je me propose, la Caractéristique
serait quasi toute faite » (p. 40)[32]. Comme on l'a
souvent souligné, le panlogisme leibnizien, tout
imprégné de mathématisme, se rattache en fait à une
longue tradition qui, par Comenius et son « panso-
phisme », et Alsted, remonte à Raymond Lulle, chez
qui apparaît pour la première fois l'idée, si puissante,

d'une syntaxe universelle permettant de déchiffrer
l'idéal dans le réel et de construire une encyclopédie
complète des sciences [33]. L'ordre utilisé pour exposer
l'enchaînement des connaissances ne sera donc pas,
selon Leibniz, celui des « répertoires alphabétiques »,
mais celui des « répertoires systématiques » qui, outre
les « assertions », contiennent « les raisons et les
preuves ». Longtemps cet « ordre des systèmes » restera « provisionnel » et « suffira quand il ne serait pas
dans la dernière perfection, et le système lui-même
aura beaucoup de renvois d'un endroit à l'autre, la
plupart des choses pouvant être regardées de plusieurs
faces, et de plus l'index servira de supplément ». Mais
ce système n'est que provisionnel, et Leibniz annonce
ce que sera l'ordre encyclopédique parfait : « L'ordre
scientifique parfait est celui où les propositions sont
rangées suivant les démonstrations les plus simples, et
de la manière qu'elles naissent les unes des autres. » Et
le paradoxe, c'est que plus l'encyclopédie s'approchera
de cet idéal déductif, plus elle sera concentrée : « Plus
on découvre des vérités et plus on est en état d'y
remarquer une suite réglée et de se faire des propos
toujours plus universels dont les autres ne sont que des
exemples ou corollaires, de sorte qu'il se pourra faire
qu'un grand volume de ceux qui nous ont précédé se
réduira avec le temps à deux ou trois thèses générales
(pp. 179-180). »

La validité du système encyclopédique est donc
suspendue, chez Leibniz, au postulat métaphysique de
l'existence d'un « système des systèmes », d'un Dieu
faisant régner une harmonie préétablie entre les substances. Ce postulat, Diderot et d'Alembert le refusent.
Leur encyclopédie n'est pas fondée sur une métaphysique au sens traditionnel, qu'elle soit révélée ou rationnelle. Empiristes, ils se réclament, dans leur conception de la science, de Bacon, et dans leur théorie de la
connaissance, de Locke.

Le peu d'intérêt que la philosophie française, depuis
un siècle en tout cas, porte à l'œuvre de Bacon,

empêche de mesurer le prestige de cet auteur au
XVIIIᵉ siècle, et l'influence réelle qu'il a exercée sur les
encyclopédistes. S'il ne fut pas le « théoricien » de la
science moderne, faute d'avoir compris la signification
de la « révolution galiléenne » et la portée de la
« mathématisation de l'image du monde », il en a été
l' « idéologue ». Sa critique de la métaphysique scolastique, sa conception de la science comme « interroga-
tion » de la nature par l'expérimentation, la substitution, au savoir contemplatif, d'un savoir opératif dont
les « fruits et les œuvres » permettent le « soulagement
de la condition humaine », sont autant de titres qui
permirent à Voltaire de faire de lui, à tort sans doute, le
père de la science expérimentale moderne, et à Diderot
et d'Alembert de placer leur *Encyclopédie* sous son
patronage.

La science dont l'*Encyclopédie* veut faire l'inventaire
n'est pas la *scientia generalis* de Leibniz, ni la science
déductive de Descartes métaphysiquement garantie
par l'existence de Dieu, mais la *scientia experimentalis*
telle que la pratiquent effectivement, dans leurs labora-
toires, les savants de la *Royal Society,* fondée par des
baconiens, ou de l'*Académie des Sciences* de Paris, et
telle que la physique newtonienne en offre le modèle
considéré comme définitif. Ainsi entendue, la science
est un processus en constante évolution, sans cesse
enrichi par de nouvelles expériences et découvertes,
qui ne saurait être enfermé dans un « système » clos.
Pour se constituer et se développer, cette science n'a
pas besoin de s'appuyer sur une onto-théologie, puisqu'elle repose sur la seule expérience et trouve dans ses
progrès mêmes la démonstration de sa possibilité.
Locke, puis Condillac, fourniront à cet empirisme la
théorie de la connaissance qui lui est adéquate et que le
XVIIIᵉ siècle français dans son ensemble considérera
comme un acquis définitif. « On peut dire », écrit
d'Alembert à propos de Locke, dans le *Discours
préliminaire,* « qu'il créa la métaphysique, à peu près
comme Newton avait créé la physique [...]. En un mot,

il réduisit la métaphysique à ce qu'elle doit être en
effet, la physique expérimentale de l'âme. » Il n'y a pas
d'idées innées, et si l'on cherche « l'origine et la
génération de toutes les idées », on trouve toujours, au
point de départ, la sensation. La raison n'est rien
d'autre que la série des « opérations et abstractions
successives de l'esprit ».

Mais le travail de la raison à partir des données
multiples des sens se manifeste par une exigence
croissante d'ordre et d'unité, exigence que Locke
postule sans pouvoir en rendre compte, ce que lui
reproche Leibniz (« *Nihil est in intellectu, quod non prius
fuerit in sensu*, excipe : *nisi ipse intellectus* »). Diderot et
d'Alembert savent bien que leur dictionnaire ne saurait
être simplement, comme le voulait Bacon, une
« espèce de promenade dans les sciences », un « inventaire des richesses humaines, où l'on doit faire entrer
et dénombrer, d'une manière succincte, tous les
biens, toute la fortune du genre humain, qu'elle fasse
partie des productions de la nature ou de celles de
l'art [34] ».

Un inventaire de ce genre, se voulant exhaustif, ne
peut qu'aboutir au désordre et à la confusion. Le
lecteur ne sera pas « éclairé » et n'y trouvera pas son
« utilité ». Or si le but d'une encyclopédie est
d' « exposer l'ordre et l'enchaînement des connaissances » et de « renfermer dans un système les
branches variées de la science humaine », comment
atteindre ce but si l'on se défie de tout « esprit de
système », si l'on refuse de se calquer, comme le fait
l'encyclopédie médiévale, sur l'ordre et la hiérarchie
des êtres qui composent l'univers créé par Dieu, ou
bien d'identifier à la limite l'ordre encyclopédique et
l'ordre logique, comme le fait Leibniz ? Comment, sur
un plan plus concret, composer un « dictionnaire »,
dont les articles sont rangés selon l'ordre, contingent
par excellence, de l'alphabet, et reflètent, à travers le
vocabulaire, la richesse infinie et la variété irréductible
du réel, et, d'autre part, satisfaire à l'exigence, propre

à toute véritable encyclopédie, d'un enchaînement rationnel des connaissances ?

Le premier à avoir clairement posé le problème dans ces termes est Chambers, dont la *Préface* à sa *Cyclopaedia* est une tentative de fondation critique du genre encyclopédique dont l'importance n'a pas été suffisamment soulignée [35]. Les dictionnaires d'érudition, selon Chambers, n'ont pas d'unité, ils sacrifient le tout aux parties. A l'inverse, les systèmes philosophiques sacrifient les parties au tout, et leur unité est forcée et artificielle (le système est « chose purement artificielle et d'imagination »). Or, jusque-là, les auteurs de dictionnaires « ne se sont pas rendu compte du fait qu'un dictionnaire pouvait d'une certaine manière présenter les avantages d'un discours continu ». Une encyclopédie doit pouvoir à la fois considérer les différentes disciplines « absolument et de façon indépendante », et aussi « relativement les unes aux autres ». Les relations qui existent entre elles résident dans ce que Chambers appelle l' « ordre naturel des sciences », dont l' « arbre de la science » baconien donne la représentation figurée. Ainsi sera tracée la « carte du savoir », qui permettra de circuler sans risque de se perdre dans la « forêt » ou le « labyrinthe » (autres métaphores baconiennes) des connaissances dispersées selon l'ordre alphabétique.

L'*arbor scientiae* de Raymond Lulle avait une valeur ontologique et exprimait, en même temps que l'ordre du savoir, l'ordre du monde créé. L'arbre de Bacon a une valeur purement épistémologique, c'est l'âme humaine, avec ses trois facultés, la mémoire, l'imagination et la raison, qui, seule, est à l'origine de l'ordre des sciences : « la division la plus exacte que l'on puisse faire de la science humaine se tire de la considération des trois facultés de l'âme humaine qui est le siège propre de la science. L'histoire se rapporte à la *mémoire,* la poésie à l'*imagination,* et la philosophie à la *raison* [36] ». Chambers, partant d'une tripartition analogue (sens-imagination-raison), divise la connaissance

en deux catégories fondamentales, la connaissance
naturelle et scientifique (correspondant aux sens et à la
raison) d'un côté, et la connaissance artificielle et
technique (correspondant à l'imagination) de l'autre.
Ces deux catégories se subdivisent ensuite en quarante-
sept disciplines différentes. La circulation verticale, à
l'intérieur de chaque branche, et la circulation horizontale entre les différentes branches sont assurées par
l'emploi systématique de renvois et par un index qui
énumère, à côté des sujets traités dans des articles
particuliers, ceux qui, sans mériter une « entrée »,
n'en sont pas moins abordés au passage dans les articles
publiés.

On comprend maintenant ce que Chambers entend
par « les avantages d'un discours continu ». Sa *Cyclopaedia*, dit-il encore, « est aux arts et aux sciences ce
que le langage est aux sens ». De même que le langage
permet aux hommes d'organiser le divers des phénomènes sensibles et de se communiquer leurs expériences, de même l'encyclopédie établit des relations
rationnelles entre les multiples arts et sciences créés
par l'humanité au cours de son histoire. Et ces
relations, cet ordre, ne sont pas fixés définitivement.
La « carte du savoir » n'est jamais dessinée une fois
pour toutes.

Nous nous sommes suffisamment étendu sur la
Préface de Chambers pour pouvoir passer plus rapidement sur la conception de l'ordre encyclopédique chez
Diderot et d'Alembert, qui a souvent été étudiée [37].
Pour l'essentiel, les encyclopédistes français repren-
nent tous les thèmes principaux de Chambers. Eux
aussi détestent l' « esprit de système » (le goût des
systèmes est plus propre à flatter l'imagination qu'à
éclairer la raison », écrit d'Alembert en invoquant
l'autorité de Condillac et de son *Traité des systèmes*).
Mais eux aussi veulent qu'existe une connexion interne
entre les parties de l'ouvrage. D'Alembert reprend à
Chambers la métaphore de la « carte » ou de la
« mappemonde du savoir ». L'ordre encyclopédique

« est une espèce de mappemonde qui doit montrer les principaux pays, leur position et leur dépendance mutuelle [...] ». Autre métaphore, pour expliquer les rapports des parties et du tout, celle de la machine, que d'Alembert qui, ne l'oublions pas, est mécanicien, emploie dans l'article *Dictionnaire* :

> « Si on voulait donner à quelqu'un l'idée d'une machine un peu compliquée, on commencerait par démonter cette machine, par en faire voir séparément et distinctement toutes les pièces, et ensuite on expliquerait le rapport de chacune de toutes ces pièces à ses voisines ; et en procédant ainsi, on ferait entendre clairement le jeu de toute la machine, sans même être obligé de la remonter. Que doivent donc faire les auteurs d'un *dictionnaire* encyclopédique ? C'est de dresser d'abord, comme nous l'avons fait, une table générale des principaux objets des connaissances humaines. Voilà la machine démontée pour ainsi dire en gros : pour la démonter plus en détail, il faut ensuite faire sur chaque partie de la machine, ce qu'on a fait sur la machine entière... »

Peut-être est-ce l'aspect « machinique » de l'ouvrage qui explique l'aversion du jeune Goethe et de ses amis pour l'*Encyclopédie* :

> « Quand nous entendions parler des encyclopédistes et que nous ouvrions un volume de leur immense ouvrage, il faisait sur nous le même effet qu'on éprouve quand, dans une grande manufacture, on passe au milieu de broches et de métiers innombrables en mouvement ; ce tintamarre et ce fracas, ce mécanisme qui trouble l'esprit, le problème d'un établissement où tout s'enchevêtre avec une variété infinie, la pensée de tout ce qu'il faut pour préparer une pièce de drap, font prendre en dégoût l'habit même qu'on porte sur le corps[38]. »

Comme la *Cyclopaedia*, l'*Encyclopédie* a recours à l'arbre baconien pour trouver un principe de classification des sciences qui soit « naturel », « généalogique ». Mais il faut noter qu'en revenant à la séquence baconienne des facultés, que Chambers avait modifiée en substituant les sens à la mémoire, d'Alembert change l'ordre de ces facultés, faisant intervenir la

raison immédiatement après la mémoire : « Nous
avons suivi dans le système encyclopédique l'ordre
métaphysique des opérations de l'esprit, plutôt que
l'ordre historique de ses progrès. » Cette modification
n'est pas sans signification, ni sans conséquences.
L'ordre adopté par Bacon était génétique et historique,
dans la mesure où il suivait le développement mental
chez l'individu et, comme Vico s'en apercevra, chez le
genre humain dans son évolution historique[39]. Le
philosophe français choisit un ordre « métaphysique »,
c'est-à-dire purement logique et rationnel : par la
réflexion rationnelle, l'homme passe du plan empiri-
que, représenté par le donné sensible, à un plan logico-
abstrait, représenté par les genres conceptuels. L'imagination est ainsi « court-circuitée », rejetée à la fin.
Elle perd toute puissance créatrice et toute valeur
cognitive, elle ne sert qu'à imiter les objets perçus par
les sens, elle ne trouve à s'employer que dans les arts
d'imitation et d'ornement. Cette défiance envers l'imagination est caractéristique de l'intellectualisme qui
prévaut, depuis Descartes, dans la pensée française.

Le « système figuré des connaissances humaines »
ou arbre encyclopédique qui est proposé à la suite du
Discours préliminaire reprend donc, avec quelques
modifications, la division des sciences de Bacon, qui,
écrit d'Alembert, « nous a paru satisfaire tout à la fois
le plus qu'il est possible à l'ordre encyclopédique de
leur connaissance et à leur ordre généalogique ». Ce
système a été souvent critiqué, dans son fondement
même et dans son détail. Il repose sur une séparation
exagérée des « opérations de l'esprit » qui, en réalité,
sont toutes à l'œuvre dans les différentes disciplines, et
il a dans l'ensemble un caractère archaïque qui reflète
bien l'état d'avancement inégal des sciences et des
techniques de l'époque. Mais Diderot et d'Alembert
sont conscients du caractère arbitraire de leur arbre. Ils
savent qu'un ordre encyclopédique est nécessaire, mais
qu'il ne peut pas être le reflet de la réalité objective.
Tout est affaire de perspective, pour d'Alembert :

« [...] la forme de l'arbre encyclopédique dépendra du point de vue où l'on se mettra pour envisager l'univers littéraire. On peut donc imaginer autant de systèmes différents de la connaissance humaine que de mappemondes de différentes projections ; et chacun de ces systèmes pourra même avoir, à l'exclusion des autres, quelque avantage particulier. [...] celui de tous les arbres encyclopédiques qui offrirait le plus grand nombre de liaisons et de rapports entre les sciences mériterait d'être sans doute préféré. Mais peut-on se flatter de le saisir ? »

A partir du moment où le système n'est plus fondé dans l'être, mais exprime seulement une exigence de l'esprit humain, aucun ordre ne s'impose objectivement, et celui de Bacon, repris par les encyclopédistes, offre l'avantage de faire clairement de l'homme, et de l'homme seul, le « centre commun » de toute les perspectives. C'est ce qu'énonce admirablement Diderot dans l'article *Encyclopédie* :

« Une considération surtout qu'il ne faut point perdre de vue, c'est que si l'on bannit l'homme ou l'être pensant et contemplateur de dessus la surface de la terre, ce spectacle pathétique et sublime de la nature n'est plus qu'une scène triste et muette ; l'univers se tait, le silence et la nuit s'en emparent. Tout se change en une vaste solitude où les phénomènes inobservés se passent d'une manière obscure et sourde. C'est la présence de l'homme qui rend l'existence des êtres intéressante : et que peut-on se proposer de mieux dans l'histoire de ces êtres que de se soumettre à cette considération ? Pourquoi n'introduirons-nous pas l'homme dans notre ouvrage, comme il est placé dans l'univers ? Pourquoi n'en ferons-nous pas un centre commun ? Est-il dans l'espace infini quelque point d'où nous puissions, avec plus d'avantage, faire partir les lignes immenses que nous nous proposons d'étendre à tous les autres points ? Quelle vive et douce réaction n'en résultera-t-il pas des êtres vers l'homme, de l'homme vers les êtres ?

« Voilà ce qui nous a déterminés à chercher dans les facultés principales de l'homme la division générale à laquelle nous avons subordonné notre travail. Qu'on suive telle autre voie qu'on aimera mieux, pourvu qu'on ne substitue pas à l'homme un être muet, insensible et froid. L'homme est le

terme unique, d'où il faut partir, et auquel il faut tout
ramener, si l'on veut plaire, intéresser, toucher, jusque dans
les considérations les plus arides et les détails les plus secs.
Abstraction faite de mon existence et du bonheur de mes
semblables, que m'importe le reste de la nature? »

Nous en sommes arrivés au point exact où encyclopédie et « philosophie » se rejoignent, où la forme
encyclopédique ne peut plus être séparée de son
contenu, où la « machine » chère à d'Alembert se met à
fonctionner et à produire des effets. Des effets voulus
par ceux qui l'ont construite, mais aussi des effets qui
les dépassent.

« Il n'appartenait qu'à un siècle philosophe de tenter
l'*Encyclopédie* » (article *Encyclopédie*). Et Diderot précise : « parce que cet ouvrage demande partout plus de
hardiesse d'esprit qu'on en a communément dans les
siècles pusillanimes du goût ». On pense à Kant :
« *Sapere aude!* Aie le courage de te servir de ton propre
entendement. Voilà la devise des Lumières. » En quoi
composer une encyclopédie est-il un acte d'audace ?

La question aurait étonné les auteurs des dictionnaires dont nous avons parlé. Moréri, Furetière,
Thomas Corneille, sont respectueux de l'orthodoxie
religieuse et conformistes en politique, Harris se
cantonne dans la science et la technologie. Chambers a
des sympathies pour le déisme et défend la cause de la
tolérance religieuse ; en politique, il est partisan de la
monarchie limitée. Mais ces opinions, qui auraient été
« avancées », en France, n'avaient rien que de banal
dans l'Angleterre de l'époque. Par tempérament, mais
aussi de propos délibéré, Chambers évite la polémique
et se veut purement descriptif, neutre, « non interven-
tionniste ». L'attitude de Bayle est toute différente,
son *Dictionnaire* est « historique » *et* « critique », et
c'est cet élément de critique que les encyclopédistes
reprendront et généraliseront [40].

« Art de juger et de distinguer », la critique, au
XVIIe siècle, avait étendu son champ d'application des
arts et des lettres à la lecture de la Bible, avec Richard

Simon. Avec Bayle, elle devient l'activité par excellence de la raison, elle s'identifie même avec elle. En tant que telle, son rôle est de tracer la ligne de partage entre ce qui relève de la raison, et de ce qui échappe à ses prises. Il n'y a de vérité et d'erreur que dans le domaine régi par la raison. Le domaine de la foi, soumis à la Révélation et à la Tradition, n'est pas celui de l'erreur, mais de l'au-delà de la raison. Bayle admet volontiers le caractère purement discriminant, et par là polémique, donc destructeur, de la raison critique ainsi entendue : « La raison humaine [...] est un principe de destruction, et non pas d'édification, elle n'est propre qu'à former des doutes » (*Dictionnaire historique et critique*, article *Manichéens*).

Bayle maintient cependant l'exercice de sa critique dans des limites strictes. En matière religieuse, elle aboutit au fidéisme plutôt qu'au scepticisme intégral ou à l'athéisme déguisé. En matière historique, elle démontre l'absurdité de certaines traditions sans mettre en cause les institutions existantes. L'*Encyclopédie* radicalise la critique baylienne en lui permettant de s'étendre à la totalité du champ encyclopédique. La raison humaine est une, rien ne saurait échapper à son libre examen. Elle triomphe dans l'étude de la nature, elle doit aborder sans timidité ce qui concerne l'homme, à savoir la religion, la morale, la politique, et ne se laisse arrêter par aucun égard envers la Révélation ou la Tradition quand elle fait comparaître une opinion, une coutume ou une institution établie devant son tribunal. Quand Diderot écrit, dans son *Salon* de 1765 : « Ce que Malherbe a dit de la mort, je le dirais presque de la critique. Tout est soumis à sa loi.

> Et la garde qui veille aux barrières du Louvre,
>   N'en défend pas nos rois[41] »,

il ne pense pas seulement à la critique d'art que nulle réputation ne doit intimider.

Le projet encyclopédique, par sa définition même,

suppose que sur la carte du savoir ne figurent pas de
régions interdites. Chaque objet étudié, qu'il s'agisse
de Dieu ou d'une puce, n'a de signification qu'en
fonction de la place qui lui est assignée dans l'ordre
encyclopédique. Aucun ne possède par lui-même de
dignité ontologique particulière. Dieu n'a pas à s'offenser si la science qui l'étudie se subdivise équitable-
ment, dans le *Système figuré*, en « théologie naturelle »
et « théologie révélée » d'une part, et « science des
esprits bien et mal faisants » (avec pour corollaire la
divination et la magie noire), d'autre part.

C'est là que l'usage des « renvois » prend toute sa
valeur à la fois organique et critique. Il ne s'agit pas
simplement d'une commodité ou d'un procédé mali-
cieux permettant de berner la censure obtuse. Idéale-
ment du moins, c'est le jeu des renvois entre articles,
davantage encore que le contenu des articles, qui doit
réaliser l'ambition que Diderot assigne à l'*Encyclopédie,* « changer la manière commune de penser ». Les
« préjugés » déposés chez les hommes par l'habitude,
le temps, l'histoire, seront déracinés quand d'autres
associations, d'autres connexions, conformes à la
nature et à la raison, auront été établies entre les idées.
« Notre histoire n'est pas notre code » : ce mot de
Rabaut Saint-Etienne, les encyclopédistes auraient pu
le faire leur. L'*Encyclopédie* a voulu, avant tout autre
chose, un nouveau code de pensée et un nouveau code
d'action.

A la radicalisation de l'usage de la critique correspond une conception différente du rôle et des responsabilités de ceux qui exercent la critique. Pour Bayle,
cet exercice crée entre ceux qui s'y livrent une société
dont les lois sont différentes de celles de la société
réelle, inégalitaire et abandonnée à l'arbitraire. Cette
société est la « République des lettres », où il n'y a que
des « citoyens » disposant de droits égaux et tous
soumis aux lois de la raison : « C'est la liberté qui
règne dans la République des lettres. Cette République
est un état extrêmement libre. On n'y reconnaît que

l'empire de la vérité et de la raison [...] Chacun y est tout ensemble souverain et justiciable de chacun » (*Dictionnaire historique et critique*, article *Catius*).

Au lieu de rester confinée, comme chez Bayle, dans un cercle restreint à l'étude des textes historiques, religieux et philosophiques, la République des « gens de lettres », c'est-à-dire de ceux qui, selon Voltaire, ont l' « esprit philosophique », va prétendre étendre son magistère à la société tout entière. « L'esprit du siècle les a rendus pour la plupart aussi propres pour le monde que pour le cabinet [...], ils sont juges, et les autres sont jugés » (Voltaire, article *Gens de lettres* de l'*Encyclopédie*). De la critique, on glisse ainsi à la « censure ». La critique, chez Bayle, consistait avant tout à peser le pour et le contre, elle était une arme contre le dogmatisme, l'esprit d'orthodoxie, l'intolérance. Chez les « philosophes », elle s'arroge le droit de dire le bien et le vrai, de juger et de condamner. D'où leur tendance, bien décelée par leurs adversaires, à substituer un dogmatisme à un autre :

« Mais parmi ceux mêmes d'entre eux à qui l'on accorde le plus de talent, on est fâché d'avouer qu'il s'en trouve qui ont presque rendu le mérite et la raison haïssables dans leurs écrits. Ils ont annoncé la vérité, ou ce qu'ils ont pris pour elle avec un faste qu'elle n'eut jamais. On vit à la tête de quelques productions philosophiques un ton d'autorité et de décision qui, jusqu'à présent, n'avait appartenu qu'à la chaire. On transporta à des traités de morale, ou à des spéculations métaphysiques, un langage que l'on eût condamné, partout ailleurs, comme celui du fanatisme [42]. »

Nous nous trouvons là devant une dialectique qui est propre aux Lumières et qui explique les réserves qu'elles suscitent à l'heure actuelle de la part d'auteurs qui ne se réclament pourtant pas de l'ordre et de l'autorité, mais d'un authentique esprit de liberté. Il y a du fanatisme et de l'intolérance dans la façon dont les encyclopédistes ont lutté contre le fanatisme et l'intolérance. La religion de la raison est encore et toujours une religion. Révélateur, à cet égard, est le statut qui est attribué, par les « philosophes » français, à la notion d' « opinion », et plus précisément d' « opinion publique ». Alors qu'en Angleterre la *Law of Opinion* s'impose à la conscience individuelle comme à l'esprit public, le mot « opinion » conserve, dans l'*Encyclopédie*, le sens que lui donne la tradition philosophique de « préjugé », de croyance non fondée (d'Alembert, dans le *Discours préliminaire*, parle du « joug de la scolastique, de l'opinion, de l'autorité, en un mot des préjugés et de la barbarie »). Quant à l'expression « opinion publique », qui n'apparaît en français que vers le milieu du XVIIIᵉ siècle, elle signifie seulement opinion populaire, opinion largement partagée[43]. Le rôle que s'attribuent les « philosophes » est donc moins de « former », de créer une opinion publique, autrement dit un espace de libre discussion entre égaux permettant à ceux qui ont charge des affaires publiques d'agir en connaissance de cause, que d' « éclairer » l'opinion populaire, forcément aveugle. Le parallélisme avec la démarche religieuse, dans laquelle une petite élite de la foi se charge d'apporter la bonne nouvelle au monde, est frappant, et le militantisme de la raison emprunte au militantisme religieux son vocabulaire et ses méthodes. Ce n'est pas l'abbé Barruel qui a inventé l'esprit de « conspiration » ou de « secte » des encyclopédistes, ce sont ces derniers qui s'en sont réclamés. Dans le *Discours préliminaire*, d'Alembert parle de Descartes comme d' « un chef de conjurés, qui a eu le courage de s'élever le premier contre une puissance despotique et arbitraire », et Voltaire ne craint pas de proclamer l'aspect de « secte » du groupe des « philosophes » : « Serait-il possible que cinq ou six hommes de mérite, qui s'entendraient, ne réussissent pas, après l'exemple de douze faquins qui ont réussi ? » (lettre à d'Alembert du 24 juillet 1760). L'assimilation blasphématoire des « philosophes » aux apôtres du Christ est révélatrice d'une assurance proprement mystique de posséder la vérité.

Il n'y a donc pas à s'étonner si le conflit entre « ordre

encyclopédique » et « ordre établi » a éclaté d'abord à l'occasion d'articles traitant de sujets de religion. C'est pourtant la partie du *Dictionnaire* qui risque d'intéresser le moins le lecteur moderne, qui ne comprend pas pourquoi un ouvrage consacré aux « sciences, arts et métiers », parle autant de théologie, d'histoire et de droit ecclésiastiques. Diderot et d'Alembert auraient pu, semble-t-il, s'épargner bien des « persécutions » s'ils avaient laissé de côté des sujets épineux qui devaient forcément leur attirer des difficultés de la part de l'Eglise et des pouvoirs civils, et qui ne concernaient apparemment pas leur projet d'inventaire général du savoir scientifique et technique. Mais un tel raisonnement ne tient pas compte des impératifs auxquels une encyclopédie générale de cette envergure devait obéir, du fait même des intérêts de son public. Il ne tient pas compte non plus des intentions véritables et de la stratégie des encyclopédistes.

Dans une société encore profondément christianisée, où l'enseignement et la culture restaient pour l'essentiel aux mains de l'Eglise, où les références à l'histoire biblique étaient constantes dans la littérature et les beaux-arts, où le souvenir des querelles théologiques qui avaient divisé la France était encore vif, le lecteur attendait d'un ouvrage de ce genre des informations et des commentaires touchant des thèmes qui lui étaient si familiers. Etudiant « la librairie du royaume de France au XVIIIᵉ siècle », F. Furet parle de la « tyrannie très vivace du sacré ». « La bibliographie de quelque 2 000 livres de privilèges entre 1723-1727 », écrit-il, « fait apparaître comme une priorité — et c'est la hiérarchie même de l'époque — l'importance des fondements surnaturels du monde social : plus d'un tiers d'ouvrages de religion, au sens large du terme [44]. » La curiosité même des lecteurs fournissait donc à la « critique » philosophique des occasions répétées de manifester sa volonté de tout soumettre, et la religion en premier, au nouvel ordre de la raison.

Les positions religieuses des différents collabora-

teurs de l'*Encyclopédie* sont loin d'être uniformes. Elles
vont d'une orthodoxie « éclairée » et tolérante à
l'athéisme et au matérialisme presque déclarés, en
passant par les différentes nuances du déisme. Mais
elles ont en commun un anticléricalisme qui refuse
toutes les formes de « théocratie », la théocratie catholique apparaissant comme la forme moderne, et particulièrement néfaste, d'une usurpation aussi ancienne
que les premières sociétés organisées. Plus fondamen-
talement, ce que les encyclopédistes mettent en cause,
avec plus ou moins de netteté, c'est la conception
chrétienne de l'homme déchu, et du destin surnaturel
qui lui est promis. Diderot fait de l'homme « le centre
commun de l'univers », mais il ne s'agit pas de
l'homme pécheur du christianisme, ni même de
l'homme magnifié de la Renaissance, dont les racines
avec la transcendance n'étaient pas coupées.
L'homme, tel que le définit Diderot, est « un être
sentant, réfléchissant, pensant, qui se promène librement sur la surface de la terre, qui paraît être à la tête
de tous les autres animaux sur lesquels il domine, qui
vit en société, qui a inventé des sciences et des arts, qui
a une bonté et une méchanceté qui lui est propre, qui
s'est donné des maîtres, qui s'est fait des lois [...] »
(article *Homme*). Que cette vision naturaliste de
l'homme entièrement ramené à son caractère biologi-
que, social et raisonnable, et appelé à réaliser une fin
suprême qui n'est pas le salut dans un au-delà, mais le
bonheur sur terre, fût incompatible avec la vision
chrétienne du monde, c'est ce que les adversaires de
l'*Encyclopédie* ont très tôt compris et dénoncé.

Les Giry de Saint-Cyr et autres Abraham Chaumeix
qui ont fait le patient catalogue des propositions
scandaleuses au regard de l'orthodoxie catholique
contenues dans les premiers livres du *Dictionnaire*
manquaient d'envergure intellectuelle, et c'est sans
doute un signe des temps que cette œuvre n'ait pas
suscité d'adversaires à sa mesure, mais ce n'étaient pas
des imbéciles, et il suffit de lire le chapitre que John

Lough leur a consacré pour s'apercevoir de la perti-
nence de leurs remarques, du point de vue des
catholiques convaincus qu'ils étaient[45]. Il était de
bonne guerre, de la part de Voltaire, de Diderot ou de
d'Alembert de les faire passer pour des sots, des
illuminés ou des gens de mauvaise foi, mais nous
n'avons pas à épouser leur querelle. C'est au contraire
nier la grandeur de l'*Encyclopédie*, minimiser la portée
historique et les enjeux spirituels autant que temporels
de son combat, que d'attribuer la responsabilité de ce
combat uniquement aux réactions bornées et intolé-
rantes de la hiérarchie catholique, des Parlements, du
gouvernement, et des plumitifs à leur solde. Le
combat, les encyclopédistes le voulurent, les plus
lucides d'entre eux du moins, même s'ils n'en mesurè-
rent pas toutes les conséquences, et ce qui était en
cause n'était rien de moins que l'ordre de la société
d'Ancien Régime dans son entier. Toucher au fondement religieux, c'était menacer tout l'édifice, et le
Conseil du Roi l'avait bien vu, qui justifiait ainsi son
arrêt du 7 février 1752 portant suppression des deux
premiers volumes de l'*Encyclopédie* : « [...] dans ces
deux volumes on a affecté d'insérer plusieurs maximes
tendantes à détruire l'autorité royale, à établir l'esprit
d'indépendance et de révolte, et, sous des termes
obscurs et équivoques, à élever les fondements de
l'erreur, de la corruption des mœurs, de l'irréligion et
de l'incrédulité ».
  En quoi l'irréligion et l'incrédulité peuvent-elles
détruire l'autorité royale ? Burke constate que l'Angleterre, comme la France, et même avant elle, avait eu
ses « esprits forts », déistes, voire athéistes, mais,
remarque-t-il, les Collins, Tindal, Toland, sont restés
des individus isolés qui n'ont joué aucun rôle dans
l'histoire de leur pays : « Leur esprit n'a jamais influé
sur la formation originaire du plan de notre constitution, ou dans aucune des réparations et des améliorations qu'elles a éprouvées[46]. » C'est qu'en Angleterre,
au xviiie siècle, la religion est largement devenue une

affaire privée, même si le Roi est aussi le chef de
l'Eglise anglicane. Le principe de tolérance, tel que
Locke le définit, par exemple, suppose que la foi ou
l'absence de foi relèvent de la conscience de l'individu,
de son for intérieur, de sa conviction intime. Les
débats qu'elle suscite ne débordent pas sur la politique,
et, à l'inverse, les « réparations et améliorations » de la
constitution sont l'affaire des citoyens en tant que tels,
elles sont débattues politiquement, par l'opinion publique, et n'ont rien à voir avec la théologie ou la
métaphysique, avec la « philosophie ». La confusion
des domaines est, au contraire, inévitable en France
où, après le triomphe de la Contre-Réforme, l'Eglise
catholique et la monarchie absolutiste ont partie liée.
L'une et l'autre considèrent les individus comme des
« sujets », des individus non autonomes assujettis à
une volonté qui leur est supérieure et qui n'a elle-
même de compte à rendre qu'à Dieu. Attaquer ce
formidable édifice de manière frontale, au nom de
l'autonomie de l'homme et du citoyen, était non
seulement impossible, mais impensable. Seuls quelques « marginaux » avaient pu en rêver, dans des
utopies inoffensives. Aussi les idées politiques et
économiques des encyclopédistes ont-elles été souvent
taxées de timidité, en regard de la hardiesse de leurs
idées religieuses.

Mais c'est là ne pas tenir compte des impératifs de la
prudence auxquels étaient inévitablement soumis les
promoteurs de l'entreprise. Dans leurs démêlés avec la
Sorbonne, les jésuites, les jansénistes et même les
parlementaires, ils pouvaient compter sur l'appui
d'une partie de la Cour et du gouvernement, mais une
remise en cause directe du principe monarchique était
absolument exclue. Et, surtout, pour apprécier justement les positions soutenues dans le *Dictionnaire,* il ne
faut pas être prisonnier du schéma logico-historique
d'un processus unitaire de libération ou de « désaliéna-
tion » de l'humanité passant par les trois étapes
dialectiquement articulées d'une libération intellec-

tuelle, d'une libération politique et d'une libération économique. Selon ce schéma, s'ils avaient brûlé les étapes, les encyclopédistes auraient dû être tout à la fois matérialistes athées, démocrates et socialistes. Mais comme on ne peut aller plus vite que le mouvement de l'histoire, ils auraient été « avancés » dans le domaine religieux, plus timides dans le domaine politique (partisans du despotisme éclairé ou, tout au plus, de la monarchie limitée), et conservateurs dans le domaine économique (défenseurs de la propriété privée et apologistes du libéralisme économique).

La réalité est plus complexe. L'attitude générale des encyclopédistes obéit à une logique qui les pousse à refuser, en politique comme en religion, tout ce qui relève de l'arbitraire, de la non-raison. Ils ne peuvent admettre l'existence d'un domaine réservé, d'une « raison d'Etat » échappant au jugement de la raison tout court. Mais les justifications théoriques qu'ils donnent de ce refus, et les conclusions pratiques qu'ils en tirent, ne font pas preuve d'une originalité et d'une cohérence particulières. Leurs articles ne font souvent que répéter les enseignements des théoriciens du droit naturel, Grotius, Pufendorf, Barbeyrac, et ceux de Montesquieu. C'est le cas, en particulier, de Jaucourt, responsable de la majeure partie des articles de politique théorique.

Des articles clés, qui traitent des concepts essentiels de la philosophie politique, comme *Autorité politique* et *Droit naturel* de Diderot, ou encore *Souverains, Souveraineté,* anonymes, se dégagent quelques thèmes que l'on retrouve, avec des variantes, dans l'ensemble de l'ouvrage. L'homme possède naturellement des droits inaliénables. Animal sociable par excellence, il se soumet librement, par un pacte de soumission ou contrat de gouvernement, à un souverain, à la condition que ce souverain respecte ses droits incarnés par les lois fondamentales de la nature et de la nation. Le souverain est donc le mandataire de la nation, et ses sujets ont le droit de se révolter contre lui s'il ne

remplit pas son mandat et porte atteinte aux droits
naturels de l'homme. Rousseau, seul, fait entendre une
voix discordante et originale dans l'article *Économie
politique*. En distinguant le souverain et le gouvernement, il ruine en effet la théorie classique selon laquelle
la souveraineté est composée de plusieurs pouvoirs. Le
pouvoir exécutif ou gouvernement est, selon lui,
soumis à la puissance souveraine qui est purement
législative. La loi étant l'expression de la « volonté
générale », la souveraineté ne saurait appartenir qu'au
peuple. Ces idées préfigurent celles du *Contrat social*,
elles n'engagent pas l'*Encyclopédie* dans son ensemble.

La conception de la souveraineté empruntée à l'école
du droit naturel n'est pas, en effet, inconciliable avec le
principe monarchique. Elle exclut la théorie du droit
divin, mais s'accorde avec l'ancienne tradition monarchique française, selon laquelle le roi est le mandataire
de ses peuples et doit respecter un certain nombre de
libertés traditionnelles, de « lois fondamentales du
royaume ». Le « bon monarque », pour les encyclopédistes, c'est Henri IV, dont l'apologie vise par anti-
thèse Louis XV. Mais si la « tyrannie » est dénoncée,
le principe monarchique n'est pas mis en question.

Deux attitudes différentes sont alors possibles face à
la monarchie. La première, c'est celle de Diderot (du
moins dans l'*Encyclopédie*, car ses idées évolueront par
la suite), celle de Voltaire, de d'Alembert, qui tiennent
pour la monarchie absolue, mais « éclairée », et appellent de leurs vœux la venue d'un roi-philosophe. On
sait les sympathies de Voltaire pour Frédéric II de
Prusse, de Diderot pour Catherine II de Russie. Ce
n'est que plus tard que Diderot écrira, dans sa
Réfutation du livre « De l'homme » d'Helvétius (1773-
1775), qu' « un des plus grands malheurs qui pût
arriver à une nation, ce seraient deux ou trois règnes
d'une puissance juste, douce, éclairée, mais arbitraire :
les peuples seraient conduits par le bonheur à l'oubli
complet de leurs privilèges, au plus parfait esclavage ».
Les physiocrates sont eux aussi partisans de l'absolu-

tisme. Pour eux, le monarque, éclairé par l' « opinion publique » (le terme prend chez eux son sens moderne), a pour charge d'assurer la protection de l'ordre naturel, et a besoin pour cela d'un pouvoir indiscuté.

Une autre tendance existe, qui penche vers une monarchie limitée, tempérée par le système représentatif, sur le modèle anglais. Elle s'exprime en particulier dans l'article *Représentants,* de d'Holbach, longtemps attribué à Diderot.

L'*Encyclopédie* n'est donc pas un ouvrage révolutionnaire [47]. Elle ne propose pas d'utopies et ne rêve pas d'une cité idéale. Elle ne croit pas à la possibilité de la démocratie, et si elle veut que le peuple soit heureux, elle ne tient pas à lui donner le pouvoir. Ce pour quoi elle lutte ouvertement, c'est une refonte profonde des institutions du régime monarchique français, incohérent et arbitraire, inégalitaire et inefficace, que la caste au pouvoir est incapable de réformer selon les exigences de la raison.

Qu'il s'agisse là des revendications d'une classe aspirant à jouer le rôle politique à laquelle elle a le sentiment d'avoir droit, du fait de son importance économique et intellectuelle, et qui lui est encore refusé, a été si souvent écrit que l'on peut se dispenser d'insister. L'*Encyclopédie* est une œuvre « bourgeoise », et il n'est pas nécessaire de se réclamer du matérialisme historique pour le constater. Un de ceux qui l'ont le mieux vu est Guizot, dans un article peu connu « servant de discours préliminaire à l'*Encyclopédie progressive, ou Collection de traités sur l'histoire, l'état actuel et le progrès des connaissances humaines* », paru en 1826 [48]. Rien d'étonnant à cela, puisque Guizot fait partie, avec Augustin Thierry, John Wade et quelques autres, de ces « historiens bourgeois » à qui, de l'aveu même de Marx, « revient le mérite d'avoir découvert l'existence des classes dans la société moderne, [ainsi que] la lutte qu'elles s'y livrent [49] ». Dans cet article donc, après avoir remarqué que l'*Encyclopédie* de

Diderot et d'Alembert crée une impression « morale,
utile, et, si je puis parler ainsi civilisante ; c'est une
impression d'estime pour le savoir, d'affection pour la
vérité, de respect pour l'ordre intellectuel, de zèle pour
le service de l'humanité », il s'interroge sur le rôle que
jouent les encyclopédies dans le monde moderne. Son
mot d'ordre, on va le voir, est « enrichissez-vous
intellectuellement ! » :

> « Dans l'ordre moral comme dans la société civile, le temps
> du privilège exclusif est passé sans retour ; en fait de science
> comme de gouvernement, une classe nombreuse s'est formée
> qui, sans y consacrer sa vie, ne doit et ne veut plus y
> demeurer étrangère, empressée de cultiver son intelligence,
> capable de prendre plaisir, ne fût-ce qu'en passant, à la
> contemplation de la vérité. C'est à cette bourgeoisie du
> monde intellectuel que les encyclopédies sont surtout desti-
> nées ; elle y trouve réunies, taillées pour ainsi dire à sa mesure
> des connaissances qu'elle n'aurait pas le loisir d'étendre plus
> loin ni de chercher ailleurs. On a beaucoup parlé, et avec
> raison, de ses conquêtes et de son influence dans l'ordre
> politique ; chaque jour, dans nos manufactures, les produits
> de tout genre s'adaptent de plus en plus à ses besoins et à ses
> moyens : par quelle absurde exception n'aurait-elle pas aussi,
> dans l'ordre intellectuel, ses droits et son empire ? »

Définir l'*Encyclopédie* comme une œuvre bourgeoise
est légitime si l'on entend par là qu'elle est animée d'un
« esprit bourgeois », si vague que soit le terme, mais
beaucoup moins si l'on essaie d'en rendre compte par
les appartenances de classe de ses auteurs et de ses
lecteurs, et par les « intérêts de classe » qui se révéle-
raient ainsi. Sur ce point, nous faisons nôtres les
conclusions de J. Lough : « Il est douteux qu'une
approche sociologique des collaborateurs permette
d'aller vraiment au-delà de la conclusion selon laquelle
ils faisaient partie des membres des classes moyennes
et supérieures ayant des penchants particuliers pour les
choses intellectuelles [50]. » Quant à l'interprétation qui
veut lier le succès de l'*Encyclopédie* au développement
du capitalisme industriel, R. Darnton en a fait justice :

« L'*Encyclopédie* est au début un article de luxe limité à l'élite de la Cour et du capital. Par la suite, elle se présente sous une forme plus modeste et son prix baisse suffisamment pour qu'elle devienne accessible au budget de la classe moyenne. Elle se répand dans la bourgeoisie d'Ancien Régime, une bourgeoisie qui vit de rentes, de pensions et qui occupe des fonctions dans les services publics plutôt que dans le commerce et l'industrie. La bourgeoisie capitaliste peut également se procurer les éditions ultérieures de l'*Encyclopédie* et quelques commerçants éclairés l'achètent, mais ils sont si rares que leur nombre paraît insignifiant comparé à celui des *privilégiés* qui acquièrent la plupart des exemplaires [...] Aucune entreprise n'est plus représentative du capitalisme que l'*Encyclopédie* mais ses lecteurs ne sont pas des capitalistes. Ils appartiennent aux couches de la société qui vont s'effondrer les premières en 1789 — la noblesse de robe et d'épée [51]. »

Nous préférons suivre B. Groethuysen quand il découvre dans l'*Encyclopédie* une « vision du monde » bourgeoise [52]. De presque tous les articles, explicitement ou implicitement, se dégage une échelle des valeurs qui n'est plus celle des sociétés aristocratiques que l'Occident a connues jusque-là. L'idéal humain n'est plus le saint ou le héros, mais l'homme utile qui, par son travail, améliore la condition de l'humanité. Vivre, ce n'est pas se livrer à la contemplation, à la prière ou à l'ascèse, ce n'est pas non plus exercer à la guerre des vertus héroïques, c'est produire, travailler (l'*Encyclopédie* n'est pas un dictionnaire biographique, il n'y a pas de noms propres dans la liste de ses articles, puisque ce qui compte pour elle, ce ne sont pas les actions exceptionnelles de quelques individus, mais le progrès général et anonyme de la société). Le travail est source de toute valeur, de la valeur économique comme de la valeur morale, et seul il conduit à la richesse, à la jouissance, au succès. Loin d'être l'effet d'une malédiction, il permet à l'homme de posséder le monde. Comme Groethuysen l'a bien montré, l'esprit bourgeois se caractérise par le goût de l'avoir. Avec lui, au monde de l'être se substitue le monde de l'avoir. Il

ne s'agit plus pour lui de se contenter de vivre parmi
les êtres du monde, il lui faut les transformer en choses
pour pouvoir exercer sur elles un droit de propriétaire.
Il veut les connaître, non par curiosité désintéressée,
mais pour savoir à quoi elles servent, quelle est leur
utilité, leur rendement, leur prix. En ce sens, aucune
activité, et en premier lieu l'activité du savoir, ne
saurait être gratuite, et tout est vu sous l'angle de
l'utilité, du résultat, de la possibilité d'accroître ou
d'améliorer ce que l'on possède déjà. Un texte, choisi
parmi bien d'autres, illustrera cette analyse. Il est
extrait de l'article *Espèces*, qui traite des pièces de
monnaie :

   « Il n'appartient qu'à l'histoire de fixer le temps où l'on a
commencé à fabriquer les différentes *espèces*, de parler des
matières et des marques en usage dans les temps reculés.
   « Le but de l'Encyclopédie n'est que de faire remarquer
aux hommes les choses qui se passent sous leurs yeux ; si l'on
rappelle celles qui se sont passées, ce n'est que par le rapport
qu'elles ont aux présentes, ou afin d'en faire une comparaison
qui opère un avantage pour la réforme de ce qui se pratique.
Il est bon de satisfaire la curiosité des lecteurs, il est mieux de
les instruire utilement. »

La réhabilitation des « arts mécaniques » et des
métiers, la place considérable qu'ils occupent dans le
Dictionnaire sont le signe d'un changement profond de
mentalité, et la réalisation du vieux rêve de Bacon. On
peut trouver que cette irruption du monde du travail
dans une société de privilèges est encore timide, et
évoquer certaines planches de la *Description des arts* qui
représentent des seigneurs de la Cour regardant travailler des ouvriers endimanchés. Négation de la peine, de
la sueur, de la misère ? Si l'on veut. Mais le plus
important, n'est-ce pas qu'aristocrates et ouvriers
coexistent désormais, fût-ce sur une planche gravée, et
que les « philosophes » de l'*Encyclopédie* aient donné
droit de cité aux travailleurs ? Pensons à ce qu'écrivait
un autre philosophe : « La cité la meilleure ne fera pas
de l'artisan un citoyen [...] Leur vie est sans noblesse,

et il n'y a aucun élément de vertu dans les occupations auxquelles se livre la multitude des artisans, des commerçants et des travailleurs à gage [...] Les citoyens ne doivent pas vivre une vie d'artisans ou de commerçants, car cette vie est ignoble et contraire à la vertu [53]. »

Mais nous ne nous laisserons pas entraîner trop loin dans cette vision d'une *Encyclopédie* annonciatrice du triomphe de la bourgeoisie et, pourquoi pas, de la société sans classes. Ce sont là des lectures optimistes, simplificatrices aussi, qui supposent une confiance dans le « progrès de l'histoire » que notre époque a perdue, et qui, chez les encyclopédistes eux-mêmes, était moins assurée qu'on ne pense. Aussi sommes-nous mieux en mesure que les disciples de Guizot ou de Marx de déceler l'inquiétude qui se laisse pressentir derrière les robustes certitudes des hommes des Lumières. N'identifions pas trop hâtivement l'esprit encyclopédique à la foi dans un progrès quasi mécanique et indéfini de l'humanité. C'est bien à des encyclopédistes, Turgot et surtout Condorcet, un collaborateur tardif, que l'on doit les formulations les plus parfaites de l'idéologie du progrès. Mais l'article *Progrès* du *Dictionnaire* se réduit à ces quelques lignes : « mouvement en avant ; le *progrès* du soleil dans l'écliptique ; le *progrès* du feu ; le *progrès* de cette racine. Il se prend aussi au figuré, et l'on dit *faire des progrès* rapides dans un art, dans une science ».

Diderot et d'Alembert n'avaient pas une vision entièrement optimiste de l'histoire. Ils restaient tributaires de la conception ancienne qui faisait de l'histoire une succession d'épanouissements et de déclins ponctués par des « révolutions », des bouleversements radicaux, ramenant les empires et les civilisations à leur degré zéro. « On ne sait jusqu'où tel homme peut aller. On sait bien moins encore jusqu'où l'espèce humaine irait, ce dont elle serait capable, si elle n'était point arrêtée dans ses progrès. Mais les révolutions sont nécessaires ; il y en a toujours eu, et il y en aura

toujours ; le plus grand intervalle d'une révolution à
une autre est donné : cette seule cause borne l'étendue
de nos travaux » (Diderot, article *Encyclopédie*). Et
d'Alembert, dont on présente en général le *Discours
préliminaire* comme le manifeste des Lumières et un
hymne à la raison toute-puissante, reconnaît que « la
barbarie dure des siècles, la raison et le bon goût ne
font que passer ». Aussi Diderot présente-t-il, dans le
Prospectus et dans l'article *Encyclopédie,* l'entreprise
commune des encyclopédistes moins comme une étape
dans une marche irrésistible vers l'avant que comme
une sorte d'assurance contre la mort des civilisations,
une mise à l'abri, dans un dépôt sûr, des acquis les plus
précieux de l'Occident depuis la « Renaissance des
lettres » :

> « Que l'*Encyclopédie* devienne un sanctuaire où les con-
> naissances des hommes soient à l'abri des temps et des
> révolutions. Ne serons-nous pas trop flattés d'en avoir posé
> les fondements ? Quel avantage n'aurait-ce pas été pour nos
> pères et pour nous, si les travaux des peuples anciens, des
> Egyptiens, des Chaldéens, des Grecs, des Romains, etc.,
> avaient été transmis dans un ouvrage encyclopédique, qui eût
> exposé en même temps les vrais principes de leurs langues !
> Faisons donc pour les siècles à venir ce que nous regrettons
> que les siècles passés n'aient pas fait pour le nôtre. Nous
> osons dire que si les Anciens eussent exécuté une encyclopé-
> die, comme ils ont exécuté tant de grandes choses, et que ce
> manuscrit se fût échappé seul de la fameuse bibliothèque
> d'Alexandrie, il eût été capable de nous consoler de la perte
> des autres[54]. »

De la même façon,

> « Le moment le plus glorieux pour un ouvrage de cette
> nature, ce serait celui qui succéderait immédiatement à
> quelque grande révolution qui aurait suspendu les progrès
> des sciences, interrompu les travaux des arts, et replongé
> dans les ténèbres une portion de notre hémisphère. Quelle
> reconnaissance la génération qui viendrait après ces temps de
> trouble, ne porterait-elle pas aux hommes qui les auraient
> redoutés de loin, et qui en auraient prévenu le ravage, en
> mettant à l'abri les connaissances des siècles passés[55]. »

Comme l'écrit J. Starobinski, « face aux désastres et aux pertes menaçantes, le grand livre confié aux générations futures se projette comme un message enseveli : ainsi Hubert Robert peint-il par avance la Grande Galerie du Louvre en ruine [56] ».

Le « monument » ne serait-il plus qu'une ruine ? Il y a des ruines qui continuent à vivre d'une vie singulièrement forte. L'*Encyclopédie* a duré et durera non seulement parce qu'elle constitue un inépuisable champ de fouilles pour les archéologues du savoir, mais aussi parce qu'elle est une véritable « œuvre », belle comme toutes les œuvres dans lesquelles la tension entre les forces du passé et celles de l'avenir se composent en un fragile et miraculeux état d'équilibre.

Alain Pons.

NOTES

1. Edmund Burke, *Réflexions sur la Révolution de France*, Slatkine Reprints, Paris-Genève, 1980, p. 233.

2. R. Hubert, *Les Sciences sociales dans l'Encyclopédie*, Paris, 1923 ; R. Naves, *Voltaire et l'Encyclopédie*, Paris, 1938 ; L. P. May, « Documents nouveaux sur l'Encyclopédie. L'histoire et les sources de l'Encyclopédie, d'après le registre de délibérations et de comptes des éditeurs et un mémoire inédit », *Revue de Synthèse*, Paris, 1938.

3. F. Venturi, *Le Origini dell' Enciclopedia*, Firenze, 1946, Torino, 1963.

4. P. Grosclaude, *Un audacieux message, l'Encyclopédie*, Paris, 1951.

5. *Les Cahiers haut-marnais*, 1er trimestre 1951 ; *Annales de l'Université de Paris*, Numéro spécial à l'occasion du 2e centenaire de l'*Encyclopédie française*, octobre 1952 ; *L'Encyclopédie et le progrès des sciences et des techniques*, Centre international de synthèse, 1952.

6. J. Proust, *Diderot et l'Encyclopédie*, Paris, 1962 (réimpression Genève-Paris, 1982), *L'Encyclopédie*, Paris, 1965 ; J. Lough, *Essays on the Encyclopédie of Diderot and d'Alembert*, Oxford, 1968, *The* « *Encyclopédie* », London, 1971.

7. On trouvera une bibliographie générale in Proust, 1965. Compléments in Proust, Questions sur l' « *Encyclopédie* », *Cahiers d'Histoire littéraire de la France*, janvier-février 1972, et *Postface* à *Diderot et l'Encyclopédie*, 1982.

8. L. P. May, *op. cit.* n. 2 ; D. H. Gordon et N. L. Torrey, *The Censoring of Diderot's Encyclopédie and the Re-established Text*, New York, 1947 ; J. Lough, *Essays*, etc., cf. note 6.

9. R. Darnton, *The Business of Enlightenment. A Publishing History of the* « *Encyclopédie* », Cambridge, Massachusetts, 1979

(trad. fr. *L'Aventure de l'Encyclopédie. Un best-seller au siècle des Lumières*, Paris, 1982).

10. J. Proust, *Diderot et l'Encyclopédie, op. cit.*, Annexe I, « Les collaborateurs de l'*Encyclopédie* », p. 511 sq. ; J. Lough, *The Contributors to the Encyclopédie*, London, 1973 ; R. N. Schwab, W. E. Rex, J. Lough, *Inventory of Diderot's Encyclopédie*, 6 vol., in *Studies on Voltaire and the Eighteenth Century*, Oxford, 1971-1972.

11. *Les Planches de l'Encyclopédie*, 6 vol. in-folio, préface par A. Pons, *Les Planches de l'Encyclopédie et les problèmes de la technique au XVIIIe siècle*, Paris, 1964 ; *Encyclopédie de Diderot et d'Alembert*, 18 vol. (12 vol. de planches, 5 vol. d'articles choisis, 1 vol. d'*Essais et notes*), Milano, 1979 ; *L'Encyclopédie. Diderot et d'Alembert*, Planches et commentaires présentés par J. Proust, Paris, 1985. *A Diderot Pictorial Encyclopedia of Trades and Industry*, éd. C. C. Gillispie, 2 vol., New York, 1959 ; *L'Univers de l'Encyclopédie, Images d'une civilisation, Les 135 plus belles planches de l'Encyclopédie de Diderot et d'Alembert*, études de R. Barthes, R. Mauzi, J.-P. Seguin, Paris, 1964.

12. R. Collison, *Encyclopaedias : their history throughout the ages*, New York, 1964 ; A. Salsano, art. « Enciclopedia », in *Enciclopedia Einaudi*, t. I, Torino, 1977 ; A. Rey, *Encyclopédies et Dictionnaires*, Paris, 1982.

13. G. Tonelli, « A short-title list of subject dictionaries of the sixteenth, seventeenth and eighteenth centuries as aids to the history of ideas », *Warburg Institute Surveys*, n° 4, London, 1971 ; *Notable encyclopedias of the seventeenth and eighteenth centuries : nine predecessors of the Encyclopédie*, éd. F. A. Kafker, *Studies on Voltaire and the Eighteenth Century*, n° 194, Oxford, 1981 ; M. Mamiani, *La mappa del sapere. La classificazione delle scienze nella « Cyclopaedia » di E. Chambers*, Milano, 1983.

14. Cf. n. 2.

15. Cf. n. 5. A signaler aussi parmi les publications auxquelles a donné lieu la commémoration du deuxième centenaire de la mort de Diderot, Diderot et l'Encyclopédie (1784-1984), *Revue Internationale de Philosophie*, n° 148-149, 1984, et le numéro spécial de la *Revue de Métaphysique*, n° 2, avril-juin 1984.

16. *Langues et langages de Leibniz à l'Encyclopédie*, sous la direction de Michèle Duchet et Michèle Jalley, Paris, 1977.

17. Sylvain Auroux, *La Sémiotique des encyclopédistes*, Paris, 1979.

18. Cf. n. 11. Au sommaire de ces *Essais et notes* : J. L. Borges, *Prologue* ; J. Adhémar, *Les illustrations* ; R. Barthes, *Les planches* ; A. Calzolari, *Thèmes et problèmes esthétiques* ; F. Diaz, *Les idées politiques* ; R. Finzi, *La physiocratie* ; E. Fubini, *La musique* ; B. Gille, *Les techniques* ; A. Pons, *L'histoire de l'Encyclopédie* ; J. Proust, *La*

base sociale; J. Roger, *L'histoire naturelle et les sciences de la vie;* L. Rosiello, *Syntaxe et sémantique dans les articles linguistiques;* J. Starobinski, *L'arbre du savoir et ses métamorphoses;* F. Venturi, *Echos italiens;* A. M. Wilson, *Diderot et l'Encyclopédie, une influence réciproque.*

19. *Op. cit.* Cf. n. 9.

20. Il existe actuellement deux éditions *reprint* de l'ensemble des volumes de textes et de planches de l'*Encyclopédie*, par Frommann Verlag, Stuttgart-Bad Cannstatt, 1966, et Pergamon, 1984. Leur format réduit, surtout celui de l'édition Pergamon, en rend la consultation difficile.

21. Des recueils de textes choisis de l'*Encyclopédie* ont été publiés par A. Soboul (Editions sociales, 1952, 1962; compl. et mise à jour par P. Goujard, 1984); A. Pons (J'ai lu, 1963; trad. ital. 1966). En anglais, par J. Lough (1954, 1969); N. S. Hoyt et T. Cassirer (1965). En italien, par P. Casini (1968).

22. In *Réponse signifiée de M. Luneau de Boisjermain au Précis des Libraires associés à l'impression de l'Encyclopédie,* Paris, 1772, pp. 10-11.

23. Ephraim Chambers, *Cyclopaedia : or an Universal Dictionary of Arts and Sciences,* 2 vol., Londres, 1728. *Préface,* p. XXIX.

24. Cf. n. 13.

25. Bernard Lamy, *Entretiens sur les Sciences,* Lyon, 1684. Ed. F. Girbal et P. Clair, Paris, 1966, p. 200.

26. Lettre au P. de Vitry, 20 janvier 1726, in Giambattista Vico, *Vie de Giambattista Vico. Lettres. La méthode des études de notre temps,* trad. A. Pons, Paris, 1981, p. 172. Du même, cf. aussi lettre à F. S. Estevan, 12 janvier 1729, *ibid.,* p. 177.

27. Buffon, *Œuvres complètes,* éd. Lacépède, Paris, 1817, t. I, p. 55.

28. Il est intéressant de noter que l'on trouve ce genre de critique dans l'*Encyclopédie* elle-même. L'auteur de l'article « Académies (avantages des) » cite longuement un texte de Formey, ancien collaborateur du *Dictionnaire,* qui s'en prend aux « journaux et dictionnaires ». « Rien n'égale l'avidité avec laquelle [ces deux sortes de productions] ont été reçues ; et quoiqu'elles souffrent actuellement quelque discrédit, il se passe peu d'années où l'on n'en voie éclore de nouvelles. D'où vient cette vague ? De l'espérance qu'on a conçue de devenir savants par ces lectures, sans essuyer la longueur et la sécheresse des études proprement dites. Aussi le savoir a-t-il germé et pullulé de toutes parts. Mais quel savoir ! [...] au lieu d'un petit nombre de savants qui seraient le sel de la terre, cette terre est couverte de légions innombrables de demi-savants qui ne sont pas seulement dignes d'en être appelés le fumier ; matière certainement

bien plus précieuse que tous leurs écrits [...] les presses gémissent, le papier enchérit, et le savoir diminue en raison de ces progrès » (*Supplément* de l'*Encyclopédie*, vol. I).

29. *Op. cit.*, n. 26, p. 215 sq.

30. « Projet d'un dictionnaire critique, à Mr du Rondel, Professeur aux belles-lettres à Maestricht », 1692, in *Dictionnaire historique et critique*, 1697, éd. 1720, t. IV, pp. 2982-83.

31. Livre III, ch. XI, § 25.

32. Chez Leibniz, « l'encyclopédie est un cycle de représentation, comme si chaque cellule ou discipline était un point de vue sur la chose même, sur l'état des choses. Les sciences se traduisent entre elles, et laissent invariante la vérité, elles forment géométral. Et donc le plus simple est d'adopter le savoir le plus simple : d'où vient le logicisme » (M. Serres, *Histoire de la philosophie* de l'*Encyclopédie de la Pléiade*, t. II, p. 572). Du même auteur, cf. aussi *Le Système de Leibniz et ses modèles mathématiques*, Paris, 1968.

33. Cf. P. Rossi, *Clavis universalis. Arti mnemoniche e logica combinatoria da Lullo a Leibniz*, Milano-Napoli, 1960.

34. *De la dignité et de l'accroissement des sciences*, livre II, *Préambule*.

35. Signalons à ce propos l'intérêt de l'étude de M. Mamiani, *La mappa del sapere. La classificazione delle scienze nella « Cyclopaedia » di E. Chambers*, *op. cit.* n. 13.

36. *De la dignité et de l'accroissement des sciences*, livre II, ch. I.

37. Cf. en particulier J. Starobinski, « Remarques sur l'*Encyclopédie* », *Revue de Métaphysique et de Morale*, 1970, nº 1, et *L'arbre du savoir et ses métamorphoses*, in *Essais et notes*, cit. n. 18.

38. *Poésie et vérité*, livre XI.

39. Pour Vico, les nations, dans le *corso* historique qu'elles parcourent, passent par des stades où prédominent successivement la sensation, l'imagination, et la raison « pleinement développée ». Il est à remarquer que Vico, quand il étudie ce qu'il nomme la « sagesse poétique », qui est celle des peuples à l' « âge des dieux » et à l' « âge des héros », quand les sens et l'imagination sont le plus vigoureux, a lui aussi recours à la métaphore de l'arbre pour dessiner l'encyclopédie des temps primitifs. De la « métaphysique poétique », « comme d'un tronc d'arbre, se ramifient, sur une branche, la logique, la morale, l'économique, toutes poétiques, et sur une autre, la physique, qui a été la mère de la cosmographie, puis de l'astronomie qui a donné leur certitude à ses deux filles, qui sont la chronologie et la géographie » (*Science nouvelle*, éd. 1744, § 367).

40. Cf. R. Koselleck, *Le Règne de la critique*, Paris, 1979.

41. *Œuvres complètes*, Club Français du Livre, t. VI, p. 19.

42. Palissot, *Petites Lettres sur de grands philosophes*, Paris, 1757, p. 105.

43. Cf. J. Habermas, *L'Espace public*, Paris, 1978, pp. 101 sq.

44. In *Livre et société dans la France du XVIIIe siècle*, Paris-La Haye, 1965, pp. 17-18.

45. The « *Encyclopédie* », *op. cit.* n. 6, ch. V, *Critics*.

46. *Réflexions sur la Révolution de France*, *op. cit.* n. 1, p. 185.

47. Robespierre a toujours été extrêmement sévère à l'égard des encyclopédistes. Dans un rapport à la Convention du 7 mai 1794, il parle des « sectes » d'hommes de lettres dans la France d'avant la Révolution : « La plus puissante et la plus illustre fut celle qui fut connue sous le nom d'encyclopédistes. Elle renfermait quelques hommes estimables et un plus grand nombre de charlatans ambitieux. Plusieurs de ses chefs étaient devenus des personnages considérables dans l'Etat : quiconque ignorerait son influence et sa politique, n'aurait pas une idée complète de la préface de notre révolution. Cette secte, en matière de politique, resta toujours au-dessous des droits du peuple : en matière de morale, elle alla beaucoup au-delà de la destruction des préjugés religieux. Ses coryphées déclamaient quelquefois contre le despotisme, et ils étaient pensionnés par les despotes ; ils faisaient tantôt des livres contre la Cour, et tantôt des dédicaces aux rois, des discours pour les courtisans, et des madrigaux pour les courtisanes ; ils étaient fiers dans leurs écrits, et rampants dans les antichambres » (*Œuvres de Maximilien de Robespierre*, éd. Laponneraye, t. III, Paris, 1840, pp. 627-29). Cf. aussi *Défense de Robespierre, prononcée le 27 avril 1792 à la Société des Amis de la Constitution en réponse aux deux discours de Brissot et de Guadet* (*op. cit.* t. I, p. 287).

48. Paris, Au Bureau de l'Encyclopédie progressive, 40 p.

49. Lettre à Weydemeyer, 5 mars 1852, in Marx-Engels, *Correspondance*, t. III, Paris, 1972, pp. 78-79.

50. *Op. cit.* n. 6, p. 57.

51. *Op. cit.* n. 9, pp. 391-92.

52. *L'Encyclopédie*, in *Mythes et portraits*, Paris, 1947.

53. Aristote, *Politique*, 1278a, 1319a, 1328b.

54. *Prospectus* de l'*Encyclopédie*.

55. Article *Encyclopédie*.

56. *Op. cit.* n. 13, p. 296.

BIBLIOGRAPHIE ESSENTIELLE

Nous ne reprenons pas, dans cette courte bibliographie, tous les titres qui ont été signalés dans l'*Introduction*. Nous nous contentons de citer les quelques ouvrages généraux dont la lecture nous semble indispensable à qui veut étudier l'*Encyclopédie*.

DARNTON, R., *L'Aventure de l'Encyclopédie*, Paris, Librairie Académique Perrin, 1982.

HUBERT, R., *Les Sciences sociales dans l'Encyclopédie*, Paris, 1923, Slatkine Reprints, 1970.

LOUGH, J., *Essays on the Encyclopédie of Diderot and d'Alembert*, Oxford, 1968 ; *The « Encyclopédie »*, London, 1971.

NAVES, R., *Voltaire et l'Encyclopédie*, Paris, 1938.

PROUST, J., *Diderot et l'Encyclopédie*, Paris, 1962, Genève-Paris, Slatkine Reprints, 1982 ; *L'Encyclopédie*, Paris, 1965.

VENTURI, F., *Le Origini dell' Enciclopedia*, Firenze, 1946, Torino, 1963.

Annales de l'Université de Paris, octobre 1952.

L'Encyclopédie et le progrès des sciences et des techniques, Centre international de synthèse, 1952.

Essais et notes sur l'Encyclopédie de Diderot et d'Alembert, Milano, 1979.

NOTE SUR LES TEXTES

Nous avons modernisé la graphie et l'orthographe des textes, mais respecté leur ponctuation originale. Le *Discours préliminaire* est reproduit d'après l'édition des *Mélanges de littérature, d'histoire et de philosophie* de d'Alembert (Amsterdam, 1763), qui apporte un certain nombre de corrections au texte publié, en 1751, au début du premier volume de l'*Encyclopédie*, et qui supprime la longue énumération des collaborateurs de l'entreprise.

ENCYCLOPÉDIE
OU
DICTIONNAIRE RAISONNÉ
DES SCIENCES
DES ARTS ET DES MÉTIERS

DISCOURS PRÉLIMINAIRE

L'Encyclopédie que nous présentons au public, est, comme son titre l'annonce, l'ouvrage d'une société de gens de lettres. Nous croirions pouvoir assurer, si nous n'étions pas du nombre, qu'ils sont tous avantageusement connus ou dignes de l'être. Mais sans vouloir prévenir un jugement qu'il n'appartient qu'aux savants de porter, il est au moins de notre devoir d'écarter avant toutes choses l'objection la plus capable de nuire au succès d'une si grande entreprise. Nous déclarons donc que nous n'avons point eu la témérité de nous charger seuls d'un poids si supérieur à nos forces, et que notre fonction d'éditeurs consiste principalement à mettre en ordre des matériaux dont la partie la plus considérable nous a été entièrement fournie. Nous avions fait expressément la même déclaration dans le corps du *Prospectus*[1] ; mais elle aurait peut-être dû se trouver à la tête. Par cette précaution, nous eussions apparemment répondu d'avance à une foule de gens du monde, et même à quelques gens de lettres, qui nous ont demandé comment deux personnes pouvaient traiter de toutes les sciences et de tous les arts, et qui néanmoins avaient jeté sans doute les yeux sur le *Prospectus*, puisqu'ils ont bien voulu l'honorer de leurs

1. Ce *Prospectus* a été publié au mois de novembre 1750. (Note de d'Alembert.)

éloges. Ainsi, le seul moyen d'empêcher sans retour leur objection de reparaître, c'est d'employer, comme nous faisons ici, les premières lignes de notre ouvrage à la détruire. Ce début est donc uniquement destiné à ceux de nos lecteurs qui ne jugeront pas à propos d'aller plus loin. Nous devons aux autres un détail beaucoup plus étendu sur l'exécution de l'Encyclopédie : ils le trouveront dans la suite de ce Discours ; mais ce détail si important par sa nature et par sa matière, demande à être précédé de quelques réflexions philosophiques.

L'ouvrage que nous commençons (et que nous désirons de finir) a deux objets : comme *Encyclopédie*, il doit exposer autant qu'il est possible, l'ordre et l'enchaînement des connaissances humaines ; comme *Dictionnaire raisonné des sciences, des arts et des métiers*, il doit contenir sur chaque science et sur chaque art, soit libéral, soit mécanique, des principes généraux qui en sont la base, et les détails les plus essentiels qui en font le corps et la substance. Ces deux points de vue, d'*Encyclopédie* et de *Dictionnaire raisonné*, formeront donc le plan et la division de notre Discours préliminaire. Nous allons les envisager, les suivre l'un après l'autre, et rendre compte des moyens par lesquels on a tâché de satisfaire à ce double objet.

Pour peu qu'on ait réfléchi sur la liaison que les découvertes ont entre elles, il est facile de s'apercevoir que les sciences et les arts se prêtent mutuellement des secours, et qu'il y a par conséquent une chaîne qui les unit. Mais s'il est souvent difficile de réduire à un petit nombre de règles ou de notions générales, chaque science ou chaque art en particulier, il ne l'est pas moins de renfermer dans un système qui soit un, les branches infiniment variées de la science humaine.

Le premier pas que nous ayons à faire dans cette recherche, est d'examiner, qu'on nous permette ce terme, la généalogie et la filiation de nos connaissances, les causes qui ont dû les faire naître et les caractères qui les distinguent ; en un mot, de remonter jusqu'à l'origine et à la génération de nos idées. Indépendamment des secours que nous tirerons de cet examen pour l'énumération encyclopédique des sciences et des arts, il ne saurait être déplacé à la tête d'un Dictionnaire raisonné des connaissances humaines.

On peut diviser toutes nos connaissances en directes et en réfléchies. Les directes sont celles que nous recevons immédiatement sans aucune opération de notre volonté ; qui trouvant ouvertes, si on peut parler ainsi, toutes les portes de notre âme, y entrent sans résistance et sans effort. Les connaissances réfléchies sont celles que l'esprit acquiert en opérant sur les directes, en les unissant et en les combinant.

Toutes nos connaissances directes se réduisent à celles que nous recevons par les sens ; d'où il s'ensuit que c'est à nos sensations que nous devons toutes nos idées. Ce principe des premiers philosophes a été longtemps regardé comme un axiome par les scolastiques ; pour qu'ils lui fissent cet honneur, il suffisait qu'il fût ancien, et ils auraient défendu avec la même chaleur les formes substantielles ou les qualités occultes. Aussi, cette vérité fut-elle traitée, à la renaissance de la philosophie, comme les opinions absurdes, dont on aurait dû la distinguer ; on la proscrivit avec ces opinions parce que rien n'est si dangereux pour le vrai et ne l'expose tant à être méconnu que l'alliage ou le voisinage de l'erreur. Le système des idées innées, séduisant à plusieurs égards, et plus frappant peut-être parce qu'il était moins connu, a succédé à l'axiome des scholastiques ; et, après avoir longtemps régné, il conserve encore quelques partisans ; tant la vérité a de peine à reprendre sa place quand les préjugés ou le sophisme l'en ont chassée. Enfin, depuis assez peu de temps, on convient presque généralement que les anciens avaient raison ; et ce n'est pas la seule question sur laquelle nous commençons à nous rapprocher d'eux.

Rien n'est plus incontestable que l'existence de nos sensations ; ainsi, pour prouver qu'elles sont le principe de toutes nos connaissances, il suffit de démontrer qu'elles peuvent l'être : car, en bonne philosophie, toute déduction qui a pour base des faits ou des vérités reconnues, est préférable à ce qui n'est appuyé que sur des hypothèses, même ingénieuses. Pourquoi supposer que nous ayons d'avance des notions purement intellectuelles, si nous n'avons besoin, pour les former, que de réfléchir sur nos sensations ? Le détail où nous allons entrer fera voir que ces notions n'ont point en effet d'autre origine.

La première chose que nos sensations nous apprennent, et qui même n'en est pas distinguée, c'est notre existence ; d'où il s'ensuit que nos premières idées réfléchies doivent tomber sur nous, c'est-à-dire sur ce principe pensant qui constitue notre nature, et qui n'est point différent de nous-mêmes. La seconde connaissance que nous devons à nos sensations, est l'existence des objets extérieurs, parmi lesquels notre propre corps doit être compris, puisqu'il nous est, pour ainsi dire, extérieur, même avant que nous ayons démêlé la nature du principe qui pense en nous. Ces objets innombrables produisent sur nous un effet si puissant, si continu, et qui nous unit tellement à eux, qu'après un premier instant où nos idées réfléchies nous rappellent en nous-mêmes, nous sommes forcés d'en sortir par les sensations qui nous assiègent de toutes parts, et qui nous arrachent à la solitude où nous resterions sans elles. La multiplicité de ces sensations, l'accord que nous remarquons dans leur témoignage, les nuances que nous y observons, les affections involontaires qu'elles nous font éprouver, comparées avec la détermination volontaire qui préside à nos idées réfléchies, et qui n'opère que sur nos sensations mêmes ; tout cela forme en nous un penchant insurmontable à assurer l'existence des objets auxquels nous rapportons ces sensations, et qui nous paraissent en être la cause ; penchant que bien des philosophes ont regardé comme l'ouvrage d'un Etre supérieur et comme l'argument le plus convaincant de l'existence de ces objets. En effet, n'y ayant aucun rapport entre chaque sensation et l'objet qui l'occasionne, ou du moins auquel nous la rapportons, il ne paraît pas qu'on puisse trouver, par le raisonnement, de passage possible de l'un à l'autre : il n'y a qu'une espèce d'instinct plus sûr que la raison même, qui puisse nous forcer à franchir un si grand intervalle ; et cet instinct est si vif en nous, que quand on supposerait pour un moment qu'il subsistât pendant que les objets extérieurs seraient anéantis, ces mêmes objets reproduits tout à coup ne pourraient augmenter sa force. Jugeons donc sans balancer, que nos sensations ont en effet hors de nous la cause que nous leur supposons, puisque l'effet qui peut résulter de l'existence réelle de cette cause ne saurait différer en aucune manière de celui que nous éprouvons ; et n'imitons point ces philosophes dont parle Montaigne, qui interrogés sur le principe des actions humaines, cherchent encore s'il y a des hommes. Loin de vouloir répandre des nuages sur une vérité reconnue des sceptiques mêmes lorsqu'ils ne disputent pas, laissons aux métaphysiciens éclairés le soin d'en développer le principe : c'est à eux à déterminer, s'il est possible, quelle gradation observe notre âme dans ce premier pas qu'elle fait hors d'elle-même, poussée, pour ainsi dire, et retenue tout à la fois par une foule de perceptions qui d'un côté l'entraînent vers les objets extérieurs, et qui de l'autre n'appartenant proprement qu'à elle, semblent lui circonscrire un espace étroit dont elles ne lui permettent pas de sortir.

De tous les objets qui nous affectent par leur présence, notre propre corps est celui dont l'existence nous frappe le plus, parce qu'elle nous appartient plus intimement : mais à peine sentons-nous l'existence de notre corps, que nous nous apercevons de l'attention qu'il exige de nous, pour écarter les dangers qui l'environnent. Sujet à mille besoins, et sensible au dernier point à l'action des corps extérieurs, il serait bientôt détruit, si le soin de sa conservation ne nous occupait. Ce n'est pas que tous les corps extérieurs nous fassent éprouver des sensations désagréables ; quelques-uns semblent nous dédommager par le plaisir que leur action nous procure. Mais tel est le malheur de la condition humaine, que la douleur est en nous le sentiment le plus vif ; le plaisir nous touche moins qu'elle, et ne suffit presque jamais pour nous en consoler. En vain quelques philosophes soutenaient, en retenant leurs cris au milieu des souffrances, que la douleur n'était point un mal ; en vain quelques autres plaçaient le bonheur suprême dans la volupté, à laquelle ils ne laissaient pas de se refuser par la crainte de ses suites : tous auraient mieux connu notre nature, s'ils s'étaient contentés de borner à l'exemption de la douleur le souverain bien de la vie présente, et de convenir que sans pouvoir atteindre à ce souverain bien, il nous était seulement permis d'en approcher plus ou moins, à proportion de nos soins et de notre vigilance. Des réflexions si naturelles frapperont infailliblement tout homme abandonné à lui-même, et libre des préjugés, soit d'éducation, soit d'étude : elles seront la suite de la première impression qu'il recevra des objets ; et on peut les mettre au nombre de ces premiers mouvements de l'âme, précieux pour les vrais sages, et dignes d'être observés par eux, mais négligés ou rejetés par la philosophie ordinaire, dont ils démentent presque toujours les principes.

La nécessité de garantir notre propre corps de la douleur et de la destruction nous fait examiner parmi les objets extérieurs, ceux qui peuvent nous être utiles ou nuisibles, pour rechercher les uns et fuir les autres. Mais à peine commençons-nous à parcourir ces objets, que nous découvrons parmi eux un grand nombre d'êtres qui nous paraissent entièrement semblables à nous, c'est-à-dire dont la forme est toute pareille à la nôtre, et qui autant que nous en pouvons juger au premier coup d'œil, semblent avoir les mêmes perceptions que nous : tout nous porte donc à penser qu'ils ont aussi les mêmes besoins que nous éprouvons, et par conséquent le même intérêt à les satisfaire ; d'où il résulte que nous devons trouver beaucoup d'avantage à nous unir avec eux pour démêler dans la nature ce qui peut nous conserver ou nous nuire. La communication des idées est le principe et le soutien de cette union, et demande nécessairement l'invention des signes : telle est l'origine de la formation des sociétés avec laquelle les langues ont dû naître.

Ce commerce que tant de motifs puissants nous engagent à former avec les autres hommes, augmente bientôt l'étendue de nos idées, et nous en fait naître de très nouvelles pour nous, et de très éloignées, selon toute apparence, de celles que nous aurions eues par nous-mêmes sans un tel secours. C'est aux philosophes à juger si cette communication réciproque, jointe à la ressemblance que nous apercevons entre nos sensations et celles de nos semblables, ne contribue pas beaucoup à fortifier ce penchant invincible que nous avons à supposer l'existence de tous les objets qui nous frappent. Pour me renfermer dans mon sujet, je remarquerai seulement que l'agrément et l'avantage que nous trouvons dans un pareil commerce, soit à faire part de nos idées aux autres hommes, soit à joindre les leurs aux nôtres, doit nous porter à resserrer de plus en plus les liens de la société commencée, et à la rendre plus utile pour nous qu'il est possible. Mais chaque membre de la société cherchant ainsi à augmenter pour lui-même l'utilité qu'il en retire, et ayant à combattre dans chacun des autres membres un empressement égal, tous ne peuvent avoir la même part aux avantages, quoique tous y aient le même droit. Un droit si légitime est donc bientôt enfreint par ce droit barbare d'inégalité, appelé loi du plus fort, dont l'usage semble nous confondre avec les animaux, et dont il est pourtant si difficile de ne pas abuser. Ainsi la force, donnée par la nature à certains hommes, et qu'ils ne devraient sans doute employer qu'au soutien et à la protection des faibles, est au contraire l'origine de l'oppression de ces derniers. Mais plus l'oppression est violente, plus ils la souffrent impatiemment, parce qu'ils sentent que rien n'a dû les y assujettir. De là la notion de l'injuste et par conséquent du bien et du mal moral, dont tant de philosophes ont cherché le principe, et que le cri de la nature, qui retentit dans tout homme, fait entendre chez les peuples même les plus sauvages. De là aussi cette loi naturelle que nous trouvons au-dedans de nous, source des premières lois que les hommes ont dû former : sans le secours même de ces lois, elle est quelquefois assez forte, sinon pour anéantir l'oppression, au moins pour la contenir dans certaines bornes. C'est ainsi que le mal que nous éprouvons par les vices de nos semblables produit en nous la connaissance réfléchie des vertus opposées à ces vices, connaissance précieuse, dont une union et une égalité parfaites nous auraient peut-être privés.

Par l'idée acquise du juste et de l'injuste, et conséquemment de la nature morale des actions, nous sommes naturellement amenés à examiner quel est en nous le principe qui agit, ou, ce qui est la même chose, la substance qui veut et qui conçoit. Il ne faut pas approfondir beaucoup la nature de notre corps et l'idée que nous en avons, pour reconnaître qu'il ne saurait être cette substance, puisque les propriétés que nous observons dans la matière n'ont rien de commun avec la faculté de vouloir et de penser : d'où il résulte que cet être appelé *Nous* est formé de deux principes de différente nature, tellement unis, qu'il règne entre les mouvements de l'un et les affections de l'autre une correspondance que nous ne saurions ni suspendre ni altérer, et qui les tient dans un assujettissement réciproque. Cet esclavage si indépendant de nous, joint aux réflexions que nous sommes forcés de faire sur la nature des deux principes et sur leur imperfection, nous élève à la contemplation d'une Intelligence toute-puissante à qui nous devons ce que nous sommes, et qui exige par conséquent notre culte : son existence, pour être reconnue, n'aurait besoin que de notre sentiment intérieur, quand même le témoignage universel des autres hommes, et celui de la nature entière, ne s'y joindraient pas.

Il est donc évident que les notions purement intellectuelles du vice et de la vertu, le principe et la nécessité des lois, la spiritualité de l'âme, l'existence de Dieu et nos devoirs envers lui, en un mot les vérités dont nous avons le besoin le plus prompt et le plus indispensable, sont le fruit des premières idées réfléchies que nos sensations occasionnent.

Quelque intéressantes que soient ces premières vérités pour la plus noble portion de nous-mêmes, le corps auquel elle est unie nous ramène bientôt à lui par la nécessité de pourvoir à ses besoins qui se multiplient sans cesse. Sa conservation doit avoir pour objet, ou de prévenir les maux qui le menacent, ou de remédier à ceux dont il est atteint. C'est à quoi nous cherchons à satisfaire par deux moyens ; savoir, par nos découvertes particulières, et par les recherches des autres hommes ; recherches dont notre commerce avec eux nous met à portée de profiter. De là ont dû naître d'abord l'agriculture, la médecine, enfin tous les arts les plus absolument nécessaires. Ils ont été en même temps et nos connaissances primitives, et la source de toutes les autres, même de celles qui en paraissent très éloignées par leur nature : c'est ce qu'il faut développer plus en détail.

Les premiers hommes, en s'aidant mutuellement de leurs lumières, c'est-à-dire de leurs efforts séparés ou réunis, sont parvenus, peut-être en assez peu de temps, à découvrir une partie des usages auxquels ils pouvaient employer les corps. Avides de connaissances utiles, ils ont dû écarter d'abord toute spéculation oisive, considérer rapidement les uns après les autres les différents êtres que la nature leur présentait, et les combiner, pour ainsi dire, matériellement, par leurs propriétés les plus frappantes et les plus palpables. A cette première combinaison, il a dû en succéder une autre plus recherchée, mais toujours relative à leurs besoins, et qui a principalement consisté dans une étude plus approfondie de quelques propriétés moins sensibles, dans l'altération et la décomposition des corps, et dans l'usage qu'on en pouvait tirer.

Cependant, quelque chemin que les hommes dont nous parlons et leurs successeurs aient été capables de faire, excités par un objet aussi intéressant que celui de leur propre conservation, l'expérience et l'observation de ce vaste univers leur ont fait rencontrer bientôt des obstacles que leurs plus grands efforts n'ont pu franchir. L'esprit accoutumé à la méditation, et avide d'en tirer quelque fruit, a dû trouver alors une espèce de ressource dans la découverte des propriétés des corps uniquement curieuse, découverte qui ne connaît point de bornes. En effet, si un grand nombre de connaissances agréables suffisait pour consoler de la privation d'une vérité utile, on pourrait dire que l'étude de la Nature, quand elle nous refuse le nécessaire, fournit du moins avec profusion à nos plaisirs : c'est une espèce de superflu qui supplée, quoique très imparfaitement, à ce qui nous manque. De plus, dans l'ordre de nos besoins et des objets de nos passions, le plaisir tient une des premières places, et la curiosité est un besoin pour qui sait penser, surtout lorsque ce désir inquiet est animé par une sorte de dépit de ne pouvoir entièrement se satisfaire. Nous devons donc un grand nombre de connaissances simplement agréables à l'impuissance malheureuse où nous sommes d'acquérir celles qui nous seraient d'une plus grande nécessité. Un autre motif sert à nous soutenir dans un pareil travail ; si l'utilité n'en est pas l'objet, elle peut en être au moins le prétexte. Il nous suffit d'avoir trouvé quelquefois un avantage réel dans certaines connaissances, où d'abord nous ne l'avions pas soupçonné, pour nous autoriser à regarder toutes les recherches de pure curiosité, comme pouvant un jour nous être utiles. Voilà l'origine et la cause des progrès de cette vaste science, appelée en général Physique ou étude de la Nature, qui comprend tant de parties différentes : l'agriculture et la médecine, qui l'ont principalement fait naître, n'en sont plus aujourd'hui que des branches. Aussi, quoique les plus essentielles et les premières de toutes, elles ont été plus ou moins en honneur à proportion qu'elles ont été plus ou moins étouffées et obscurcies par les autres.

Dans cette étude que nous faisons de la Nature, en partie par nécessité, en partie par amusement, nous remarquons que les corps ont un grand nombre de propriétés, mais tellement unies pour la plupart dans un même sujet, qu'afin de les étudier chacune plus à fond, nous sommes obligés de les considérer séparément. Par cette opération de notre esprit, nous découvrons bientôt des propriétés qui paraissent appartenir à tous les corps, comme la faculté de se mouvoir ou de rester en repos, et celle de se communiquer du mouvement, source des principaux changements que nous observons dans la Nature. L'examen de ces propriétés, et surtout de la dernière, aidé par nos propres sens, nous fait bientôt découvrir une autre propriété dont elles dépendent ; c'est l'impénétrabilité, ou cette espèce de force par laquelle chaque corps en exclut tout autre du lieu qu'il occupe, de manière que deux corps rapprochés le plus qu'il est possible, ne peuvent jamais occuper un espace moindre que celui qu'ils remplissaient étant désunis. L'impénétrabilité est la propriété principale par laquelle nous distinguons les corps des parties de l'espace indéfini où nous imaginons qu'ils sont placés ; du moins c'est ainsi que nos sens nous font juger ; et s'ils nous trompent sur ce point, c'est une erreur si métaphysique, que notre existence et notre conservation n'en ont rien à craindre, et que nous y revenons continuellement comme malgré nous par notre manière ordinaire de concevoir. Tout nous porte à regarder l'espace comme le lieu des corps, sinon réel, au moins supposé ; c'est en effet par le secours des parties de cet espace considérées comme pénétrables et immobiles, que nous parvenons à nous former l'idée la plus nette que nous puissions avoir du mouvement. Nous sommes donc comme naturelle-

ment contraints à distinguer, au moins par l'esprit,
deux sortes d'étendue, dont l'une est impénétrable, et
l'autre constitue le lieu des corps. Ainsi quoique
l'impénétrabilité entre nécessairement dans l'idée que
nous nous formons des portions de la matière, cependant comme c'est une propriété relative, c'est-à-dire
dont nous n'avons l'idée qu'en examinant deux corps
ensemble, nous nous accoutumons bientôt à la regarder comme distinguée de l'étendue, et à considérer
celle-ci séparément de l'autre.

Par cette nouvelle considération nous ne voyons plus
les corps que comme des parties figurées et étendues de
l'espace ; point de vue le plus général et le plus abstrait
sous lequel nous puissions les envisager. Car l'étendue
où nous ne distinguerions point de parties figurées, ne
serait qu'un tableau lointain et obscur, où tout nous
échapperait, parce qu'il nous serait impossible d'y rien
discerner. La couleur et la figure, propriétés toujours
attachées aux corps, quoique variables pour chacun
d'eux, nous servent en quelque sorte à les détacher du
fond de l'espace ; l'une de ces deux propriétés est
même suffisante à cet égard : aussi pour considérer les
corps sous la forme la plus intellectuelle, nous préférons la figure à la couleur, soit parce que la figure nous
est plus familière étant à la fois connue par la vue et par
le toucher, soit parce qu'il est plus facile de considérer
dans un corps la figure sans la couleur, que la couleur
sans la figure ; soit enfin parce que la figure sert à fixer
plus aisément et d'une manière moins vague, les
parties de l'espace.

Nous voilà donc conduits à déterminer les propriétés
de l'étendue, simplement en tant que figurée. C'est
l'objet de la Géométrie, qui pour y parvenir plus
facilement, considère d'abord l'étendue limitée par une
seule dimension, ensuite par deux, et enfin sous les
trois dimensions qui constituent l'essence du corps
intelligible, c'est-à-dire d'une portion de l'espace terminée en tout sens par des bornes intellectuelles.

Ainsi, par des opérations et des abstractions successives de notre esprit, nous dépouillons la matière de presque toutes ses propriétés sensibles, pour n'envisager en quelque manière que son fantôme; et l'on doit sentir d'abord que les découvertes auxquelles cette recherche nous conduit, ne pourront manquer d'être fort utiles toutes les fois qu'il ne sera point nécessaire d'avoir égard à l'impénétrabilité des corps; par exemple, lorsqu'il sera question d'étudier leur mouvement, en les considérant comme des parties de l'espace, figurées, mobiles, et distantes les unes des autres.

L'examen que nous faisons de l'étendue figurée nous présentent un grand nombre de combinaisons à faire, il est nécessaire d'inventer quelque moyen qui nous rende ces combinaisons plus faciles; et comme elles consistent principalement dans le calcul et le rapport des différentes parties dont nous imaginons que les corps géométriques sont formés, cette recherche nous conduit bientôt à l'Arithmétique ou science des nombres. Elle n'est autre chose que l'art de trouver d'une manière abrégée l'expression d'un rapport unique qui résulte de la comparaison de plusieurs autres. Les différentes manières de comparer ces rapports donnent les différentes règles de l'Arithmétique.

De plus, il est bien difficile qu'en réfléchissant sur ces règles, nous n'apercevions certains principes ou propriétés générales des rapports, par le moyen desquelles nous pouvons, en exprimant ces rapports d'une manière universelle, découvrir les différentes combinaisons qu'on en peut faire. Les résultats de ces combinaisons, réduits sous une forme générale, ne seront en effet que des calculs arithmétiques indiqués, et représentés par l'expression la plus simple et la plus courte que puisse souffrir leur état de généralité. La science ou l'art de désigner ainsi les rapports est ce qu'on nomme Algèbre. Ainsi quoiqu'il n'y ait proprement de calcul possible que par les nombres, ni de grandeur mesurable que l'étendue (car sans l'espace nous ne pourrions mesurer exactement le temps) nous parvenons, en généralisant toujours nos idées, à cette partie principale des mathématiques, et de toutes les sciences naturelles, qu'on appelle Sciences des grandeurs en général ; elle est le fondement de toutes les découvertes qu'on peut faire sur la quantité, c'est-à-dire sur tout ce qui est susceptible d'augmentation ou de diminution.

Cette science est le terme le plus éloigné où la contemplation des propriétés de la matière puisse nous conduire, et nous ne pourrions aller plus loin sans sortir tout à fait de l'univers matériel. Mais telle est la marche de l'esprit dans ses recherches, qu'après avoir généralisé ses perceptions jusqu'au point de ne pouvoir plus les décomposer davantage, il revient ensuite sur ses pas, recompose de nouveau ces perceptions mêmes, et en forme peu à peu et par gradation, les êtres réels qui sont l'objet immédiat et direct de nos sensations. Ces êtres, immédiatement relatifs à nos besoins, sont aussi ceux qu'il nous importe le plus d'étudier ; les abstractions mathématiques nous en facilitent la connaissance ; mais elles ne sont utiles qu'autant qu'on ne s'y borne pas.

C'est pourquoi, ayant en quelque sorte épuisé par les spéculations géométriques les propriétés de l'étendue figurée, nous commençons par lui rendre l'impénétrabilité, qui constitue le corps physique, et qui était la dernière qualité sensible dont nous l'avions dépouillé. Cette nouvelle considération entraîne celle de l'action des corps les uns sur les autres, car les corps n'agissent qu'en tant qu'ils sont impénétrables ; et c'est de là que se déduisent les lois de l'équilibre et du mouvement, objet de la Mécanique. Nous étendons même nos recherches jusqu'au mouvement des corps animés par des forces ou causes motrices inconnues, pourvu que la loi suivant laquelle ces causes agissent soit connue ou supposée l'être.

Rentrés enfin tout à fait dans le monde corporel, nous apercevons bientôt l'usage que nous pouvons faire de la Géométrie et de la Mécanique, pour acquérir sur les propriétés des corps, les connaissances les plus variées et les plus profondes. C'est à peu près de cette manière que sont nées toutes les sciences appelées physico-mathématiques. On peut mettre à leur tête l'Astronomie, dont l'étude, après celle de nous-mêmes, est la plus digne de notre application par le spectacle magnifique qu'elle nous présente. Joignant l'observation au calcul, et les éclairant l'un par l'autre, cette science détermine avec une exactitude digne d'admiration les distances et les mouvements les plus compliqués des corps célestes ; elle assigne jusqu'aux forces mêmes par lesquelles ces mouvements sont produits ou altérés. Aussi peut-on la regarder à juste titre comme l'application la plus sublime et la plus sûre de la Géométrie et de la Mécanique réunies ; et ses progrès comme le monument le plus incontestable du succès auquel l'esprit humain peut s'élever par ses efforts.

L'usage des connaissances mathématiques n'est pas moins grand dans l'examen des corps terrestres qui nous environnent. Toutes les propriétés que nous observons dans ces corps ont entre elles des rapports plus ou moins sensibles pour nous : la connaissance ou la découverte de ces rapports est presque toujours le seul objet auquel il nous soit permis d'atteindre, et le seul par conséquent que nous devions nous proposer. Ce n'est donc point par des hypothèses vagues et arbitraires que nous pouvons espérer de connaître la nature, c'est par l'étude réfléchie des phénomènes, par la comparaison que nous ferons des uns avec les autres, par l'art de réduire autant qu'il sera possible, un grand nombre de phénomènes à un seul qui puisse en être regardé comme le principe. En effet, plus on diminue le nombre des principes d'une science, plus on leur donne d'étendue ; puisque l'objet d'une science étant nécessairement déterminé, les principes appliqués à cet objet seront d'autant plus féconds qu'ils seront en plus petit nombre. Cette réduction, qui les rend d'ailleurs plus faciles à saisir, constitue le véritable esprit systématique, qu'il faut bien se garder de prendre pour l'esprit de système avec lequel il ne se rencontre pas toujours. Nous en parlerons plus au long dans la suite.

Mais, à proportion que l'objet qu'on embrasse est plus ou moins difficile et plus au moins vaste, la réduction dont nous parlons est plus ou moins pénible : on est donc aussi plus ou moins en droit de l'exiger de ceux qui se livrent à l'étude de la Nature. L'aimant, par exemple, un des corps qui a été le plus étudié, et sur lequel on a fait des découvertes si surprenantes, a la propriété d'attirer le fer, celle de lui communiquer sa vertu, celle de se tourner vers les pôles du monde, avec une variation qui est elle-même sujette à des règles, et qui n'est pas moins étonnante que ne le serait une direction plus exacte ; enfin la propriété de s'incliner en formant avec la ligne horizontale un angle plus ou moins grand, selon le lieu de la terre où il est placé. Toutes ces propriétés singulières, dépendantes de la nature de l'aimant, tiennent vraisemblablement à quelque propriété générale, qui en est l'origine, qui jusqu'ici nous est inconnue, et peut-être le restera longtemps. Au défaut d'une telle connaissance, et des lumières nécessaires sur la cause physique des propriétés de l'aimant, ce serait sans doute une recherche bien digne d'un philosophe, que de réduire, s'il était possible, toutes ces propriétés à une seule, en montrant la liaison qu'elles ont entre elles. Mais plus une telle découverte serait utile aux progrès de la physique, plus nous avons lieu de craindre qu'elle ne soit refusée à nos efforts. J'en dis autant d'un grand nombre d'autres phénomènes dont l'enchaînement tient peut-être au système général du monde.

La seule ressource qui nous reste donc dans une recherche si pénible, quoique si nécessaire, et même si agréable, c'est d'amasser le plus de faits qu'il nous est possible, de les disposer dans l'ordre le plus naturel, de les rappeler à un certain nombre de faits principaux dont les autres ne soient que des conséquences. Si nous osons quelquefois nous élever plus haut, que ce soit avec cette sage circonspection qui sied si bien à une vue aussi faible que la nôtre.

Tel est le plan que nous devons suivre dans cette vaste partie de la physique appelée Physique générale et expérimentale. Elle diffère des sciences physico-mathématiques, en ce qu'elle n'est proprement qu'un recueil raisonné d'expériences et d'observations ; au lieu que celles-ci par l'application des calculs mathématiques à l'expérience, déduisent quelquefois d'une seule et unique observation un grand nombre de conséquences qui tiennent de bien près, par leur certitude, aux vérités géométriques. Ainsi une seule expérience sur la réflexion de la lumière donne toute la Catoptrique, ou science des propriétés des miroirs ; une seule sur la réfraction de la lumière produit l'explication mathématique de l'arc-en-ciel, la théorie des couleurs, et toute la Dioptrique, ou science des propriétés des verres concaves et convexes ; d'une seule observation sur la pression des fluides, on tire toutes les lois de l'équilibre et du mouvement de ces corps ; enfin une expérience unique sur l'accélération des corps qui tombent, fait découvrir les lois de leur chute sur des plans inclinés, et celles du mouvement des pendules.

Il faut avouer pourtant que les géomètres abusent quelquefois de cette application de l'algèbre à la physique. Au défaut d'expériences propres à servir de base à leur calcul, ils se permettent des hypothèses, les plus commodes à la vérité qu'il leur est possible ; mais souvent très éloignées de ce qui est réellement dans la nature. On a voulu réduire en calcul jusqu'à l'art de guérir ; et le corps humain, cette machine si compliquée, a été traité par nos médecins algébristes comme le serait la machine la plus simple ou la plus facile à décomposer. C'est une chose singulière de voir ces auteurs résoudre d'un trait de plume des problèmes d'hydraulique et de statique capables d'arrêter toute leur vie les plus grands géomètres. Pour nous, plus sages ou plus timides, contentons-nous d'envisager la plupart de ces calculs et de ces suppositions vagues comme des jeux d'esprit auxquels la Nature n'est pas obligée de se soumettre ; et concluons que la seule vraie manière de philosopher en physique consiste ou dans l'application de l'analyse mathématique aux expériences, ou dans l'observation seule, éclairée par l'esprit de méthode, aidée quelquefois par des conjectures lorsqu'elles peuvent fournir des vues, mais sévèrement dégagée de toute hypothèse arbitraire.

Arrêtons-nous un moment ici, et jetons les yeux sur l'espace que nous venons de parcourir. Nous y remarquerons deux limites, où se trouvent, pour ainsi dire, concentrées presque toutes les connaissances certaines accordées à nos lumières naturelles. L'une de ces limites, celle d'où nous sommes partis, est l'idée de nous-mêmes, qui conduit à celle de l'Etre tout-puissant, et de nos principaux devoirs. L'autre est cette partie des mathématiques qui a pour objet les propriétés générales des corps, de l'étendue et de la grandeur. Entre ces deux termes est un intervalle immense, où l'Intelligence suprême semble avoir voulu se jouer de la curiosité humaine, tant par les nuages qu'elle y a répandus sans nombre, que par quelques traits de lumière qui semblent s'échapper de distance en distance pour nous attirer. On pourrait comparer l'univers à certains ouvrages d'une obscurité sublime, dont les auteurs en s'abaissant quelquefois à la portée de celui qui les lit, cherchent à lui persuader qu'il entend tout à peu près. Heureux donc, si nous nous engageons dans ce labyrinthe, de ne point quitter la véritable route ! Autrement les éclairs destinés à nous y conduire ne serviraient souvent qu'à nous en écarter davantage.

Il s'en faut bien d'ailleurs que le petit nombre de connaissances certaines sur lesquelles nous pouvons compter, et qui sont, si on peut s'exprimer de la sorte, reléguées aux deux extrémités de l'espace dont nous parlons, soit suffisant pour satisfaire à tous nos besoins. La nature de l'homme, dont l'étude est si nécessaire, est un mystère impénétrable à l'homme même, quand il n'est éclairé que par la raison seule ; et les plus grands génies à force de réflexions sur une matière si importante, ne parviennent que trop souvent à en savoir un peu moins que le reste des hommes. On peut en dire autant de notre existence présente et future, de l'essence de l'Etre auquel nous la devons, et du genre de culte qu'il exige de nous.

Rien ne nous est donc plus nécessaire qu'une Religion révélée qui nous instruise sur tant de divers objets. Destinée à servir de supplément à la connaissance naturelle, elle nous montre une partie de ce qui nous était caché ; mais elle se borne à ce qu'il nous est absolument nécessaire de connaître ; le reste est fermé pour nous et apparemment le sera toujours. Quelques vérités à croire, un petit nombre de préceptes à pratiquer, voilà à quoi la religion révélée se réduit : néanmoins à la faveur des lumières qu'elle a communiquées au monde, le peuple même est plus ferme et plus décidé sur un grand nombre de questions intéressantes, que ne l'ont été toutes les sectes des philosophes.

A l'égard des sciences mathématiques, qui constituent la seconde des limites dont nous avons parlé, leur nature et leur nombre ne doivent point nous en imposer. C'est à la simplicité de leur objet qu'elles sont principalement redevables de leur certitude. Il faut même avouer que comme toutes les parties des mathématiques n'ont pas un objet également simple, aussi la certitude proprement dite, celle qui est fondée sur des principes nécessairement vrais et évidents par eux-mêmes, n'appartient ni également ni de la même manière à toutes ces parties. Plusieurs d'entre elles, appuyées sur des principes physiques, c'est-à-dire sur des vérités d'expérience ou sur de simples hypothèses, n'ont, pour ainsi dire, qu'une certitude d'expérience ou même de pure supposition. Il n'y a, pour parler exactement, que celles qui traitent du calcul des grandeurs et des propriétés générales de l'étendue, c'est-à-dire l'Algèbre, la Géométrie et la Mécanique, qu'on puisse regarder comme marquées au sceau de l'évidence. Encore y a-t-il dans la lumière que ces sciences présentent à notre esprit, une espèce de gradation, et pour ainsi dire de nuance à observer. Plus l'objet qu'elles embrassent est étendu, et considéré d'une manière générale et abstraite, plus aussi leurs principes sont exempts de nuages ; c'est par cette raison que la Géométrie est plus simple que la Mécanique, et l'une et l'autre moins simples que l'Algèbre. Ce paradoxe n'en sera point un pour ceux qui ont étudié ces sciences en philosophes ; les notions les plus abstraites, celles que le commun des hommes regarde comme les plus inaccessibles, sont souvent celles qui portent avec elles une plus grande lumière : l'obscurité s'empare de nos idées à mesure que nous examinons dans un objet plus de propriétés sensibles. L'impénétrabilité, ajoutée à l'idée de l'étendue, semble ne nous offrir qu'un mystère de plus ; la nature du mouvement est une énigme pour les philosophes ; le principe métaphysique des lois de la percussion ne leur est pas moins caché ; en un mot plus ils approfondissent l'idée qu'ils se forment de la matière et des propriétés qui la représentent, plus cette idée l'obscurcit et paraît vouloir leur échapper.

On ne peut donc s'empêcher de convenir que l'esprit n'est pas satisfait au même degré par toutes les connaissances mathématiques ; allons plus loin, et examinons sans prévention à quoi ces connaissances se réduisent. Envisagées d'un premier coup d'œil, elles sont sans doute en fort grand nombre, et même en quelque sorte inépuisables ; mais lorsque après les avoir accumulées, on en fait le dénombrement philosophique, on s'aperçoit qu'on est en effet beaucoup moins riche qu'on ne croyait l'être. Je ne parle point ici du peu d'application et d'usage qu'on peut faire de plusieurs de ces vérités ; ce serait peut-être un argument assez faible contre elles : je parle de ces vérités considérées en elles-mêmes. Qu'est-ce que la plupart de ces axiomes dont la géométrie est si orgueilleuse, si ce n'est l'expression d'une même idée simple par deux signes ou mots différents ? Celui qui dit que deux et deux font quatre, a-t-il une connaissance de plus que celui qui se contenterait de dire que deux et deux font deux et deux ? Les idées de tout, de partie, de plus grand et de plus petit, ne sont-elles pas à proprement parler, la même idée simple et individuelle, puisqu'on ne saurait avoir l'une sans que les autres se présentent toutes en même temps ? Nous devons, comme l'ont observé quelques philosophes, bien des erreurs à l'abus des mots ; c'est peut-être à ce même abus que nous devons les axiomes. Je ne prétends point cependant en condamner absolument l'usage : je veux seulement faire observer à quoi il se réduit ; c'est à nous rendre les idées simples plus familières par l'habitude, et plus propres aux différents usages auxquels nous pouvons les appliquer. J'en dis à peu près autant, quoique avec les restrictions convenables, des théorèmes mathématiques. Considérés sans préjugé, ils se réduisent à un assez petit nombre de vérités primitives. Qu'on examine une suite de propositions de géométrie déduites les unes des autres, en sorte que deux propositions voisines se touchent immédiatement et sans aucun intervalle, on s'apercevra qu'elles ne sont toutes que la première proposition qui se défigure, pour ainsi dire, successivement et peu à peu dans le passage d'une conséquence à la suivante, mais qui pourtant n'a point été réellement multipliée par cet enchaînement, et n'a fait que recevoir différentes formes. C'est à peu près comme si on voulait exprimer cette proposition par le moyen d'une langue qui se serait insensiblement dénaturée, et qu'on l'exprimât successivement de diverses manières, qui représentassent les différents états par lesquels la langue a passé. Chacun de ces états se reconnaîtrait dans celui qui en serait immédiatement voisin ; mais dans un état plus éloigné, on ne le démêlerait plus, quoiqu'il fût toujours dépendant de ceux qui l'auraient procédé, et destiné à transmettre les

mêmes idées. On peut donc regarder l'enchaînement
de plusieurs vérités géométriques comme des traductions plus ou moins différentes et plus ou moins
compliquées de la même proposition, et souvent de la
même hypothèse. Ces traductions sont au reste fort
avantageuses par les divers usages qu'elles nous mettent à portée de faire du théorème qu'elles expriment ;
usages plus ou moins estimables à proportion de leur
importance et de leur étendue. Mais en convenant du
mérite réel de la traduction mathématique d'une
proposition, il faut reconnaître aussi que ce mérite
réside originairement dans la proposition même. C'est
ce qui doit nous faire sentir combien nous sommes
redevables aux génies inventeurs qui, en découvrant
quelqu'une de ces vérités fondamentales, source, et
pour ainsi dire, original d'un grand nombre d'autres,
ont réellement enrichi la géométrie, et étendu son
domaine.

Il en est de même des vérités physiques et des
propriétés des corps dont nous apercevons la liaison.
Toutes ces propriétés bien rapprochées ne nous
offrent, à proprement parler, qu'une connaissance
simple et unique. Si d'autres en plus grand nombre
sont détachées pour nous, et forment des vérités
différentes, c'est à la faiblesse de nos lumières que nous
devons ce triste avantage ; et l'on peut dire que notre
abondance à cet égard est l'effet de notre indigence
même. Les corps électriques dans lesquels on a
découvert tant de propriétés singulières, mais qui ne
paraissent pas tenir l'une à l'autre, sont peut-être en un
sens les corps les moins connus, parce qu'ils paraissent
l'être davantage. Cette vertu qu'ils acquièrent étant
frottés, d'attirer de petits corpuscules, et celle de
produire dans les animaux une commotion violente,
sont deux choses pour nous ; c'en serait une seule si
nous pouvions remonter à la première cause. L'univers, pour qui saurait l'embrasser d'un seul point de
vue, ne serait, s'il est permis de le dire, qu'un fait
unique et une grande vérité.

Les différentes connaissances, tant utiles qu'agréables, dont nous avons parlé jusqu'ici, et dont nos besoins ont été la première origine, ne sont pas les seules que l'on ait dû cultiver. Il en est d'autres qui leur sont relatives, et auxquelles par cette raison les hommes se sont appliqués dans le même temps qu'ils se livraient aux premières. Aussi nous aurions en même temps parlé de toutes, si nous n'avions cru plus à propos et plus conforme à l'ordre philosophique de ce Discours, d'envisager d'abord sans interruption l'étude générale que les hommes ont faite des corps, parce que cette étude est celle par laquelle ils ont commencé, quoique d'autres s'y soient bientôt jointes. Voici à peu près dans quel ordre ces dernières ont dû se succéder.

L'avantage que les hommes ont trouvé à étendre la sphère de leurs idées, soit par leurs propres efforts, soit par le secours de leurs semblables, leur a fait penser qu'il serait utile de réduire en art la manière même d'acquérir des connaissances, et celle de se communiquer réciproquement leurs propres pensées ; cet art a donc été trouvé, et nommé Logique. Il enseigne à ranger les idées dans l'ordre le plus naturel, à en former la chaîne la plus immédiate, à décomposer celles qui en renferment un trop grand nombre de simples, à les envisager par toutes leurs faces, enfin à les présenter aux autres sous une forme qui les leur rende faciles à saisir. C'est en cela que consiste cette science du raisonnement qu'on regarde avec raison comme la clef de toutes nos connaissances. Cependant il ne faut pas croire qu'elle tienne le premier rang dans l'ordre de l'invention. L'art de raisonner est un présent que la Nature fait d'elle-même aux bons esprits ; et on peut dire que les livres qui en traitent ne sont guère utiles qu'à celui qui se peut passer d'eux. On a fait un grand nombre de raisonnements justes, longtemps avant que la logique réduite en principes apprît à démêler les mauvais, ou même à les pallier quelquefois par une forme subtile et trompeuse.

Cet art si précieux de mettre dans les idées l'enchaînement convenable, et de faciliter en conséquence le
passage des unes aux autres, fournit en quelque
manière le moyen de rapprocher jusqu'à un certain
point les hommes qui paraissent différer le plus. En
effet, toutes nos connaissances se réduisent primitive-
ment à des sensations, qui sont à peu près les mêmes
dans tous les hommes; et l'art de combiner et de
rapprocher des idées directes, n'ajoute proprement à
ces mêmes idées, qu'un arrangement plus ou moins
exact, et une énumération qui peut être rendue plus ou
moins sensible aux autres. L'homme qui combine
aisément des idées, ne diffère guère de celui qui les
combine avec peine, que comme celui qui juge tout
d'un coup d'un tableau en l'envisageant, diffère de
celui qui a besoin pour l'apprécier qu'on lui en fasse
observer successivement toutes les parties : l'un et
l'autre en jetant un premier coup d'œil, ont eu les
mêmes sensations, mais elles n'ont fait, pour ainsi dire,
que glisser sur le second; et il n'eût fallu que l'arrêter
et le fixer plus longtemps sur chacune, pour l'amener
au même point où l'autre s'est trouvé tout d'un coup.
Par ce moyen, les idées réfléchies du premier seraient
devenues aussi à portée du second, que des idées
directes. Ainsi il est peut-être vrai de dire qu'il n'y a
presque point de science ou d'art dont on ne pût à la
rigueur, et avec une bonne logique, instruire l'esprit le
plus borné ; parce qu'il y en a peu dont les propositions
ou les règles ne puissent être réduites à des notions
simples, et disposées entre elles dans un ordre si
immédiat, que la chaîne ne se trouve nulle part
interrompue. La lenteur plus ou moins grande des
opérations de l'esprit exige plus ou moins cette chaîne,
et l'avantage des plus grands génies se réduit à en avoir
moins besoin que les autres, ou plutôt à la former
rapidement et presque sans s'en apercevoir.

La science de la communication des idées ne se
borne pas à mettre de l'ordre dans les idées mêmes ;
elle doit apprendre encore à exprimer chaque idée de la

manière la plus nette qu'il est possible, et par conséquent à perfectionner les signes qui sont destinés à la
rendre : c'est aussi ce que les hommes ont fait peu à
peu. Les langues, nées avec les sociétés, n'ont sans
doute été d'abord qu'une collection assez bizarre de
signes de toute espèce, et les corps naturels qui
tombent sous nos sens, ont été en conséquence les
premiers objets que l'on ait désignés par des noms.
Mais autant qu'il est permis d'en juger, les langues
dans cette première formation, destinée à l'usage le
plus pressant, ont dû être fort imparfaites, peu abondantes, et assujetties à bien peu de principes certains ;
et les arts ou les sciences absolument nécessaires
pouvaient avoir fait beaucoup de progrès, lorsque les
règles de la diction et du style étaient encore à naître.
La communication des idées ne souffrait pourtant
guère de ce défaut de règles, et même de la disette de
mots ; ou plutôt elle n'en souffrait qu'autant qu'il était
nécessaire pour obliger chacun des hommes à augmenter ses propres connaissances par un travail opiniâtre,
sans trop se reposer sur les autres. Une communication
trop facile peut tenir quelquefois l'âme engourdie, et
nuire aux efforts dont elle serait capable. Qu'on jette
les yeux sur les prodiges des aveugles-nés, et des
sourds et muets de naissance ; on verra ce que peuvent
produire les ressorts de l'esprit, pour peu qu'ils soient
vifs et mis en action par des difficultés à vaincre.
Cependant la facilité de rendre et de recevoir des
idées par un commerce mutuel, ayant aussi de son côté
des avantages incontestables, il n'est pas surprenant
que les hommes aient cherché de plus en plus à
augmenter cette facilité. Pour cela, ils ont commencé
par réduire les signes aux mots, parce qu'ils sont, pour
ainsi dire, les symboles que l'on a le plus aisément sous
la main. De plus, l'ordre de la génération des mots a
suivi l'ordre des opérations de l'esprit : après les
individus, on a nommé les qualités sensibles, qui, sans
exister par elles-mêmes, existent dans ces individus, et
sont communes à plusieurs : peu à peu l'on est enfin

venu à ces termes abstraits, dont les uns servent à lier
ensemble les idées, d'autres à désigner les propriétés
générales des corps, d'autres à exprimer des notions
purement spirituelles. Tous ces termes que les enfants
sont si longtemps à apprendre, ont coûté sans doute
encore plus de temps à trouver. Enfin réduisant l'usage
des mots en préceptes, on a formé la Grammaire, que
l'on peut regarder comme une des branches de la
Logique. Eclairée par une Métaphysique fine et déliée,
elle démêle les nuances des idées, apprend à distinguer
ces nuances par des signes différents, donne des règles
pour faire de ces signes l'usage le plus avantageux,
découvre souvent, par cet esprit philosophique qui
remonte à la source de tout, les raisons du choix bizarre
en apparence qui fait préférer un signe à un autre, et ne
laisse enfin à ce caprice national qu'on appelle usage
que ce qu'elle ne peut absolument lui ôter.

Les hommes en se communiquant leurs idées,
cherchent aussi à se communiquer leurs passions. C'est
par l'Eloquence qu'ils y parviennent. Faite pour parler
au sentiment, comme la Logique et la Grammaire
parlent à l'esprit, elle impose silence à la raison même ;
et les prodiges qu'elle opère souvent entre les mains
d'un seul sur toute une nation, sont peut-être le
témoignage le plus éclatant de la supériorité d'un
homme sur un autre. Ce qu'il y a de singulier, c'est
qu'on ait cru suppléer par des règles à un talent si rare.
C'est à peu près comme si on eût voulu réduire le génie
en préceptes. Celui qui a prétendu le premier qu'on
devait les orateurs à l'art, ou n'était pas du nombre, ou
était bien ingrat envers la nature. Elle seule peut créer
un homme éloquent ; les hommes sont le premier livre
qu'il doive étudier pour réussir, les grands modèles
sont le second ; et tout ce que ces écrivains illustres,
nous ont laissé de philosophique et de réfléchi sur le
talent de l'orateur, ne prouve que la difficulté de leur
ressembler. Trop éclairés pour prétendre ouvrir la
carrière, ils ne voulaient sans doute qu'en marquer les
écueils. A l'égard de ces puérilités pédantesques qu'on

a honorées du nom de Rhétorique, ou plutôt qui n'ont servi qu'à rendre ce nom ridicule, et qui sont à l'art oratoire ce que la Scholastique est à la vraie Philosophie, elles ne sont propres qu'à donner de l'Eloquence l'idée la plus fausse et la plus barbare. Cependant, quoiqu'on commence assez universellement à en reconnaître l'abus, la possession où elles sont depuis longtemps de former une branche distinguée de la connaissance humaine, ne permet pas encore de les en bannir : pour l'honneur de notre discernement, le temps en viendra peut-être un jour.

Ce n'est pas assez pour nous de vivre avec nos contemporains, et de les dominer. Animés par la curiosité et par l'amour-propre, et cherchant par une avidité naturelle à embrasser à la fois le passé, le présent et l'avenir, nous désirons en même temps de vivre avec ceux qui nous suivront, et d'avoir vécu avec ceux qui nous ont précédés. De là l'origine et l'étude de l'Histoire, qui nous unissant aux siècles passés par le spectacle de leurs vices et de leurs vertus, de leurs connaissances et de leurs erreurs, transmet les nôtres aux siècles futurs. C'est là qu'on apprend à n'estimer les hommes que par le bien qu'ils font, et non par l'appareil imposant qui les environne : les souverains, ces hommes assez malheureux pour que tout conspire à leur cacher la vérité, peuvent eux-mêmes se juger d'avance à ce tribunal intègre et terrible ; le témoignage que rend l'histoire à ceux de leurs prédécesseurs qui leur ressemblent, est l'image de ce que la postérité dira d'eux.

La Chronologie et la Géographie sont les deux rejetons et les deux soutiens de la science dont nous parlons : l'une place les hommes dans le temps ; l'autre les distribue sur notre globe. Toutes deux tirent un grand secours de l'histoire de la terre et de celle des cieux, c'est-à-dire des faits historiques, et des observations célestes ; et s'il était permis d'emprunter ici le langage des poètes, on pourrait dire que la science des temps et celle des lieux sont filles de l'Astronomie et de l'Histoire.

Un des principaux fruits de l'étude des empires et de leurs révolutions, est d'examiner comment les hommes, séparés, pour ainsi dire, en plusieurs grandes familles, ont formé diverses sociétés ; comment ces différentes sociétés ont donné naissance aux différentes espèces de gouvernements ; comment elles ont cherché à se distinguer les unes des autres, tant par les lois qu'elles se sont données, que par les signes particuliers que chacune a imaginés pour que ses membres communiquassent plus facilement entre eux. Telle est la source de cette diversité de langues et de lois, qui est devenue pour notre malheur un objet considérable d'étude. Telle est encore l'origine de la Politique, espèce de morale d'un genre particulier et supérieur, à laquelle les principes de la Morale ordinaire ne peuvent quelquefois s'accommoder qu'avec beaucoup de finesse, et qui pénétrant dans les ressorts principaux du gouvernement des Etats, démêle ce qui peut les conserver, les affaiblir ou les détruire : étude peut-être la plus difficile de toutes, par les connaissances qu'elle exige qu'on ait sur les peuples et sur les hommes, et par l'étendue et la variété des talents qu'elle suppose ; surtout quand le politique ne veut point oublier que la loi naturelle, antérieure à toutes les conventions particulières, est aussi la première loi des peuples, et que pour être homme d'Etat, on ne doit point cesser d'être homme.

Voilà les branches principales de cette partie de la connaissance humaine, qui consiste ou dans les idées directes que nous avons reçues par les sens, ou dans la combinaison et la comparaison de ces idées, combinaison qu'en général on appelle *Philosophie*. Ces branches se subdivisent en une infinité d'autres dont l'énumération serait immense et appartient plus à l'*Encyclopédie* même qu'à sa préface.

La première opération de la réflexion consistant à rapprocher et à unir les notions directes, nous avons dû commencer dans ce Discours par envisager la réflexion de ce côté-là, et parcourir les différentes sciences qui

en résultent. Mais les notions formées par la combinaison des idées primitives ne sont pas les seules dont
notre esprit soit capable. Il est une autre espèce de
connaissances réfléchies, dont nous devons maintenant
parler. Elles consistent dans les idées que nous nous
formons à nous-mêmes, en imaginant et en composant
des êtres semblables à ceux qui sont l'objet de nos idées
directes : c'est ce qu'on appelle l'imitation de la
Nature, si connue et si recommandée par les anciens.
Comme les idées directes qui nous frappent le plus
vivement sont celles dont nous conservons le plus
aisément le souvenir, ce sont aussi celles que nous
cherchons le plus à réveiller en nous par l'imitation de
leurs objets. Si les objets agréables nous frappent plus
étant réels que simplement représentés, ce qu'ils
perdent d'agrément en ce dernier cas est en quelque
manière compensé par celui qui résulte du plaisir de
l'imitation. A l'égard des objets qui n'exciteraient,
étant réels, que des sentiments tristes ou tumultueux,
leur imitation est plus agréable que les objets mêmes,
parce qu'elle nous place à cette juste distance, où nous
éprouvons le plaisir de l'émotion sans en ressentir le
désordre. C'est dans cette imitation des objets capables
d'exciter en nous des sentiments vifs ou agréables, de
quelque nature qu'ils soient, que consiste en général
l'imitation de la belle Nature, sur laquelle tant d'auteurs ont écrit sans en donner d'idée nette ; soit parce
que la belle Nature ne se démêle que par un sentiment
exquis, soit aussi parce que dans cette matière les
limites qui distinguent l'arbitraire du vrai ne sont pas
encore bien fixées, et laissent quelque espace libre à
l'opinion.
    A la tête des connaissances qui consistent dans
l'imitation, doivent être placées la Peinture et la
Sculpture, parce que ce sont celles de toutes où
l'imitation approche le plus des objets qu'elle représente, et parle le plus directement aux sens. On peut y
joindre cet art, né de la nécessité et perfectionné par le
luxe, l'Architecture, qui s'étant élevée par degrés des

chaumières aux palais, n'est aux yeux du philosophe, si
on peut parler ainsi, que le masque embelli d'un de nos
plus grands besoins. L'imitation de la belle Nature y
est moins frappante et plus resserrée que dans les deux
autres arts dont nous venons de parler ; ceux-ci expriment indifféremment et sans restriction toutes les
parties de la belle Nature, et la représentent telle
qu'elle est, uniforme ou variée ; l'Architecture au
contraire se borne à imiter par l'assemblage et l'union
des différents corps qu'elle emploie, l'arrangement
symétrique que la nature observe plus ou moins
sensiblement dans chaque individu, et qui contraste si
bien avec la belle variété du tout ensemble.

La Poésie qui vient après la Peinture et la Sculpture,
et qui n'emploie pour l'imitation que les mots disposés
suivant une harmonie agréable à l'oreille, parle plutôt à
l'imagination qu'aux sens ; elle lui représente d'une
manière vive et touchante les objets qui composent cet
univers, et semble plutôt les créer que les peindre, par
la chaleur, le mouvement, et la vie qu'elle sait leur
donner. Enfin la Musique, qui parle à la fois à
l'imagination et aux sens, tient le dernier rang dans
l'ordre de l'imitation ; non que son imitation soit moins
parfaite dans les objets qu'elle se propose de représenter, mais parce qu'elle semble bornée jusqu'ici à un
plus petit nombre d'images ; ce qu'on doit moins
attribuer à sa nature, qu'à trop peu d'invention et de
ressources dans la plupart de ceux qui la cultivent. Il
ne sera pas inutile de faire sur cela quelques réflexions.
La musique, qui dans son origine n'était peut-être
destinée à représenter que du bruit, est devenue peu à
peu une espèce de discours ou même de langue, par
laquelle on exprime les différents sentiments de l'âme,
ou plutôt ses différentes passions : mais pourquoi
réduire cette expression aux passions seules, et ne pas
l'étendre, autant qu'il est possible, jusqu'aux sensations mêmes ? Quoique les perceptions que nous
recevons par divers organes diffèrent entre elles autant
que leurs objets, on peut néanmoins les comparer sous

un autre point de vue qui leur est commun, c'est-à-dire par la situation de plaisir ou de trouble où elles mettent notre âme. Un objet effrayant, un bruit terrible, produisent chacun en nous une émotion par laquelle nous pouvons jusqu'à un certain point les rapprocher, et que nous désignons souvent dans l'un et l'autre cas, ou par le même nom, ou par des noms synonymes. Je ne vois donc point pourquoi un musicien qui aurait à peindre un objet effrayant, ne pourrait pas y réussir en cherchant dans la nature l'espèce de bruit qui peut produire en nous l'émotion la plus semblable à celle que cet objet y excite. J'en dis autant des sensations agréables. Penser autrement, ce serait vouloir resserrer les bornes de l'art et de nos plaisirs. J'avoue que la peinture dont il s'agit, exige une étude fine et approfondie des nuances qui distinguent nos sensations ; mais aussi ne faut-il pas espérer que ces nuances soient démêlées par un talent ordinaire. Saisies par l'homme de génie, senties par l'homme de goût, aperçues par l'homme d'esprit, elles sont perdues pour la multitude. Toute musique qui ne peint rien, n'est que du bruit ; et sans l'habitude qui dénature tout, elle ne ferait guère plus de plaisir qu'une suite de mots harmonieux et sonores dénués d'ordre et de liaison. Il est vrai qu'un musicien attentif à tout peindre, nous présenterait dans plusieurs circonstances des tableaux d'harmonie qui ne seraient point faits pour des sens vulgaires ; mais tout ce qu'on en doit conclure, c'est qu'après avoir fait un art d'apprendre la musique, on devrait bien en faire un de l'écouter.

Nous terminerons ici l'énumération de nos principales connaissances. Si on les envisage maintenant toutes ensemble, et qu'on cherche les points de vue généraux qui peuvent servir à les discerner, on trouve que les unes purement pratiques ont pour but l'exécution de quelque chose ; que d'autres simplement spéculatives se bornent à l'examen de leur objet, et à la contemplation de ses propriétés ; qu'enfin d'autres tirent de l'étude spéculative de leur objet l'usage qu'on

en peut faire dans la pratique. La spéculation et la
pratique constituent la principale différence qui distingue les *Sciences* d'avec les *Arts ;* et c'est à peu près en
suivant cette notion qu'on a donné l'un ou l'autre nom
à chacune de nos connaissances. Il faut cependant
avouer que nos idées ne sont pas encore bien fixées sur
ce sujet. On ne sait souvent quel nom donner à la
plupart des connaissances où la spéculation se réunit à
la pratique ; et l'on dispute, par exemple, tous les jours
dans les écoles, si la Logique est un art ou une science :
le problème serait bientôt résolu, en répondant qu'elle
est à la fois l'une et l'autre. Qu'on s'épargnerait de
questions et de peines si on déterminait enfin la
signification des mots d'une manière nette et précise !

On peut en général donner le nom d'*Art* à tout
système de connaissances qu'il est permis de réduire à
des règles positives, invariables et indépendantes du
caprice ou de l'opinion, et il serait permis de dire en ce
sens, que plusieurs de nos sciences sont des arts, étant
envisagées par leur côté pratique. Mais comme il y a
des règles pour les opérations de l'esprit ou de l'âme, il
y en a aussi pour celles du corps, c'est-à-dire pour
celles qui bornées aux corps extérieurs, n'ont besoin
que de la main seule pour être exécutées. De là la
distinction des arts en libéraux et en mécaniques, et la
supériorité qu'on accorde aux premiers sur les seconds.
Cette supériorité est sans doute injuste à plusieurs
égards. Néanmoins parmi les préjugés, tout ridicules
qu'ils peuvent être, il n'en est point qui n'ait sa raison,
ou pour parler plus exactement, son origine ; et la
philosophie souvent impuissante pour corriger les
abus, peut au moins en démêler la source. La force du
corps ayant été le premier principe qui a rendu inutile
le droit que tous les hommes avaient d'être égaux, les
plus faibles, dont le nombre est toujours le plus grand,
se sont joints ensemble pour la réprimer. Ils ont donc
établi par le secours des lois et des différentes sortes de
gouvernements, une inégalité de convention dont la
force a cessé d'être le principe. Cette dernière inégalité

étant bien affermie, les hommes en se réunissant avec raison pour la conserver, n'ont pas laissé de réclamer secrètement contre elle par ce désir de supériorité que rien n'a pu détruire en eux. Ils ont donc cherché une sorte de dédommagement dans une inégalité moins arbitraire ; et la force corporelle, enchaînée par les lois, ne pouvant plus offrir aucun moyen de supériorité, ils ont été réduits à chercher dans la différence des esprits un principe d'inégalité aussi naturel, plus paisible, et plus utile à la société. Ainsi la partie la plus noble de notre être s'est en quelque manière vengée des premiers avantages que la partie la plus vile avait usurpés ; et les talents de l'esprit ont été généralement reconnus pour supérieurs à ceux du corps. Les arts mécaniques, dépendant d'une opération manuelle, et asservis, qu'on me permette ce terme, à une espèce de routine, ont été abandonnés à ceux d'entre les hommes que les préjugés ont placés dans la classe la plus inférieure. L'indigence qui a forcé ces hommes à s'appliquer à un pareil travail, plus souvent que le goût et le génie ne les y ont entraînés, est devenue ensuite une raison pour les mépriser, tant elle nuit à tout ce qui l'accompagne. A l'égard des opérations libres de l'esprit elles ont été le partage de ceux qui se sont crus sur ce point les plus favorisés de la nature. Cependant l'avantage que les arts libéraux ont sur les arts mécaniques, par le travail que les premiers exigent de l'esprit, et par la difficulté d'y exceller, est suffisamment compensé par l'utilité bien supérieure que les derniers nous procurent pour la plupart. C'est cette utilité même qui a forcé de les réduire à des opérations purement machinales, pour en faciliter la pratique à un plus grand nombre d'hommes. Mais la société en respectant avec justice les grands -génies qui l'éclairent, ne doit point avilir les mains qui la servent. La découverte de la boussole n'est pas moins avantageuse au genre humain, que ne le serait à la physique l'explication des propriétés de cette aiguille. Enfin, à considérer en lui-même le principe de la distinction dont nous parlons, combien de savants

prétendus dont la science n'est proprement qu'un art
mécanique ? et quelle différence réelle y a-t-il entre une
tête remplie de faits sans ordre, sans usage et sans
liaison, et l'instinct d'un artisan réduit à l'exécution
machinale ?

Le mépris qu'on a pour les arts mécaniques semble
avoir influé jusqu'à un certain point sur leurs inventeurs mêmes. Les noms de ces bienfaiteurs du genre
humain sont presque tous inconnus, tandis que l'histoire de ses destructeurs, c'est-à-dire des conquérants,
n'est ignorée de personne. Cependant c'est peut-être
chez les artisans qu'il faut aller chercher les preuves les
plus admirables de la sagacité de l'esprit, de sa patience
et de ses ressources. J'avoue que la plupart des arts
n'ont été inventés que peu à peu, et qu'il a fallu une
assez longue suite de siècles pour porter les montres,
par exemple, au point de perfection où nous les
voyons. Mais n'en est-il pas de même des sciences ?
Combien de découvertes qui ont immortalisé leurs
auteurs, avaient été préparées par les travaux des
siècles précédents, souvent même amenées à leur
maturité, au point de ne demander plus qu'un pas à
faire ? Et pour ne point sortir de l'horlogerie, pourquoi
ceux à qui nous devons la fusée des montres, l'échap-
pement et la répétition, ne sont-ils pas aussi estimés
que ceux qui ont travaillé successivement à perfectionner l'algèbre ? D'ailleurs, si j'en crois quelques philosophes que le mépris de la multitude pour les arts n'a
point empêchés de les étudier, il est certaines machines
si compliquées, et dont toutes les parties dépendent
tellement l'une de l'autre, qu'il est difficile que l'invention en soit due à plus d'un seul homme. Ce génie rare
dont le nom est enseveli dans l'oubli, n'eût-il pas été
bien digne d'être placé à côté du petit nombre d'esprits
créateurs, qui nous ont ouvert dans les sciences des
routes nouvelles ?

Parmi les arts libéraux qu'on a réduits à des
principes, ceux qui se proposent l'imitation de la
Nature, ont été appelés Beaux-Arts, parce qu'ils ont

principalement l'agrément pour objet. Mais ce n'est pas la seule chose qui les distingue des arts libéraux plus nécessaires ou plus utiles, comme la Grammaire, la Logique et la Morale. Ces derniers ont des règles fixes et arrêtées, que tout homme peut transmettre à un autre : au lieu que la pratique des Beaux-Arts consiste principalement dans une invention qui ne prend guère ses lois que du génie ; les règles qu'on a écrites sur ces arts n'en sont proprement que la partie mécanique ; elles produisent à peu près l'effet du télescope, elles n'aident que ceux qui voient.

Il résulte de tout ce que nous avons dit jusqu'ici que les différentes manières dont notre esprit opère sur les objets, et les différents usages qu'il tire de ces objets mêmes, sont le premier moyen qui se présente à nous pour discerner en général nos connaissances les unes des autres. Tout s'y rapporte à nos besoins, soit de nécessité absolue, soit de convenance et d'agrément, soit même d'usage et de caprice. Plus les besoins sont éloignés ou difficiles à satisfaire, plus les connaissances destinées à cette fin sont lentes à paraître. Quels progrès la Médecine n'aurait-elle pas faits aux dépens des sciences de pure spéculation, si elle était aussi certaine que la Géométrie ? Mais il est encore d'autres caractères très marqués dans la manière dont nos connaissances nous affectent et dans les différents jugements que notre âme porte de ces idées. Ces jugements sont désignés par les mots d'évidence, de certitude, de probabilité, de sentiment et de goût.

L'évidence appartient proprement aux idées dont l'esprit aperçoit la liaison tout d'un coup ; la certitude à celles dont la liaison ne peut être connue que par le secours d'un certain nombre d'idées intermédiaires, ou, ce qui est la même chose, aux propositions dont l'identité avec un principe évident par lui-même, ne peut être découverte que par un circuit plus ou moins long ; d'où il s'ensuit que selon la nature des esprits, ce qui est évident pour l'un peut quelquefois n'être que certain pour un autre. On pourrait encore dire, en prenant les mots d'évidence et de certitude dans un autre sens, que la première est le résultat des opérations seules de l'esprit, et se rapporte aux opérations métaphysiques et mathématiques ; et que la seconde est plus propre aux objets physiques, dont la connaissance est le fruit du rapport constant et invariable de nos sens. La probabilité a principalement lieu pour les faits historiques, et en général pour tous les événements passés, présents et à venir, que nous attribuons à une sorte de hasard, parce que nous n'en démêlons pas les causes. La partie de cette connaissance qui a pour objet le présent et le passé, quoiqu'elle ne soit fondée que sur le simple témoignage, produit souvent en nous une persuasion aussi forte que celle qui naît des axiomes. Le sentiment est de deux sortes. L'un destiné aux vérités de morale, s'appelle conscience ; c'est une suite de la loi naturelle et de l'idée que nous avons du bien et du mal ; et on pourrait le nommer évidence du cœur, parce que tout différent qu'il est de l'évidence de l'esprit attachée aux vérités spéculatives, il nous subjugue avec le même empire. L'autre espèce de sentiment est particulièrement affectée à l'imitation de la belle Nature et à ce qu'on appelle beautés d'expression. Il saisit avec transport les beautés sublimes et frappantes, démêle avec finesse les beautés cachées, et proscrit ce qui n'en a que l'apparence. Souvent même il prononce des arrêts sévères sans se donner la peine d'en détailler les motifs, parce que ces motifs dépendent d'une foule d'idées difficiles à développer sur-le-champ, et plus encore à transmettre aux autres. C'est à cette espèce de sentiment que nous devons le goût et le génie, distingués l'un de l'autre en ce que le génie est le sentiment qui crée, et le goût, le sentiment qui juge.

Après le détail où nous sommes entrés sur les différentes parties de nos connaissances et sur les caractères qui les distinguent, il ne nous reste plus qu'à former un arbre généalogique ou encyclopédique qui les rassemble sous un même point de vue, et qui serve à marquer leur origine et les liaisons qu'elles ont entre elles. Nous expliquerons dans un moment l'usage que nous prétendons faire de cet arbre. Mais l'exécution n'en est pas sans difficulté. Quoique l'histoire philosophique que nous venons de donner de l'origine de nos idées soit fort utile pour faciliter un pareil travail, il ne faut pas croire que l'arbre encyclopédique doive ni puisse même être servilement assujetti à cette histoire. Le système général des sciences et des arts est une espèce de labyrinthe, de chemin tortueux, où l'esprit s'engage sans trop connaître la route qu'il doit tenir. Pressé par ses besoins et par ceux du corps auquel il est uni, il étudie d'abord les premiers objets qui se présentent à lui ; pénètre le plus avant qu'il peut dans la connaissance de ces objets ; rencontre bientôt les difficultés qui l'arrêtent, et soit par l'espérance ou même par le désespoir de les vaincre, se jette dans une nouvelle route ; revient ensuite sur ses pas ; franchit quelquefois les premières barrières pour en rencontrer de nouvelles ; et passant rapidement d'un objet à un autre, fait sur chacun de ces objets à différents intervalles et comme par secousses, une suite d'opérations dont la discontinuité est un effet nécessaire de la génération même de ses idées. Mais ce désordre, tout philosohique qu'il est de la part de l'esprit, défigurerait, ou plutôt anéantirait entièrement un arbre encyclopédique dans lequel on voudrait le représenter.

D'ailleurs, comme nous l'avons déjà fait sentir au sujet de la Logique, la plupart des sciences qu'on regarde comme renfermant les principes de toutes les autres, et qui doivent par cette raison occuper les premières places dans l'ordre encyclopédique, n'observent pas le même rang dans l'ordre généalogique des idées, parce qu'elles n'ont pas été inventées les premières. En effet, notre étude primitive a dû être celle des individus ; ce n'est qu'après avoir considéré leurs propriétés particulières et palpables, que nous avons, par abstraction de notre esprit, envisagé leurs propriétés générales et communes, et formé la Métaphysique et la Géométrie ; ce n'est qu'après un long usage des premiers signes, que nous avons perfectionné l'art de ces signes au point d'en faire une science ; ce n'est enfin qu'après une longue suite d'opérations sur les objets de nos idées que nous avons par la réflexion donné des règles à ces opérations mêmes.

Enfin le système de nos connaissances est composé de différentes branches, dont plusieurs ont un même point de réunion ; et comme en partant de ce point il n'est pas possible de s'engager à la fois dans toutes les routes, c'est la nature des différents esprits qui détermine le choix. Aussi est-il assez rare qu'un même esprit en parcoure à la fois un grand nombre. Dans l'étude de la nature, les hommes se sont d'abord appliqués tous, comme de concert, à satisfaire les besoins les plus pressants ; mais quand ils en sont venus aux connaissances moins absolument nécessaires, ils ont dû se les partager, et y avancer chacun de son côté à peu près d'un pas égal. Ainsi plusieurs sciences ont été, pour ainsi dire, contemporaines ; mais dans l'ordre historique des progrès de l'esprit, on ne peut les embrasser que successivement.

Il n'en est pas de même de l'ordre encyclopédique de nos connaissances. Ce dernier consiste à les rassembler dans le plus petit espace possible, et à placer, pour ainsi dire, le philosophe au-dessus de ce vaste labyrinthe dans un point de vue fort élevé d'où il puisse apercevoir à la fois les sciences et les arts principaux ; voir d'un coup d'œil les objets de ses spéculations, et les opérations qu'il peut faire sur ces objets ; distinguer les branches générales des connaissances humaines, les points qui les séparent ou qui les unissent ; et entrevoir même quelquefois les routes secrètes qui les rapprochent. C'est une espèce de mappemonde qui doit montrer les principaux pays, leur position et leur dépendance mutuelle, le chemin en ligne droite qu'il y a de l'un à l'autre ; chemin souvent coupé par mille obstacles, qui ne peuvent être connus dans chaque pays que des habitants ou des voyageurs, et qui ne sauraient être montrés que dans des cartes particulières fort détaillées. Ces cartes particulières seront les différents articles de l'Encyclopédie, et l'Arbre ou Système figuré en sera la mappemonde.

Mais comme dans les cartes générales du globe que nous habitons, les objets sont plus ou moins rapprochés, et présentent un coup d'œil différent selon le point de vue où l'œil est placé par le géographe qui construit la carte, de même la forme de l'arbre encyclopédique dépendra du point de vue où l'on se mettra pour envisager l'univers littéraire. On peut donc imaginer autant de systèmes différents de la connaissance humaine que de mappemondes de différentes projections ; et chacun de ces systèmes pourra même avoir, à l'exclusion des autres, quelque avantage particulier. Il n'est guère de savants qui ne placent volontiers au centre de toutes les sciences celle dont ils s'occupent, à peu près comme les premiers hommes se plaçaient au centre du monde, persuadés que l'univers était fait pour eux. La prétention de plusieurs de ces savants, envisagée d'un œil philosophique, trouverait peut-être, même hors de l'amour-propre, d'assez bonnes raisons pour se justifier.

Quoi qu'il en soit, celui de tous les arbres encyclopédiques qui offrirait le plus grand nombre de liaisons et de rapports entre les sciences, mériterait sans doute d'être préféré. Mais peut-on se flatter de le saisir ? La nature, nous ne saurions trop le répéter, n'est composée que d'individus qui sont l'objet primitif de nos sensations et de nos perceptions directes. Nous remarquons à la vérité dans ces individus, des propriétés communes par lesquelles nous les comparons, et des propriétés dissemblables par lesquelles nous les discernons ; et ces propriétés désignées par des noms abstraits, nous ont conduits à former différentes classes où ces objets ont été placés. Mais souvent tel objet qui par une ou plusieurs de ses propriétés a été placé dans une classe, tient à une autre classe par d'autres propriétés, et aurait pu tout aussi bien y avoir sa place. Il reste donc nécessairement de l'arbitraire dans la division générale. L'arrangement le plus naturel serait celui où les objets se succéderaient par les nuances insensibles qui servent tout à la fois à les séparer et à les unir. Mais le petit nombre d'êtres qui nous sont connus, ne nous permet pas de marquer ces nuances. L'univers n'est qu'un vaste Océan, sur la surface duquel nous apercevons quelques îles plus ou moins grandes, dont la liaison avec le continent nous est cachée.

On pourrait former l'arbre de nos connaissances en les divisant, soit en naturelles et en révélées, soit en utiles et agréables, soit en spéculatives et pratiques, soit en évidentes, certaines, probables et sensibles, soit en connaissances des choses et connaissances des signes ; et ainsi à l'infini. Nous avons choisi une division qui nous a paru satisfaire tout à la fois le plus qu'il est possible à l'ordre encyclopédique de nos connaissances et à leur ordre généalogique. Nous devons cette division à un auteur célèbre dont nous parlerons dans la suite de ce Discours : nous avons pourtant cru y devoir faire quelques changements, dont nous rendrons compte. Mais nous sommes trop convaincus de l'arbitraire qui régnera toujours dans une pareille division, pour croire que notre système soit l'unique ou le meilleur ; il nous suffira que notre travail ne soit pas entièrement désapprouvé par les bons esprits. Nous ne voulons point ressembler à cette foule de naturalistes qu'un philosophe moderne a eu tant de raison de censurer, et qui occcupés sans cesse à diviser les productions de la nature en genres et en espèces, ont consumé dans ce travail un temps qu'ils auraient beaucoup mieux employé à l'étude de ces productions mêmes. Que dirait-on d'un architecte qui ayant à élever un édifice immense, passerait toute sa vie à en tracer le plan ; ou d'un curieux qui se proposant de parcourir un vaste palais, emploierait tout son temps à en observer l'entrée.

Les objets dont notre âme s'occupe, sont ou spirituels ou matériels, et notre âme s'occupe de ces objets ou par des idées directes ou par des idées réfléchies. Le système des connaissances directes ne peut consister que dans la collection purement passive et comme machinale de ces mêmes connaissances ; c'est ce qu'on appelle mémoire. La réflexion est de deux sortes, nous l'avons déjà observé : ou elle raisonne sur les objets des idées directes, ou elle les imite. Ainsi la mémoire, la raison proprement dite, et l'imagination, sont les trois manières différentes dont notre âme opère sur les objets de ses pensées. Nous ne prenons point ici l'imagination pour la faculté qu'on a de se représenter les objets ; parce que cette faculté n'est autre chose que la mémoire même des objets sensibles, mémoire qui serait dans un continuel exercice si elle n'était soulagée par l'invention des signes. Nous prenons l'imagination dans un sens plus noble et plus précis, pour le talent de créer en imitant.

Ces trois facultés forment d'abord les trois divisions générales de notre système, et les trois objets généraux des connaissances humaines ; l'Histoire, qui se rapporte à la mémoire ; la Philosophie, qui est le fruit de la raison ; et les Beaux-Arts, que l'imagination fait naître. Si nous plaçons la raison avant l'imagination, cet ordre nous paraît bien fondé et conforme au progrès naturel des opérations de l'esprit : l'imagination est une faculté créatrice ; et l'esprit, avant que de songer à créer, commence par raisonner sur ce qu'il voit et ce qu'il connaît. Un autre motif qui doit déterminer à placer la raison avant l'imagination, c'est que dans cette dernière faculté de l'âme, les deux autres se trouvent réunies jusqu'à un certain point, et que la raison s'y joint à la mémoire. L'esprit ne crée et n'imagine des objets qu'en tant qu'ils sont semblables à ceux qu'il a connus par des idées directes et par des sensations : plus il s'éloigne de ces objets, plus les êtres qu'il forme sont bizarres et peu agréables. Ainsi dans l'imitation de la Nature, l'invention même est assujettie à certaines règles ; et ce sont ces règles qui forment principalement la partie philosophique des Beaux-Arts, jusqu'à présent assez imparfaite, parce qu'elle ne peut être l'ouvrage que du génie, et que le génie aime mieux créer que discuter.

Enfin, si on examine les progrès de la raison dans ses opérations successives, on se convaincra encore qu'elle doit précéder l'imagination dans l'ordre de nos facultés ; puisque la raison, par les dernières opérations qu'elle fait sur les objets, conduit en quelque sorte à l'imagination : car ces opérations ne consistent qu'à créer, pour ainsi dire, des êtres généraux, qui séparés de leur sujet par abstraction, ne sont plus du ressort immédiat de nos sens. Aussi la Métaphysique et la Géométrie sont, de toutes les sciences qui appartiennent à la raison, celles où l'imagination a le plus de part. J'en demande pardon à nos beaux esprits détracteurs de la Géométrie : ils ne se croyaient pas sans doute si près d'elle, et il n'y a peut-être que la Métaphysique qui les en sépare. L'imagination dans un géomètre qui crée, n'agit pas moins que dans un poète qui invente. Il est vrai qu'ils opèrent différemment sur leur objet : le premier le dépouille et l'analyse, le second le compose et l'embellit. Il est encore vrai que cette manière différente d'opérer n'appartient qu'à différentes sortes d'esprits ; et c'est pour cela que les talents du grand géomètre et du grand poète ne se trouveront peut-être jamais ensemble. Mais soit qu'ils s'excluent ou ne s'excluent pas l'un l'autre, ils ne sont nullement en droit de se mépriser réciproquement. De tous les grands hommes de l'antiquité, Archimède est peut-être celui qui mérite le plus d'être placé à côté d'Homère. J'espère qu'on pardonnera cette digression à un géomètre qui aime son art, mais qu'on n'accusera point d'en être admirateur outré ; et je reviens à mon sujet.

La distribution générale des êtres en spirituels et en matériels fournit la sous-division des trois branches générales. L'histoire et la philosophie s'occupent également de ces deux espèces d'êtres, et l'imagination ne travaille que d'après les êtres purement matériels, nouvelle raison pour la placer la dernière dans l'ordre de nos facultés. A la tête des êtres spirituels est Dieu, qui doit tenir le premier rang par sa nature, et par le besoin que nous avons de le connaître. Au-dessous de cet Etre suprême sont les esprits créés dont la Révélation nous apprend l'existence. Ensuite vient l'homme, qui composé de deux principes, tient par son âme aux esprits, et par son corps au monde matériel ; et enfin ce vaste univers que nous appelons le monde corporel ou la Nature. Nous ignorons pourquoi l'auteur célèbre qui nous sert de guide dans cette distribution, a placé la nature avant l'homme dans son système ; il semble au contraire que tout engage à placer l'homme sur le passage qui sépare Dieu et les esprits d'avec les corps.

L'Histoire en tant qu'elle se rapporte à Dieu, renferme ou la révélation ou la tradition, et se divise sous ces deux points de vue, en histoire sacrée et en histoire ecclésiastique. L'histoire de l'homme a pour objet, ou ses actions, ou ses connaissances ; et elle est par conséquent civile ou littéraire, c'est-à-dire se partage entre les grandes nations et les grands génies, entre les rois et les gens de lettres, entre les conquérants et les philosophes. Enfin, l'histoire de la Nature est celle des productions innombrables qu'on y observe, et forme une quantité de branches presque égale au nombre de ces diverses productions. Parmi ces différentes branches doit être placée avec distinction l'histoire des arts, qui n'est autre chose que l'histoire des usages que les hommes ont fait des productions de la nature, pour satisfaire à leurs besoins ou à leur curiosité.

Tels sont les objets principaux de la mémoire. Venons présentement à la faculté qui réfléchit, et qui raisonne. Les êtres tant spirituels que matériels sur lesquels elle s'exerce, ayant quelques propriétés générales, comme l'existence, la possibilité, la durée ; l'examen de ces propriétés forme d'abord cette branche de la philosophie, dont toutes les autres empruntent en partie leurs principes : on la nomme l'Ontologie ou science de l'être, ou Métaphysique générale. Nous descendons de là aux différents êtres particuliers, et les divisions que fournit la science de ces différents êtres sont formées sur le même plan que celle de l'Histoire.

La science de Dieu appelée Théologie a deux branches : la Théologie naturelle n'a de connaissance de Dieu que celle que produit la raison seule, connaissance qui n'est pas d'une fort grande étendue ; la Théologie révélée tire de l'histoire sacrée une connaissance beaucoup plus parfaite de cet Etre. De cette même Théologie révélée, résulte la science des esprits créés. Nous avons cru encore ici devoir nous écarter de notre auteur. Il nous semble que la science, considérée comme appartenant à la raison, ne doit point être divisée comme elle l'a été par lui en Théologie et en Philosophie ; car la Théologie révélée n'est autre chose que la raison appliquée aux faits révélés : on peut dire qu'elle tient à l'Histoire par les dogmes qu'elle enseigne, et à la Philosophie par les conséquences qu'elle tire de ces dogmes. Ainsi séparer la Théologie et la Philosophie, ce serait arracher du tronc un rejeton qui de lui-même y est uni. Il semble aussi que la science des esprits appartient bien plus intimement à la Théologie révélée, qu'à la Théologie naturelle.

La première partie de la science de l'homme est celle de l'âme ; et cette science a pour but, ou la connaissance spéculative de l'âme humaine, ou celle de ses opérations. La connaissance spéculative de l'âme dérive en partie de la Théologie naturelle, et en partie de la Théologie révélée, et s'appelle Pneumatologie ou Métaphysique particulière. La connaissance de ses opérations se subdivise en deux branches, ces opérations pouvant avoir pour objet, ou la découverte de la vérité ou la pratique de la vertu. La découverte de la vérité, qui est le but de la Logique, produit l'art de la transmettre aux autres ; ainsi, l'usage que nous faisons de la Logique est en partie pour notre propre avantage, en partie pour celui des êtres semblables à nous : les règles de la Morale se rapportent moins à l'homme isolé, et le supposent nécessairement en société avec les autres hommes.

La science de la Nature n'est autre que celle des corps. Mais les corps ayant des propriétés générales qui leur sont communes, telles que l'impénétrabilité, la mobilité et l'étendue, c'est encore par l'étude de ces propriétés, que la science de la nature doit commencer : elles ont, pour ainsi dire, un côté purement intellectuel par lequel elles ouvrent un champ immense aux spéculations de l'esprit, et un côté matériel et sensible par lequel on peut les mesurer. La spéculation intellectuelle appartient à la Physique générale, qui n'est proprement que la métaphysique des corps ; et la mesure est l'objet des mathématiques, dont les divisions s'étendent presque à l'infini.

Ces deux sciences conduisent à la Physique particulière, qui étudie les corps en eux-mêmes, et qui n'a que les individus pour objet. Parmi les corps dont il nous importe de connaître les propriétés, le nôtre doit tenir le premier rang, et il est immédiatement suivi de ceux dont la connaissance est le plus nécessaire à notre conservation : d'où résultent l'Anatomie, l'Agriculture, la Médecine et leurs différentes branches. Enfin tous les corps naturels soumis à notre examen produisent les autres parties innombrables de la physique raisonnée.

La Peinture, la Sculpture, l'Architecture, la Poésie, la Musique et leurs différentes divisions, composent la troisième distribution générale qui naît de l'imagination, et dont les parties sont comprises sous le nom de Beaux-Arts. On pourrait aussi les renfermer sous le titre général de Peinture, puisque tous les Beaux-Arts se réduisent à peindre, et ne diffèrent que par les moyens qu'ils emploient ; enfin, on pourrait les rapporter tous à la Poésie, en prenant ce mot dans sa signification naturelle, qui n'est autre chose qu'invention ou création.

Telles sont les principales parties de notre arbre encyclopédique. On les trouvera plus en détail à la fin de ce Discours préliminaire. Nous en avons formé une espèce de carte à laquelle nous avons joint une explication beaucoup plus étendue que celle qui vient d'être donnée. Cette carte et cette explication ont été déjà publiées dans le *Prospectus*, comme pour pressentir le goût du public ; nous y avons fait quelques changements dont il sera facile de s'apercevoir, et qui sont le fruit ou de nos réflexions, ou des conseils de quelques philosophes, assez bons citoyens pour prendre intérêt à notre ouvrage. Si le public éclairé donne son approbation à ces changements, elle sera la récompense de notre docilité ; et, s'il ne les approuve pas, nous n'en serons que plus convaincus de l'impossibilité de former un arbre encyclopédique qui soit au gré de tout le monde.

La division générale de nos connaissances suivant nos trois facultés a cet avantage qu'elle pourrait fournir aussi les trois divisions du monde littéraire, en Erudits, Philosophes et Beaux Esprits : en sorte qu'après avoir formé l'arbre des sciences, on pourrait former sur le même plan celui des gens de lettres. La mémoire est le talent des premiers ; la sagacité appartient aux seconds, et les derniers ont l'agrément en partage. Ainsi, en regardant la mémoire comme un commencement de réflexion, et en y joignant la réflexion qui combine, et celle qui imite, on pourrait dire en général que le nombre plus ou moins grand d'idées réfléchies, et la nature de ces idées, constituent la différence plus ou moins grande qu'il y a entre les hommes ; que la réflexion prise dans le sens le plus étendu qu'on puisse lui donner, forme le caractère de l'esprit, et qu'elle en distingue les différents genres. Du reste, les trois espèces de républiques dans lesquelles nous venons de distribuer les gens de lettres, n'ont pour l'ordinaire rien de commun, que de faire assez peu de cas les unes des autres. Le poète et le philosophe se traitent mutuellement d'insensés, qui se repaissent de chimères ; l'un et l'autre regardent l'érudit comme une espèce d'avare, qui ne pense qu'à amasser sans jouir, et qui entasse sans choix les métaux les plus vils avec les plus précieux ; et l'érudit, qui ne voit que des mots partout où il ne lit point des faits, méprise le poète et le philosophe, comme des gens qui se croient riches, parce que leur dépense excède leurs fonds.

C'est ainsi qu'on se venge des avantages qu'on n'a pas. Les gens de lettres entendraient mieux leurs intérêts, si au lieu de chercher à s'isoler, ils reconnaissaient le besoin réciproque qu'ils ont de leurs travaux, et les secours qu'ils en tirent. La société doit sans doute aux beaux esprits ses principaux agréments, et ses lumières aux philosophes ; mais ni les uns ni les autres ne sentent combien ils sont redevables à la mémoire ; elle renferme la matière première de toutes nos connaissances ; et les travaux de l'érudit ont souvent fourni au philosophe et au poète les sujets sur lesquels ils s'exercent. Lorsque les anciens ont appelé les Muses filles de mémoire, a dit un auteur moderne, ils sentaient peut-être combien cette faculté de notre âme est nécessaire à toutes les autres ; et les Romains lui élevaient des temples, comme à la Fortune.

Il nous reste à montrer comment nous avons tâché de concilier dans notre Dictionnaire l'ordre encyclopédique avec l'ordre alphabétique. Nous avons employé pour cela trois moyens, le système figuré qui est à la tête de l'ouvrage, la science à laquelle chaque article se rapporte, et la manière dont l'article est traité. On a placé pour l'ordinaire après le mot qui fait le sujet de l'article, le nom de la science dont cet article fait partie ; il ne faut plus que voir dans le système figuré quel rang cette science y occupe, pour connaître la place que l'article doit avoir dans l'Encyclopédie. S'il arrive que le nom de la science soit omis dans l'article, la lecture suffira pour connaître à quelle science il se rapporte ; et quand nous aurions, par exemple, oublié d'avertir que le mot *Bombe* appartient à l'art militaire, et le nom d'une ville ou d'un pays à la géographie, nous comptons assez sur l'intelligence de nos lecteurs pour espérer qu'ils ne seraient pas choqués d'une pareille omission. D'ailleurs par la disposition des matières dans chaque article, surtout lorsqu'il est un peu étendu, on ne pourra manquer de voir que cet article tient à un autre qui dépend d'une science différente, celui-là à un troisième ; et ainsi de suite. On a tâché que l'exactitude et la fréquence des renvois ne laissât là-dessus rien à désirer ; car les renvois dans ce Dictionnaire ont cela de particulier, qu'ils servent principalement à indiquer la liaison des matières ; au lieu que dans les autres ouvrages de cette espèce, ils ne sont destinés qu'à expliquer un article par un autre. Souvent même nous avons omis le renvoi, parce que les termes d'art ou de science sur lesquels il aurait pu tomber, se trouvent expliqués à leur article, que le lecteur ira chercher de lui-même. C'est surtout dans les articles généraux des sciences qu'on a tâché d'expliquer les secours mutuels qu'elles se prêtent. Ainsi trois choses forment l'ordre encyclopédique : le nom de la science à laquelle l'article appartient ; le rang de cette science dans l'arbre ; la liaison de l'article avec d'autres dans la même science ou dans une science différente ; liaison indiquée par les renvois, ou facile à sentir au moyen des termes techniques expliqués suivant leur ordre alphabétique. Il ne s'agit point ici des raisons qui nous ont fait préférer dans cet ouvrage l'ordre alphabétique à tout autre ; nous les exposerons plus bas, lorsque nous envisagerons cette collection comme Dictionnaire des sciences et des arts.

Au reste, sur la partie de notre travail, qui consiste dans l'ordre encyclopédique, et qui est plus destinée aux gens éclairés qu'à la multitude, nous observerons deux choses : la première, c'est qu'il serait souvent absurde de vouloir trouver une liaison immédiate entre un article de ce Dictionnaire et un autre article pris à volonté ; c'est ainsi qu'on chercherait en vain par quels liens secrets *section conique* peut être rapprochée d'*accusatif*. L'ordre encyclopédique ne suppose point que toutes les sciences tiennent directement les unes aux autres. Ce sont des branches qui partent d'un même tronc, savoir de l'entendement humain. Ces branches n'ont souvent entre elles aucune liaison immédiate, et plusieurs ne sont réunies que par le tronc même. Ainsi *section conique* appartient à la géométrie, la géométrie conduit à la physique particulière, celle-ci à la physique générale, la physique générale à la métaphysique, et la métaphysique est bien près de la grammaire à laquelle le mot *accusatif* appartient. Mais quand on est arrivé à ce dernier terme par la route que nous venons d'indiquer, on se trouve si loin de celui d'où l'on est parti, qu'on l'a tout à fait perdu de vue.

La seconde remarque que nous avons à faire, c'est qu'il ne faut pas attribuer à notre arbre encyclopédique plus d'avantage que nous ne prétendons lui en donner. L'usage des divisions générales est de rassembler un fort grand nombre d'objets : mais il ne faut pas croire qu'il puisse suppléer à l'étude de ces objets mêmes. C'est une espèce de dénombrement des connaissances qu'on peut acquérir ; dénombrement frivole pour qui voudrait s'en contenter, utile pour qui désire d'aller plus loin. Un seul article raisonné sur un objet particulier de science ou d'art, renferme plus de substance que toutes les divisions et subdivisions qu'on peut faire des termes généraux ; et pour ne point sortir de la comparaison que nous avons tirée plus haut des cartes géographiques, celui qui s'en tiendrait à l'arbre encyclopédique pour toute connaissance, n'en saurait guère plus que celui qui pour avoir acquis par les mappemondes une idée générale du globe et de ses parties principales, se flatterait de connaître les différents peuples qui l'habitent, et les Etats particuliers qui le composent. Ce qu'il ne faut point oublier surtout, en considérant notre système figuré, c'est que l'ordre encyclopédique qu'il présente est très différent de l'ordre généalogique des opérations de l'esprit ; que les sciences qui s'occupent des êtres généraux, ne sont utiles qu'autant qu'elles mènent à celles dont les êtres particuliers sont l'objet ; qu'il n'y a véritablement que ces êtres particuliers qui existent, et que si notre esprit a créé les êtres généraux, ç'a été pour pouvoir étudier plus facilement l'une après l'autre les propriétés qui par leur nature existent à la fois dans une même substance, et qui ne peuvent physiquement être séparées. Ces réflexions doivent être le fruit et le résultat de tout ce que nous avons dit jusqu'ici ; et c'est aussi par cela que nous terminerons la première partie de ce Discours.

Nous allons présentement considérer cet ouvrage comme *Dictionnaire raisonné des sciences et des arts*. L'objet est d'autant plus important, que c'est sans doute celui qui peut intéresser davantage la plus grande partie de nos lecteurs, et qui, pour être rempli, a demandé le plus de soin et de travail. Mais avant que d'entrer sur ce sujet dans tout le détail qu'on est en droit d'exiger de nous, il ne sera pas inutile d'examiner avec quelque étendue l'état présent des sciences et des arts, et de montrer par quelle gradation l'on y est arrivé. L'exposition métaphysique de l'origine et de la liaison des sciences nous a été d'une grande utilité pour en former l'arbre encyclopédique ; l'exposition historique de l'ordre dans lequel nos connaissances se sont succédé, ne sera pas moins avantageuse pour nous éclairer nous-mêmes sur la manière dont nous devons transmettre ces connaissances à nos lecteurs. D'ailleurs l'histoire des sciences est naturellement liée à celle du petit nombre de grands génies, dont les ouvrages ont contribué à répandre la lumière parmi les hommes, et ces ouvrages ayant fourni pour le nôtre les secours généraux, nous devons commencer à en parler avant que de rendre compte des secours particuliers que nous avons obtenus. Pour ne point remonter trop haut, fixons-nous à la renaissance des lettres.

Quand on considère les progrès de l'esprit depuis cette époque mémorable, on trouve que ces progrès se sont faits dans l'ordre qu'ils devaient naturellement suivre. On a commencé par l'érudition, continué par les belles-lettres, et fini par la philosophie. Cet ordre diffère à la vérité de celui que doit observer l'homme abandonné à ses propres lumières, ou borné au commerce de ses contemporains, tel que nous l'avons principalement considéré dans la première partie de ce Discours : en effet, nous avons fait voir que l'esprit isolé doit rencontrer dans sa route la philosophie avant les belles-lettres. Mais en sortant d'un long intervalle d'ignorance que des siècles de lumière avaient précédé, la régénération des idées, si on peut parler ainsi, a dû nécessairement être différente de leur génération primitive. Nous allons tâcher de le faire sentir.

Les chefs-d'œuvre que les anciens nous avaient laissés dans presque tous les genres avaient été oubliés pendant douze siècles. Les principes des sciences et des arts étaient perdus, parce que le beau et le vrai qui semblent se montrer de toutes parts aux hommes, ne les frappent guère à moins qu'ils n'en soient avertis. Ce n'est pas que ces temps malheureux aient été plus stériles que d'autres en génies rares ; la nature est toujours la même : mais que pouvaient faire ces grands hommes, semés de loin à loin comme ils le sont toujours, occupés d'objets différents, et abandonnés sans culture à leurs seules lumières ? Les idées qu'on acquiert par la lecture et par la société, sont le germe de presque toutes les découvertes. C'est un air que l'on respire sans y penser, et auquel on doit la vie ; et les hommes dont nous parlons étaient privés d'un tel secours. Ils ressemblaient aux premiers créateurs des sciences et des arts, que leurs illustres successeurs ont fait oublier, et qui précédés par ceux-ci, les auraient fait oublier de même. Celui qui trouva le premier les roues et les pignons, eût inventé les montres dans un autre siècle ; et Gerbert placé au temps d'Archimède l'aurait peut-être égalé.

Cependant la plupart des beaux esprits de ces temps ténébreux se faisaient appeler poètes ou philosophes. Que leur en coûtait-il en effet pour usurper deux titres dont on se pare à si peu de frais, et qu'on se flatte

toujours de ne guère devoir à des lumières emprun-
tées ? Ils croyaient qu'il était inutile de chercher les
modèles de la poésie dans les ouvrages des Grecs et des
Romains, dont la langue ne se parlait plus ; et ils
prenaient pour la véritable philosophie des anciens une
tradition barbare qui la défigurait. La poésie se
réduisait pour eux à un mécanisme puéril : l'examen
approfondi de la nature, et la grande étude de
l'homme, étaient remplacés par mille questions frivoles
sur des êtres abstraits et métaphysiques ; questions
dont la solution, bonne ou mauvaise, demandait souvent beaucoup de subtilité, et par conséquent un grand
abus de l'esprit. Qu'on joigne à ce désordre l'état
d'esclavage où presque toute l'Europe était plongée, les
ravages de la superstition qui naît de l'ignorance, et qui
la reproduit à son tour : et l'on verra que rien ne
manquait aux obstacles qui éloignaient le retour de la
raison et du goût ; car il n'y a que la liberté d'agir et de
penser qui soit capable de produire de grandes choses,
et elle n'a besoin que de lumières pour se préserver des
excès.

Aussi fallut-il au genre humain, pour sortir de la
barbarie, une de ces révolutions qui font prendre à la
terre une face nouvelle : l'Empire grec est détruit, sa
ruine fait refluer en Europe le peu de connaissances qui
restaient encore au monde : l'invention de l'imprimerie, la protection des Médicis et de François Ier
raniment les esprits, et la lumière renaît de toutes
parts.

L'étude des langues et de l'histoire abandonnée par
nécessité durant les siècles d'ignorance, fut la première
à laquelle on se livra. L'esprit humain se trouvait, au
sortir de la barbarie, dans une espèce d'enfance, avide
d'accumuler des idées, et incapable pourtant d'en
acquérir d'abord d'un certain ordre par l'espèce
d'engourdissement où les facultés de l'âme avaient été
si longtemps. De toutes ces facultés, la mémoire fut
celle que l'on cultiva d'abord, parce qu'elle est la plus
facile à satisfaire, et que les connaissances qu'on

obtient par son secours, sont celles qui peuvent le plus aisément être entassées. On ne commença donc point par étudier la Nature, ainsi que les premiers hommes avaient dû faire ; on jouissait d'un secours dont ils étaient dépourvus, celui des ouvrages des anciens, que la générosité des grands et l'impression commençaient à rendre communs : on croyait n'avoir qu'à lire pour devenir savant ; et il est bien plus aisé de lire que de voir. Ainsi, on dévora sans distinction tout ce que les anciens nous avaient laissé dans chaque genre : on les traduisit, on les commenta ; et, par une espèce de reconnaissance on se mit à les adorer, sans connaître à beaucoup près ce qu'ils valaient.

De là cette foule d'érudits, profonds dans les langues savantes jusqu'à dédaigner la leur, qui, comme l'a dit un auteur célèbre, connaissaient tout dans les anciens, hors la grâce et la finesse, et qu'un vain étalage d'érudition rendait si orgueilleux ; parce que les avantages qui coûtent le moins sont pour l'ordinaire ceux dont on aime le plus à se parer. C'était une espèce de grands seigneurs, qui sans ressembler par le mérite réel à ceux dont ils tenaient la vie, tiraient beaucoup de vanité de croire leur appartenir. D'ailleurs, cette vanité n'était point sans quelque espèce de prétexte. Le pays de l'érudition et des faits est inépuisable ; on croit, pour ainsi dire, voir tous les jours augmenter sa substance par les acquisitions que l'on y fait sans peine. Au contraire le pays de la raison et des découvertes est d'une assez petite étendue ; et souvent au lieu d'y apprendre ce que l'on ignorait, on ne parvient à force d'étude qu'à désapprendre ce qu'on croyait savoir. C'est pourquoi, à mérite fort inégal, un érudit doit être beaucoup plus vain qu'un philosophe, et peut-être qu'un poète : car l'esprit qui invente est toujours mécontent de ses progrès, parce qu'il voit au-delà ; et les plus grands génies trouvent souvent dans leur amour-propre même un juge secret, mais sévère, que l'approbation des autres fait taire pour quelques instants, mais qu'elle ne parvient jamais à corrompre.

On ne doit donc pas s'étonner que les savants dont nous parlons missent tant de gloire à jouir d'une science hérissée, souvent ridicule, et quelquefois barbare.

Il est vrai que notre siècle qui se croit destiné à changer les lois en tout genre, et à faire justice, ne pense pas fort avantageusement de ces hommes autrefois si célèbres. C'est une espèce de mérite aujourd'hui que d'en faire peu de cas ; et c'est même un mérite que bien des gens se contentent d'avoir. Il semble que par le mépris qu'on a pour ces savants, on cherche à les punir de l'estime outrée qu'ils faisaient d'eux-mêmes, ou du suffrage peu éclairé de leurs contemporains, et qu'en foulant aux pieds ces idoles, on veuille en faire oublier jusqu'aux noms. Mais tout excès est injuste. Jouissons plutôt avec reconnaissance du travail de ces hommes laborieux. Pour nous mettre à portée d'extraire des ouvrages des anciens tout ce qui pouvait nous être utile, il a fallu qu'ils en tirassent aussi ce qui ne l'était pas ; on ne saurait tirer l'or d'une mine sans en faire sortir en même temps beaucoup de matières viles ou moins précieuses ; ils auraient fait comme nous la séparation, s'ils étaient venus plus tard. L'érudition était donc nécessaire pour nous conduire aux belles-lettres.

En effet, il ne fallut pas se livrer longtemps à la lecture des anciens, pour se convaincre que dans ces ouvrages mêmes où l'on ne cherchait que des faits ou des mots, il y avait mieux à apprendre. On aperçut bientôt les beautés que leurs auteurs y avaient répandues ; car si les hommes, comme nous l'avons dit plus haut, ont besoin d'être avertis du vrai, en récompense ils n'ont besoin que de l'être. L'admiration qu'on avait eue jusqu'alors pour les anciens ne pouvait être plus vive : mais elle commença à devenir plus juste. Cependant elle était encore bien loin d'être raisonnable. On crut qu'on ne pouvait les imiter qu'en les copiant servilement, et qu'il n'était possible de bien dire que dans leur langue. On ne pensait pas que l'étude des

mots est une espèce d'inconvénient passager, nécessaire pour faciliter l'étude des choses, mais qu'elle
devient un mal réel, quand elle retarde cette étude ;
qu'ainsi on aurait dû se borner à se rendre familiers les
auteurs grecs et romains, pour profiter de ce qu'ils
avaient pensé de meilleur ; et que le travail auquel il
fallait se livrer pour écrire dans leur langue, était
autant de perdu pour l'avancement de la raison. On ne
voyait pas d'ailleurs, que s'il y a dans les anciens un
grand nombre de beautés de style perdues pour nous, il
doit y avoir aussi par la même raison bien des défauts
qui échappent, et que l'on court le risque de copier
comme des beautés ; qu'enfin tout ce qu'on pourrait
espérer par l'usage servile de la langue des anciens, ce
serait de se faire un style bizarrement assorti d'une
infinité de styles différents, très correct et admirable
même pour nos modernes, mais que Cicéron ou Virgile
auraient trouvé ridicule. C'est ainsi que nous ririons
d'un ouvrage écrit en notre langue, et dans lequel
l'auteur aurait rassemblé des phrases de Bossuet, de La
Fontaine, de La Bruyère et de Racine, persuadé avec
raison que chacun de ces écrivains en particulier est un
excellent modèle.

Ce préjugé des premiers savants a produit dans le
XVIe siècle une foule de poètes, d'orateurs et d'historiens latins, dont les ouvrages, il faut l'avouer, tirent
trop souvent leur principal mérite d'une latinité dont
nous ne pouvons guère juger. On peut en comparer
quelques-uns aux harangues de la plupart de nos
rhéteurs, qui vides de choses, et semblables à des corps
sans substance, n'auraient besoin que d'être mises en
français pour n'être lues de personne.

Les gens de lettres sont enfin revenus peu à peu de
cette espèce de manie. Il y a apparence qu'on doit leur
changement, du moins en partie, à la protection des
grands, qui sont bien aises d'êtres savants, à condition
de le devenir sans peine, et qui veulent pouvoir juger
sans étude d'un ouvrage d'esprit, pour prix des
bienfaits qu'ils promettent à l'auteur, ou de l'amitié

dont ils croient l'honorer. On commença à sentir que le beau, pour être en langue vulgaire, ne perdait rien de ses avantages ; qu'il acquérait même celui d'être plus facilement saisi du commun des hommes, et qu'il n'y avait aucun mérite à dire des choses communes ou ridicules dans quelque langue que ce fût, et à plus forte raison dans celles qu'on devait parler le plus mal. Les gens de lettres pensèrent donc à perfectionner les langues vulgaires ; ils cherchèrent d'abord à dire dans ces langues ce que les anciens avaient dit dans les leurs. Cependant, par une suite du préjugé dont on avait eu tant de peine à se défaire, au lieu d'enrichir la langue française, on commença par la défigurer. Ronsard en fit un jargon barbare, hérissé de grec et de latin : mais heureusement il la rendit assez méconnaissable pour qu'elle en devînt ridicule. Bientôt on sentit qu'il fallait transporter dans notre langue les beautés et non les mots des langues anciennes. Réglée et perfectionnée par le goût, elle acquit assez promptement une infinité de tours et d'expressions heureuses. Enfin on ne se borna plus à copier les Romains et les Grecs, ou même à les imiter ; on tâcha de les surpasser, s'il était possible, et de penser d'après soi. Ainsi l'imagination des modernes renaquit peu à peu de celle des anciens ; et l'on vit éclore presque en même temps tous les chefs-d'œuvre du dernier siècle, en éloquence, en histoire, en poésie, et dans les différents genres de littérature.

Malherbe, nourri de la lecture des excellents poètes de l'antiquité, et prenant comme eux la nature pour modèle, répandit le premier dans notre poésie une harmonie et des beautés auparavant inconnues. Balzac, aujourd'hui trop méprisé, donna à notre prose de la noblesse et du nombre. Les écrivains du Port-Royal continuèrent ce que Balzac avait commencé ; ils y ajoutèrent cette précision, cet heureux choix des termes, et cette pureté qui ont conservé jusqu'à présent à la plupart de leurs ouvrages un air moderne, et qui les distinguent d'un grand nombre de livres surannés, écrits dans le même temps. Corneille, après avoir sacrifié pendant quelques années au mauvais goût dans la carrière dramatique, s'en affranchit enfin, découvrit par la force de son génie, bien plus que par la lecture, les lois du théâtre, et les exposa dans ses Discours admirables sur la tragédie, dans ses Réflexions sur chacune de ses pièces, mais principalement dans ses pièces mêmes. Racine, s'ouvrant une autre route, fit paraître sur le théâtre une passion que les anciens n'y avaient guère connue, et développant les ressorts du cœur humain, joignit à une élégance et une vérité continues quelques traits de sublime. Despréaux dans son Art poétique se rendit l'égal d'Horace en l'imitant. Molière, par la peinture fine des ridicules et des mœurs de son temps, laissa bien loin derrière lui la comédie ancienne. La Fontaine fit presque oublier Esope et Phèdre, et Bossuet alla se placer à côté de Démosthène.

Les beaux-arts sont tellement unis avec les belles-lettres, que le même goût qui cultive les unes, porte aussi à perfectionner les autres. Dans le même temps que notre littérature s'enrichissait par tant de beaux ouvrages, Poussin faisait ses tableaux, et Puget ses statues ; Le Sueur peignait le cloître des Chartreux, et Le Brun les batailles d'Alexandre ; enfin Quinault, créateur d'un nouveau genre, s'assurait l'immortalité par ses poèmes lyriques, et Lulli donnait à notre musique naissante ses premiers traits.

Il faut avouer pourtant que la renaissance de la peinture et de la sculpture avait été beaucoup plus rapide que celle de la poésie et de la musique ; et la raison n'en est pas difficile à apercevoir. Dès qu'on commença à étudier les ouvrages des anciens en tout genre, les chefs-d'œuvre antiques qui avaient échappé en assez grand nombre à la superstition et à la barbarie, frappèrent bientôt les yeux des artistes éclairés ; on ne pouvait imiter les Praxitèle et les Phidias qu'en faisant exactement comme eux ; et le talent n'avait besoin que de bien voir : aussi Raphaël et Michel-Ange ne furent

pas longtemps sans porter leur art à un point de
perfection qu'on n'a point encore passé depuis. En
général, l'objet de la peinture et de la sculpture étant
plus du ressort des sens, ces arts ne pouvaient manquer
de précéder la poésie, parce que les sens ont dû être
plus promptement affectés des beautés sensibles et
palpables des statues anciennes, que l'imagination n'a
dû apercevoir les beautés intellectuelles et fugitives des
anciens écrivains. D'ailleurs, quand elle a commencé à
les découvrir, l'imitation de ces mêmes beautés imparfaite par sa servitude et par la langue étrangère dont
elle se servait, n'a pu manquer de nuire aux progrès de
l'imagination même. Qu'on suppose pour un moment
nos peintres et nos sculpteurs privés de l'avantage
qu'ils avaient de mettre en œuvre la même matière que
les anciens : s'ils eussent, comme nos littérateurs,
perdu beaucoup de temps à rechercher et à imiter mal
cette matière, au lieu de songer à en employer une
autre, pour imiter les ouvrages mêmes qui faisaient
l'objet de leur admiration, ils auraient fait sans doute
un chemin beaucoup moins rapide, et en seraient
encore à trouver le marbre.

A l'égard de la musique, elle a dû arriver beaucoup
plus tard à un certain degré de perfection, parce que
c'est un art que les modernes ont été obligés de créer.
Le temps a détruit tous les modèles que les anciens
avaient pu nous laisser en ce genre, et leurs écrivains,
du moins ceux qui nous restent, ne nous ont transmis
sur ce sujet que des connaissances très obscures, ou des
histoires plus propres à nous étonner qu'à nous
instruire. Aussi plusieurs de nos savants, poussés peut-
être par une espèce d'amour de propriété, ont prétendu
que nous avons porté cet art beaucoup plus loin que les
Grecs ; prétention que le défaut de monuments rend
aussi difficile à appuyer qu'à détruire, et qui ne peut
être qu'assez faiblement combattue par les prodiges
vrais ou supposés de la musique ancienne. Peut-être
serait-il permis de conjecturer avec quelque vraisemblance, que cette musique était tout à fait différente de

la nôtre ; et que si l'ancienne était supérieure par la mélodie, l'harmonie donne à la moderne des avantages.

Nous serions injustes, si à l'occasion du détail où nous venons d'entrer, nous ne reconnaissions point ce que nous devons à l'Italie ; c'est d'elle que nous avons reçu les sciences, qui depuis ont fructifié si abondamment dans toute l'Europe ; c'est à elle surtout que nous devons les beaux-arts et le bon goût, dont elle nous a fourni un grand nombre de modèles inimitables.

Pendant que les arts et les belles-lettres étaient en honneur, il s'en fallait beaucoup que la philosophie fît le même progrès, du moins dans chaque nation prise en corps ; elle n'a reparu que beaucoup plus tard. Ce n'est pas qu'au fond il soit plus aisé d'exceller dans les belles-lettres que dans la philosophie ; la supériorité en tout genre est également difficile à atteindre. Mais la lecture des anciens devait contribuer plus promptement à l'avancement des belles-lettres et du bon goût qu'à celui des sciences naturelles. Les beautés littéraires n'ont pas besoin d'être vues longtemps pour être senties ; et comme les hommes sentent avant que de penser, ils doivent par la même raison juger ce qu'ils sentent avant de juger ce qu'ils pensent. D'ailleurs, les anciens n'étaient pas à beaucoup près aussi parfaits comme philosophes que comme écrivains. En effet, quoique dans l'ordre de nos idées les premières opérations de la raison précèdent les premiers efforts de l'imagination, celle-ci, quand elle a fait les premiers pas, va beaucoup plus vite que l'autre : elle a l'avantage de travailler sur des objets qu'elle enfante ; au lieu que la raison forcée de se borner à ceux qu'elle a devant elle, et de s'arrêter à chaque instant, ne s'épuise que trop souvent en recherches infructueuses. L'univers et les réflexions sont le premier livre des vrais philosophes, et les anciens l'avaient sans doute étudié : il était donc nécessaire de faire comme eux ; on ne pouvait suppléer à cette étude par celle de leurs ouvrages, dont la plupart avaient été détruits, et dont un petit nombre, mutilés par le temps, ne pouvait nous

donner sur une matière si vaste que des notions fort
incertaines et fort altérées.

La scholastique qui composait toute la science
prétendue des siècles d'ignorance, nuisait encore aux
progrès de la vraie philosophie dans ce premier siècle
de lumière. On était persuadé depuis un temps pour
ainsi dire, immémorial, qu'on possédait dans toute sa
pureté la doctrine d'Aristote, commentée par les
Arabes, et altérée par mille additions absurdes ou
puériles ; et on ne pensait pas même à s'assurer si cette
philosophie barbare était réellement celle de ce grand
homme, tant on avait conçu de respect pour les
anciens. C'est ainsi qu'une foule de peuples, nés et
affermis dans leurs erreurs par l'éducation, se croient
d'autant plus sincèrement dans le chemin de la vérité,
qu'il ne leur est même jamais venu en pensée de former
sur cela le moindre doute. Aussi, dans le temps que
plusieurs écrivains, rivaux des orateurs et des poètes
grecs, marchaient à côté de leurs modèles, ou peut-être
même les surpassaient, la philosophie grecque, quoique fort imparfaite, n'était pas même bien connue.

Tant de préjugés qu'une admiration aveugle pour
l'antiquité contribuait à entretenir, semblaient se fortifier encore par l'abus qu'osaient faire quelques théologiens de la soumission des peuples. On avait permis
aux poètes de chanter dans leurs ouvrages les divinités
du paganisme, parce qu'on était persuadé avec raison
que les noms de ces divinités ne pouvaient plus être
qu'un jeu dont on n'avait rien à craindre. Si d'un côté
la religion des anciens qui animait tout, ouvrait un
vaste champ à l'imagination des beaux esprits ; de
l'autre, les principes en étaient trop absurdes, pour
qu'on appréhendât de voir ressusciter Jupiter et Pluton
par quelque secte de novateurs. Mais l'on craignait, ou
l'on paraissait craindre les coups qu'une raison aveugle
pouvait porter au christianisme : comment ne voyait-
on pas qu'il n'avait point à redouter une attaque aussi
faible ? Envoyé du ciel aux hommes, la vénération si
juste et si ancienne que les peuples lui témoignaient,

avait été garantie pour toujours par les promesses de Dieu même. D'ailleurs, quelque absurde qu'une religion puisse être (reproche que l'impiété seule peut faire à la nôtre), ce ne sont jamais les philosophes qui la détruisent : lors même qu'ils enseignent la vérité, ils se contentent de la montrer sans forcer personne à la connaître ; un tel pouvoir n'appartient qu'à l'Etre tout-puissant : ce sont les hommes inspirés qui éclairent le peuple, et les enthousiastes qui l'égarent. Le frein qu'on est obligé de mettre à la licence de ces derniers ne doit point nuire à cette liberté si nécessaire à la vraie philosophie, et dont la religion peut tirer les plus grands avantages. Si le christianisme ajoute à la philosophie les lumières qui lui manquent, s'il n'appartient qu'à la grâce de soumettre les incrédules, c'est à la philosophie qu'il est réservé de les réduire au silence ; et pour assurer le triomphe de la foi, les théologiens dont nous parlons n'avaient qu'à faire usage des armes qu'on aurait voulu employer contre elle.

Mais parmi ces mêmes hommes, quelques-uns avaient un intérêt beaucoup plus réel de s'opposer à l'avancement de la philosophie. Faussement persuadés que la croyance des peuples est d'autant plus ferme qu'on l'exerce sur plus d'objets différents, ils ne se contentaient pas d'exiger pour nos mystères la soumission qu'ils méritent, ils cherchaient à ériger en dogmes leurs opinions particulières ; et c'étaient ces opinions mêmes, bien plus que les dogmes, qu'ils voulaient mettre en sûreté. Par là ils auraient porté à la religion le coup le plus terrible, si elle eût été l'ouvrage des hommes ; car il était à craindre que leurs opinions étant une fois reconnues pour fausses, le peuple qui ne discerne rien, ne traitât de la même manière les vérités avec lesquelles on avait voulu les confondre.

D'autres théologiens de meilleure foi, mais aussi dangereux, se joignaient à ces premiers par d'autres motifs. Quoique la religion soit uniquement destinée à régler nos mœurs et notre foi, ils la croyaient faite pour nous éclairer aussi sur le système du monde, c'est-à-dire sur ces matières que le Tout-Puissant a expressément abandonnées à nos disputes. Ils ne faisaient pas réflexion que les livres sacrés et les ouvrages des Pères, faits pour montrer au peuple comme aux philosophes ce qu'il faut pratiquer et croire, ne devaient point sur les questions indifférentes parler un autre langage que le peuple. Cependant le despotisme théologique ou le préjugé l'emporta. Un tribunal devenu puissant dans le midi de l'Europe, dans les Indes, dans le Nouveau-Monde, mais que la foi n'ordonne point de croire, ni la charité d'approuver, ou plutôt que la religion réprouve, quoique occupé par ses ministres, et dont la France n'a pu s'accoutumer encore à prononcer le nom sans effroi, condamna un célèbre astronome pour avoir soutenu le mouvement de la terre, et le déclara hérétique ; à peu près comme le pape Zacharie avait condamné quelques siècles auparavant un évêque pour n'avoir pas pensé comme saint Augustin sur les antipodes, et pour avoir deviné leur existence six cents ans avant que Christophe Colomb les découvrît. C'est ainsi que l'abus de l'autorité spirituelle réunie à la temporelle forçait la raison au silence ; et peu s'en fallut qu'on ne défendît au genre humain de penser.

Pendant que des adversaires peu instruits ou mal-intentionnés faisaient ouvertement la guerre à la philosophie, elle se réfugiait, pour ainsi dire, dans les ouvrages de quelques grands hommes, qui sans avoir l'ambition dangereuse d'arracher le bandeau des yeux de leurs contemporains, préparaient de loin dans l'ombre et le silence la lumière dont le monde devait être éclairé peu à peu et par degrés insensibles.

A la tête de ces illustres personnages doit être placé l'immortel chancelier d'Angleterre, François Bacon, dont les ouvrages si justement estimés, et plus estimés pourtant qu'ils ne sont connus, méritent encore plus notre lecture que nos éloges. A considérer les vues saines et étendues de ce grand homme, la multitude d'objets sur lesquels son esprit s'est porté, la hardiesse de son style qui réunit partout les plus sublimes images avec la précision la plus rigoureuse, on serait tenté de le regarder comme le plus grand, le plus universel et le plus éloquent des philosophes. Bacon, né dans le sein de la nuit la plus profonde, sentit que la philosophie n'était pas encore, quoique bien des gens sans doute se flattassent d'y exceller ; car plus un siècle est grossier, plus il se croit instruit de tout ce qu'il peut savoir. Il commença donc par envisager d'une vue générale les divers objets de toutes les sciences naturelles ; il partagea ces sciences en différentes branches, dont il fit l'énumération la plus exacte qu'il lui fut possible ; il examina ce que l'on savait déjà sur chacun de ces objets, et fit le catalogue immense de ce qui restait à découvrir : c'est le but de son admirable ouvrage *De la dignité et de l'accroissement des connaissances humaines*. Dans son *Nouvel Organe des sciences*, il perfectionne les vues qu'il avait données dans le premier ouvrage ; il les porte plus loin, et fait connaître la nécessité de la physique expérimentale, à laquelle on ne pensait point encore. Ennemi des systèmes, il n'envisage la philosophie que comme cette partie de nos connaissances, qui doit contribuer à nous rendre meilleurs ou plus heureux : il semble la borner à la science des choses utiles, et recommande partout l'étude de la nature. Ses autres écrits sont formés sur le même plan ; tout, jusqu'à leurs titres, y annonce l'homme de génie, l'esprit qui voit en grand. Il y recueille des faits, il y compare des expériences, il en indique un grand nombre à faire ; il invite les savants à étudier et à perfectionner les arts, qu'il regarde comme la partie la plus relevée et la plus essentielle de la science humaine : il expose avec une simplicité noble *ses conjectures et ses pensées* sur les différents objets dignes d'intéresser les hommes ; et il eût pu dire, comme ce vieillard de Térence, que rien de ce qui touche l'humanité ne lui était étranger. Science de la nature, morale, politique, économique, tout semble avoir été du ressort de cet esprit lumineux et profond ; et l'on ne sait ce qu'on doit le plus admirer, ou des richesses qu'il

répand sur tous les sujets qu'il traite, ou de la dignité
avec laquelle il en parle. Ses écrits ne peuvent être
mieux comparés qu'à ceux d'Hippocrate sur la médecine ; et ils ne seraient ni moins admirés, ni moins lus,
si la culture de l'esprit était aussi chère aux hommes
que la conservation de la santé. Mais il n'y a que les
chefs de secte en tout genre dont les ouvrages puissent
avoir un certain éclat ; Bacon n'a pas été du nombre, et
la forme de sa philosophie s'y opposait. Elle était trop
sage pour étonner personne ; la scholastique qui dominait de son temps, ne pouvait être renversée que par
des opinions hardies et nouvelles ; et il n'y a pas
d'apparence qu'un philosophe qui se contente de dire
aux hommes : *Voilà le peu que vous avez appris, voici ce
qui vous reste à chercher*, soit destiné à faire beaucoup de
bruit parmi ses contemporains. Nous oserions même
faire quelque reproche au chancelier Bacon d'avoir été
peut-être trop timide, si nous ne savions avec quelle
retenue, et pour ainsi dire, avec quelle superstition, on
doit juger un génie si sublime. Quoiqu'il avoue que les
scolastiques ont énervé les sciences par leurs questions
minutieuses, et que l'esprit doit sacrifier l'étude des
êtres généraux à celle des objets particuliers, il semble
pourtant par l'emploi fréquent qu'il fait des termes de
l'école, quelquefois même par celui des principes
scolastiques, et par des divisions et subdivisions dont
l'usage était alors fort à la mode, avoir marqué un peu
trop de ménagement ou de déférence pour le goût
dominant de son siècle. Ce grand homme, après avoir
brisé tant de fers, était encore retenu par quelques
chaînes qu'il ne pouvait ou n'osait rompre.

    Nous déclarons ici que nous devons principalement
au chancelier Bacon l'arbre encyclopédique dont nous
avons déjà parlé, et que l'on trouvera à la fin de ce
Discours. Nous en avions fait l'aveu en plusieurs
endroits du *Prospectus* ; nous y revenons encore, et
nous ne manquerons aucune occasion de le répéter.
Cependant nous n'avons pas cru devoir suivre de point
en point le grand homme que nous reconnaissons ici

pour notre maître. Si nous n'avons pas placé, comme lui, la raison après l'imagination, c'est que nous avons suivi dans le système encyclopédique l'ordre métaphysique des opérations de l'esprit, plutôt que l'ordre historique de ses progrès depuis la renaissance des lettres, ordre que l'illustre chancelier d'Angleterre avait peut-être en vue jusqu'à un certain point, lorsqu'il faisait, comme il le dit, le cens et le dénombrement des connaissances humaines. D'ailleurs le plan de Bacon étant différent du nôtre, et les sciences ayant fait depuis de grands progrès, on ne doit pas être surpris que nous ayons pris quelquefois une route différente.

Ainsi, outre les changements que nous avons faits dans l'ordre de la distribution générale, et dont nous avons déjà exposé les raisons, nous avons à certains égards poussé les divisions plus loin, surtout dans la partie de mathématique et de physique particulière ; d'un autre côté, nous nous sommes abstenus d'étendre au même point que lui, la division de certaines sciences dont il suit jusqu'aux derniers rameaux. Ces rameaux qui doivent proprement entrer dans le corps de notre Encyclopédie, n'auraient fait, à ce que nous croyons, que charger assez inutilement le système général. On trouvera immédiatement après notre arbre encyclopédique celui du philosophe anglais ; c'est le moyen le plus court et le plus facile de faire distinguer ce qui nous appartient d'avec ce que nous avons emprunté de lui.

Au chancelier Bacon succéda l'illustre Descartes. Cet homme rare dont la fortune a tant varié en moins d'un siècle, avait tout ce qu'il fallait pour changer la face de la philosophie : une imagination forte, un esprit très conséquent, des connaissances puisées dans lui-même plus que dans les livres, beaucoup de courage pour combattre les préjugés les plus généralement reçus, et aucune espèce de dépendance qui le forçât à les ménager. Aussi éprouva-t-il de son vivant même ce qui arrive pour l'ordinaire à tout homme qui prend un ascendant trop marqué sur les autres. Il fit

quelques enthousiastes, et eut beaucoup d'ennemis.
Soit qu'il connût sa nation ou qu'il s'en défiât seulement, il s'était réfugié dans un pays entièrement libre
pour y méditer plus à son aise. Quoiqu'il pensât
beaucoup moins à faire des disciples qu'à les mériter, la
persécution alla le chercher dans sa retraite ; et la vie
cachée qu'il menait ne put l'y soustraire. Malgré toute
la sagacité qu'il avait employée pour prouver l'existence de Dieu, il fut accusé de la nier par des ministres
qui peut-être ne la croyaient pas. Tourmenté et
calomnié par des étrangers, et assez mal accueilli de ses
compatriotes, il alla mourir en Suède, bien éloigné sans
doute de s'attendre au succès brillant que ses opinions
auraient un jour.

On peut considérer Descartes comme géomètre ou
comme philosophe. Les mathématiques, dont il semble avoir fait assez peu de cas, font néanmoins
aujourd'hui la partie la plus solide et la moins contestée
de sa gloire. L'algèbre, créée en quelque manière par
les Italiens, et prodigieusement augmentée par notre
illustre Viète, a reçu entre les mains de Descartes de
nouveaux accroissements. Un des plus considérables
est sa Méthode des indéterminées, artifice très ingénieux et très subtil, qu'on a su appliquer depuis à un
grand nombre de recherches. Mais ce qui a surtout
immortalisé le nom de ce grand homme, c'est l'application qu'il a su faire de l'algèbre à la géométrie, idée des
plus vastes et des plus heureuses que l'esprit humain
ait jamais eues, et qui sera toujours la clef des plus
profondes recherches, non seulement dans la géométrie sublime, mais dans toutes les sciences physico-
mathématiques.

Comme philosophe, il a peut-être été aussi grand,
mais il n'a pas été si heureux. La géométrie qui par la
nature de son objet doit toujours gagner sans perdre,
ne pouvait manquer, étant maniée par un aussi grand
génie, de faire des progrès très sensibles et apparents
pour tout le monde. La philosophie se trouvait dans un
état bien différent, tout y était à commencer : et que ne

coûtent point les premiers pas en tout genre ? Le
mérite de les faire dispense de celui d'en faire de
grands. Si Descartes qui nous a ouvert la route, n'y a
pas été aussi loin que ses sectateurs le croient, il s'en
faut beaucoup que les sciences lui doivent aussi peu
que le prétendent ses adversaires. Sa méthode seule
aurait suffi pour le rendre immortel ; sa Dioptrique est
la plus grande et la plus belle application qu'on eût
faite encore de la géométrie à la physique ; on voit enfin
dans ses ouvrages même les moins lus maintenant,
briller partout le génie inventeur. Si on juge sans
partialité ces tourbillons devenus aujourd'hui presque
ridicules, on conviendra, j'ose le dire, qu'on ne pouvait
alors imaginer rien de mieux. Les observations astronomiques qui ont servi à les détruire étaient encore
imparfaites, ou peu constatées ; rien n'était plus naturel que de supposer un fluide qui transportât les
planètes ; il n'y avait qu'une longue suite de phénomènes, de raisonnements et de calculs, et par conséquent une longue suite d'années, qui pût faire renoncer
à une théorie si séduisante. Elle avait d'ailleurs l'avantage singulier de rendre raison de la gravitation des
corps par la force centrifuge du tourbillon même : et je
ne crains point d'avancer que cette explication de la
pesanteur est une des plus belles et des plus ingénieuses hypothèses que la philosophie ait jamais imagi-
nées. Aussi a-t-il fallu pour l'abandonner, que les
physiciens aient été entraînés comme malgré eux par la
théorie des forces centrales, et par des expériences
faites longtemps après. Reconnaissons donc que Descartes, forcé de créer une physique toute nouvelle, n'a
pu la créer meilleure ; qu'il a fallu, pour ainsi dire,
passer par les tourbillons pour arriver au vrai système
du monde ; et que s'il s'est trompé sur les lois du
mouvement, il a du moins deviné le premier qu'il
devait y en avoir.

Sa métaphysique, aussi ingénieuse et aussi nouvelle
que sa physique, a eu le même sort à peu près ; et c'est
aussi à peu près par les mêmes raisons qu'on peut la

justifier; car telle est aujourd'hui la fortune de ce grand homme, qu'après avoir eu des sectateurs sans nombre, il est presque réduit à des apologistes. Il se trompa sans doute en admettant les idées innées : mais s'il eût retenu de la secte péripatéticienne la seule vérité qu'elle enseignait sur l'origine des idées par les sens, peut-être les erreurs, qui déshonoraient cette vérité par leur alliage, auraient été plus difficiles à déraciner. Descartes a osé du moins montrer aux bons esprits à secouer le joug de la scolastique, de l'opinion, de l'autorité, en un mot des préjugés et de la barbarie; et par cette révolte dont nous recueillons aujourd'hui les fruits, il a rendu à la philosophie un service plus essentiel peut-être que tous ceux qu'elle doit à ses illustres successeurs. On peut le regarder comme un chef de conjurés, qui a eu le courage de s'élever le premier contre une puissance despotique et arbitraire, et qui en préparant une révolution éclatante, a jeté les fondements d'un gouvernement plus juste et plus heureux qu'il n'a pu voir établi. S'il a fini par croire tout expliquer, il a du moins commencé par douter de tout; et les armes dont nous nous servons pour le combattre ne lui en appartiennent pas moins, parce que nous les tournons contre lui. D'ailleurs, quand les opinions absurdes sont invétérées, on est quelquefois forcé, pour désabuser le genre humain, de les remplacer par d'autres erreurs, lorsqu'on ne peut mieux faire. L'incertitude et la vanité de l'esprit sont telles qu'il a toujours besoin d'une opinion à laquelle il se fixe : c'est un enfant à qui il faut présenter un jouet pour lui enlever une arme dangereuse; il quittera de lui-même ce jouet quand le temps de la raison sera venu. En donnant ainsi le change aux philosophes, ou à ceux qui croient l'être, on leur apprend du moins à se défier de leurs lumières, et cette disposition est le premier pas vers la vérité. Aussi Descartes a-t-il été persécuté de son vivant, comme s'il fût venu l'apporter aux hommes.

Newton, à qui la route avait été préparée par

Huyghens, parut enfin, et donna à la philosophie une forme qu'elle semble devoir conserver. Ce grand génie vit qu'il était temps de bannir de la physique les conjectures et les hypothèses vagues, ou du moins de ne les donner que pour ce qu'elles valaient, et que cette science devait être uniquement soumise aux expériences et à la géométrie. C'est peut-être dans cette vue qu'il commença par inventer le calcul de l'infini et la méthode des suites, dont les usages si étendus dans la géométrie même, le sont encore davantage pour déterminer les effets compliqués que l'on observe dans la nature, où tout semble s'exécuter par des espèces de progressions infinies. Les expériences de la pesanteur, et les observations de Képler, firent découvrir au philosophe anglais la force qui retient les planètes dans leurs orbites. Il enseigna tout ensemble et à distinguer les causes de leurs mouvements, et à les calculer avec une exactitude qu'on n'aurait pu exiger que du travail de plusieurs siècles. Créateur d'une optique toute nouvelle, il fit connaître la lumière aux hommes en la décomposant. Ce que nous pourrions ajouter à l'éloge de ce grand philosophe, serait fort au-dessous du témoignage universel qu'on rend aujourd'hui à ses découvertes presque innombrables, et à son génie tout à la fois étendu, juste et profond. En enrichissant la philosophie par une grande quantité de biens réels, il a mérité sans doute toute sa reconnaissance ; mais il a peut-être plus fait pour elle en lui apprenant à être sage, et à contenir dans de justes bornes cette espèce d'audace que les circonstances avaient forcé Descartes à lui donner. Sa Théorie du Monde (car je ne veux pas dire son système) est aujourd'hui si généralement reçue, qu'on commence à disputer à l'auteur l'honneur de l'invention, parce qu'on accuse d'abord les grands hommes de se tromper, et qu'on finit par les traiter de plagiaires. Je laisse à ceux qui trouvent tout dans les ouvrages des anciens, le plaisir de découvrir dans ces ouvrages la gravitation des planètes, quand elle n'y serait pas ; mais en supposant même que les Grecs en aient eu l'idée, ce qui n'était chez eux qu'un système hasardé et romanesque, est devenu une démonstration dans les mains de Newton : cette démonstration qui n'appartient qu'à lui, fait le mérite réel de sa découverte ; et l'attraction sans un tel appui serait une hypothèse comme tant d'autres. Si quelque écrivain célèbre s'avisait de prédire aujourd'hui sans aucune preuve qu'on parviendra un jour à faire de l'or, nos descendants auraient-ils droit sous ce prétexte de vouloir ôter la gloire du grand œuvre à un chimiste qui en viendrait à bout ? Et l'invention des lunettes en appartiendrait-elle moins à ses auteurs, quand même quelques anciens n'auraient pas cru impossible que nous étendissions un jour la sphère de notre vue ?

D'autres savants croient faire à Newton un reproche beaucoup plus fondé, en l'accusant d'avoir ramené dans la physique les *qualités occultes* des scolastiques et des anciens philosophes. Mais les savants dont nous parlons sont-ils bien sûrs que ces deux mots, vides de sens chez les scolastiques et destinés à marquer un être dont ils croyaient avoir l'idée, fussent autre chose chez les anciens philosophes que l'expression modeste de leur ignorance ? Newton qui avait étudié la nature, ne se flattait pas d'en savoir plus qu'eux sur la cause première qui produit les phénomènes ; mais il n'employa pas le même langage, pour ne pas révolter des contemporains qui n'auraient pas manqué d'y attacher une autre idée que lui. Il se contenta de prouver que les tourbillons de Descartes ne pouvaient rendre raison du mouvement des planètes ; que les phénomènes, et les lois de la mécanique s'unissaient pour les renverser ; qu'il y a une force par laquelle les planètes tendent les unes vers les autres, et dont le principe nous est entièrement inconnu. Il ne rejeta point l'impulsion ; il se borna à demander qu'on s'en servît plus heureusement qu'on n'avait fait jusqu'alors pour expliquer les mouvements des planètes : ses désirs n'ont point encore été remplis, et ne le seront peut-être de longtemps. Après tout, quel mal aurait-il fait à la philosophie, en nous donnant lieu de penser que la matière peut avoir des propriétés que nous ne lui soupçonnions pas, et en nous désabusant de la confiance ridicule où nous sommes de les connaître toutes ?

A l'égard de la métaphysique, il paraît que Newton ne l'avait pas entièrement négligée. Il était trop grand philosophe pour ne pas sentir qu'elle est la base de nos connaissances, et qu'il faut chercher dans elle seule des notions nettes et exactes de tout : il paraît même, par les ouvrages de ce profond géomètre, qu'il était parvenu à se faire de telles notions sur les principaux objets qui l'avaient occupé. Cependant, soit qu'il fût peu content lui-même des progrès qu'il avait faits à d'autres égards dans la métaphysique, soit qu'il crût difficile de donner au genre humain des lumières bien satisfaisantes ou bien étendues sur une science trop souvent incertaine et contentieuse, soit enfin qu'il craignît qu'à l'ombre de son autorité on n'abusât de sa métaphysique comme on avait abusé de celle de Descartes pour soutenir des opinions dangereuses ou erronées, il s'abstint presque absolument d'en parler dans ceux de ses écrits qui sont les plus connus ; et on ne peut guère apprendre ce qu'il pensait sur les différents objets de cette science, que dans les ouvrages de ses disciples. Ainsi comme il n'a causé sur ce point aucune révolution, nous nous abstiendrons de le considérer de ce côté-là.

Ce que Newton n'avait osé, ou n'aurait peut-être pu faire, Locke l'entreprit et l'exécuta avec succès. On peut dire qu'il créa la métaphysique à peu près comme Newton avait créé la physique. Il conçut que les abstractions et les questions ridicules qu'on avait jusqu'alors agitées, et qui avaient fait comme la substance de la philosophie, étaient la partie qu'il fallait surtout proscrire. Il chercha dans ces abstractions et dans l'abus des signes les causes principales de nos erreurs, et les y trouva. Pour connaître notre âme, ses idées et ses affections, il n'étudia point les livres,

parce qu'ils l'auraient mal instruit : il se contenta de
descendre profondément en lui-même ; et après s'être,
pour ainsi dire, contemplé longtemps, il ne fit dans son
traité *De l'Entendement humain* que présenter aux
hommes le miroir dans lequel il s'était vu. En un mot il
réduisit la métaphysique à ce qu'elle doit être en effet,
la physique expérimentale de l'âme ; espèce de physique très différente de celle des corps, non seulement
par son objet, mais par la manière de l'envisager. Dans
celle-ci on peut découvrir, et on découvre souvent des
phénomènes inconnus ; dans l'autre, les faits aussi
anciens que le monde existent également dans tous les
hommes : tant pis pour qui croit en voir de nouveaux.
La métaphysique raisonnable ne peut consister,
comme la physique expérimentale, qu'à rassembler
avec soin tous ces faits, à les réduire en un corps, à
expliquer les uns par les autres, en distinguant ceux
qui doivent tenir le premier rang et servir comme de
base. En un mot les principes de la métaphysique,
aussi simples que les axiomes, sont les mêmes pour les
philosophes et pour le peuple. Mais le peu de progrès
que cette science a fait depuis si longtemps, montre
combien il est rare d'appliquer heureusement ces
principes, soit par la difficulté que renferme un pareil
travail, soit peut-être aussi par l'impatience naturelle
qui empêche de s'y borner. Cependant le titre de
métaphysicien et même de grand métaphysicien est
encore assez commun dans notre siècle ; car nous
aimons à tout prodiguer : mais qu'il y a peu de
personnes véritablement dignes de ce nom ! Combien y
en a-t-il qui ne le méritent que par le malheureux talent
d'obscurcir avec beaucoup de subtilité des idées
claires, et de préférer dans les notions qu'ils se forment
l'extraordinaire au vrai, qui est toujours simple ? Il ne
faut pas s'étonner après cela si la plupart de ceux qu'on
appelle *métaphysiciens* font si peu de cas les uns des
autres. Je ne doute point que ce titre ne soit bientôt
une injure pour nos bons esprits, comme le nom de
sophiste, qui pourtant signifie *sage*, avili en Grèce par

ceux qui le portaient, fut rejeté par les vrais philosophes.

Concluons de toute cette histoire, que l'Angleterre nous doit la naissance de cette philosophie que nous avons reçue d'elle. Il y a peut-être plus loin des formes substantielles aux tourbillons, que des tourbillons à la gravitation universelle ; comme il y a peut-être un plus grand intervalle entre l'algèbre pure et l'idée de l'appliquer à la géométrie, qu'entre le petit triangle de Barrow et le calcul différentiel.

Tels sont les principaux génies que l'esprit humain doit regarder comme ses maîtres, et à qui la Grèce eût élevé des statues, quand même elle eût été obligée pour leur faire place, d'abattre celles de quelques conquérants.

Les bornes de ce Discours préliminaire nous empêchent de parler de plusieurs philosophes illustres, qui sans se proposer des vues aussi grandes que ceux dont nous venons de faire mention, n'ont pas laissé par leurs travaux de contribuer beaucoup à l'avancement des sciences, et ont pour ainsi dire levé un coin du voile qui nous cachait la vérité. De ce nombre sont : Galilée, à qui la géographie doit tant pour ses découvertes astronomiques, et la mécanique pour sa théorie de l'accélération ; Harvey, que la découverte de la circulation du sang rendra immortel ; Huyghens, que nous avons déjà nommé, et qui par des ouvrages pleins de force et de génie, a si bien mérité de la géométrie et de la physique ; Pascal, auteur d'un traité sur la cycloïde, qu'on doit regarder comme un prodige de sagacité et de pénétration, et d'un traité de l'équilibre des liqueurs et de la pesanteur de l'air, qui nous a ouvert une science nouvelle : génie universel et sublime, dont les talents ne pourraient être trop regrettés par la philosophie, si la religion n'en avait pas profité ; Malebranche, qui a si bien démêlé les erreurs des sens, et qui a connu celles de l'imagination, comme s'il n'avait pas été souvent trompé par la sienne ; Boyle, le père de la physique expérimentale ; plusieurs autres enfin, parmi

lesquels doivent être comptés avec distinction les
Vésale, les Sydenham, les Boerhaave, et une infinité
d'anatomistes et de physiciens célèbres.

Entre ces grands hommes il en est un, dont la
philosophie, aujourd'hui fort accueillie et fort combattue dans le Nord de l'Europe, nous oblige à ne le point
passer sous silence; c'est l'illustre Leibniz. Quand il
n'aurait pour lui que la gloire, ou même que le soupçon
d'avoir partagé avec Newton l'invention du calcul
différentiel, il mériterait à ce titre une mention honora-
ble. Mais c'est principalement par sa métaphysique
que nous voulons l'envisager. Comme Descartes, il
semble avoir reconnu l'insuffisance de toutes les solutions qui avaient été données jusqu'à lui des questions
les plus élevées, sur l'union du corps et de l'âme, sur la
Providence, sur la nature de la matière; il paraît même
avoir eu l'avantage d'exposer avec plus de force que
personne les difficultés qu'on peut proposer sur ces
questions; mais moins sage que Locke et Newton, il ne
s'est pas contenté de former des doutes, il a cherché à
les dissiper, et de ce côté-là il n'a peut-être pas été plus
heureux que Descartes. Son principe de la *raison
suffisante*, très beau et très vrai en lui-même, ne paraît
pas devoir être fort utile à des êtres aussi peu éclairés
que nous le sommes sur les raisons premières de toutes
choses; ses *monades* prouvent tout au plus qu'il a vu
mieux que personne qu'on ne peut se former une idée
nette de la matière, mais elles ne paraissent pas faites
pour la donner; son *harmonie préétablie* semble n'ajouter qu'une difficulté de plus à l'opinion de Descartes
sur l'union du corps et de l'âme; enfin son système de
l'*optimisme* est peut-être dangereux par le prétendu
avantage qu'il a d'expliquer tout. Ce grand homme
paraît avoir porté dans la métaphysique plus de
sagacité que de lumière; mais de quelque manière qu'on
pense sur cet article, on ne peut lui refuser l'admiration
que méritent la grandeur de ses vues en tout genre,
l'étendue prodigieuse de ses connaissances, et surtout
l'esprit philosophique par lequel il a su les éclairer.

Nous finirons par une observation qui ne paraîtra pas surprenante à des philosophes. Ce n'est guère de leur vivant que les grands hommes dont nous venons de parler ont changé la face des sciences. Nous avons déjà vu pourquoi Bacon n'a point été chef de secte ; deux raisons se joignent à celle que nous en avons apportée. Ce grand philosophe a écrit plusieurs de ses ouvrages dans une retraite à laquelle ses ennemis l'avaient forcé, et le mal qu'ils avaient fait à l'homme d'Etat n'a pu manquer de nuire à l'auteur. D'ailleurs, uniquement occupé d'être utile, il a peut-être embrassé trop de matières, pour que ses contemporains dussent se laisser éclairer à la fois sur un si grand nombre d'objets. On ne permet guère aux grands génies d'en savoir tant ; on veut bien apprendre quelque chose d'eux sur un sujet borné ; mais on ne veut pas être obligé à réformer toutes ses idées sur les leurs. C'est en partie pour cette raison que les ouvrages de Descartes ont essuyé en France après sa mort plus de persécution que leur auteur n'en avait souffert en Hollande pendant sa vie : ce n'a été qu'avec beaucoup de peine que les écoles ont enfin osé admettre une physique qu'elles s'imaginaient être contraire à celle de Moïse. Newton, il est vrai, a trouvé dans ses contemporains moins de contradiction : soit que les découvertes géométriques par lesquelles il s'annonça, et dont on ne pouvait lui disputer ni la propriété, ni la réalité, eussent accoutumé à l'admiration pour lui, et à lui rendre des hommages qui n'étaient ni trop subits, ni trop forcés ; soit que par sa supériorité il imposât silence à l'envie, soit enfin, ce qui paraît plus difficile à croire, qu'il eût affaire à une nation moins injuste que les autres. Il a eu l'avantage singulier de voir sa philosophie généralement reçue en Angleterre de son vivant, et d'avoir tous ses compatriotes pour partisans et pour admirateurs. Cependant il s'en fallait bien que le reste de l'Europe fît alors le même accueil à ses ouvrages. Non seulement ils étaient inconnus en France, mais la philosophie scolastique y dominait encore, lorsque Newton avait déjà renversé la physique cartésienne; et les tourbillons étaient détruits avant que nous songeassions à les adopter. Nous avons été aussi longtemps à les soutenir qu'à les recevoir. Il ne faut qu'ouvrir nos livres, pour voir avec surprise qu'il n'y a pas encore trente ans qu'on a commencé en France à renoncer au cartésianisme. Le premier qui ait osé parmi nous se déclarer ouvertement newtonien, est l'auteur du *Discours sur la figure des astres*, qui joint à des connaissances géométriques très étendues, cet esprit philosophique avec lequel elles ne se trouvent pas toujours, et ce talent d'écrire auquel on ne croira plus qu'elles nuisent, quand on aura lu ses ouvrages. M. de Maupertuis a cru qu'on pouvait être bon citoyen, sans adopter aveuglément la physique de son pays; et pour attaquer cette physique, il a eu besoin d'un courage dont on doit lui savoir gré. En effet notre nation, singulièrement avide de nouveautés dans les matières de goût, est au contraire en matière de science très attachée aux opinions anciennes. Deux dispositions si contraires en apparence ont leur principe dans plusieurs causes, et surtout dans cette ardeur de jouir qui semble constituer notre caractère. Tout ce qui est du ressort du sentiment n'est pas fait pour être longtemps cherché, et cesse d'être agréable, dès qu'il ne se présente pas tout d'un coup; mais aussi l'ardeur avec laquelle nous nous y livrons s'épuise bientôt; et l'âme dégoûtée aussitôt que remplie, vole vers un nouvel objet qu'elle abandonnera de même. Au contraire, ce n'est qu'à force de méditation que l'esprit parvient à ce qu'il cherche : mais par cette raison il veut jouir aussi longtemps qu'il a cherché, surtout lorsqu'il ne s'agit que d'une philosophie hypothétique et conjecturale, beaucoup plus riante que des calculs et des combinaisons exactes. Les physiciens attachés à leurs théories, avec le même zèle et par les mêmes motifs que les artisans à leurs pratiques, ont sur ce point beaucoup plus de ressemblance avec le peuple qu'ils ne s'imaginent. Respectons toujours Descartes; mais abandonnons sans peine des opinions qu'il eût combattues lui-même un siècle plus tard. Surtout ne confondons point sa cause avec celle de ses sectateurs. Le génie qu'il a montré en cherchant dans la nuit la plus sombre une route nouvelle, quoique trompeuse, n'était qu'à lui : ceux qui l'ont osé suivre les premiers dans les ténèbres ont au moins marqué du courage ; mais il n'y a plus de gloire à s'égarer sur ses traces depuis que la lumière est venue. Parmi le peu de savants qui défendent encore sa doctrine, il eût désavoué lui-même ceux qui n'y tiennent que par un attachement servile à ce qu'ils ont appris dans leur enfance, ou par je ne sais quel préjugé national, la honte de la philosophie. Avec de tels motifs on peut être le dernier de ses partisans ; mais on n'aurait pas eu le mérite d'être son premier disciple, ou plutôt on eût été son adversaire, lorsqu'il n'y avait que de l'injustice à l'être. Pour avoir le droit d'admirer les erreurs d'un grand homme, il faut savoir les reconnaî-tre, quand le temps les a mises au grand jour. Aussi les jeunes gens qu'on regarde d'ordinaire comme d'assez mauvais juges, sont peut-être les meilleurs dans les matières philosophiques et dans beaucoup d'autres, lorsqu'ils ne sont pas dépourvus de lumière ; parce que tout leur étant également nouveau, ils n'ont d'autre intérêt que celui de bien choisir.

Ce sont en effet les jeunes géomètres, tant de France que des pays étrangers, qui ont réglé le sort des deux philosophies. L'ancienne est tellement proscrite, que ses plus zélés partisans n'osent plus même nommer ces tourbillons dont ils remplissaient autrefois leurs ouvrages. Si le newtonianisme venait à être détruit de nos jours par quelque cause que ce pût être, injuste ou légitime, les sectateurs nombreux qu'il a maintenant joueraient sans doute alors le même rôle qu'ils ont fait jouer à d'autres. Telle est la nature des esprits : telles sont les suites de l'amour-propre qui gouverne les philosophes du moins autant que les autres hommes, et de la contradiction que doivent éprouver toutes les découvertes, ou même ce qui en a l'apparence.

Il en a été de Locke à peu près comme de Bacon, de
Descartes et de Newton. Oublié longtemps pour
Rohault et pour Régis, et encore assez peu connu de la
multitude, il commence enfin à avoir parmi nous des
lecteurs et quelques partisans. C'est ainsi que les
personnages illustres, souvent trop au-dessus de leur
siècle, travaillent presque toujours en pure perte pour
leur siècle même; c'est aux âges suivants qu'il est
réservé de recueillir le fruit de leurs lumières. Aussi les
restaurateurs des sciences ne jouissent-ils presque
jamais de toute la gloire qu'ils méritent; des esprits
fort inférieurs la leur arrachent, parce que les grands
hommes se livrent à leur génie, et les hommes médiocres à celui de leur nation. Il est vrai que le témoignage
que la supériorité ne peut s'empêcher de se rendre à
elle-même, suffit pour la dédommager des suffrages
vulgaires : elle se nourrit de sa propre substance; et
cette réputation dont on est si avide, ne sert souvent
qu'à consoler la médiocrité des avantages que le talent
a sur elle. On peut dire en effet que la renommée qui
publie tout, raconte plus souvent ce qu'elle entend que
ce qu'elle voit, et que les poètes qui lui ont donné cent
bouches, devaient bien aussi lui donner un bandeau.

La philosophie, qui forme le goût dominant de notre
siècle, semble par les progrès qu'elle fait parmi nous,
vouloir réparer le temps qu'elle a perdu, et se venger
de l'espèce de mépris que lui avaient marqué nos pères.
Ce mépris est aujourd'hui retombé sur l'érudition, et
n'en est pas plus juste pour avoir changé d'objet. On
s'imagine que nous avons tiré des ouvrages des anciens
tout ce qu'il nous importait de savoir; et sur ce
fondement on dispenserait volontiers de leur peine
ceux qui vont encore les consulter. Il semble qu'on
regarde l'antiquité comme un oracle qui a tout dit, et
qu'il est inutile d'interroger; et l'on ne fait guère plus
de cas aujourd'hui de la restitution d'un passage, que
de la découverte d'un petit rameau de veine dans le
corps humain. Mais comme il serait ridicule de croire
qu'il n'y a plus rien à découvrir dans l'anatomie, parce

que les anatomistes se livrent quelquefois à des recherches, inutiles en apparence, et souvent utiles par leurs suites, il ne serait pas moins absurde de vouloir interdire l'érudition, sous prétexte des recherches peu importantes auxquelles nos savants peuvent s'abandonner. C'est être ignorant ou présomptueux de croire que tout soit vu dans quelque matière que ce puisse être, et que nous n'ayons plus aucun avantage à tirer de l'étude et de la lecture des anciens.

L'usage de tout écrire aujourd'hui en langue vulgaire, a contribué sans doute à fortifier ce préjugé, et peut-être est plus pernicieux que le préjugé même. Notre langue s'étant répandue par toute l'Europe, nous avons cru qu'il était temps de la substituer à la langue latine, qui depuis la renaissance des lettres était celle de nos savants. J'avoue qu'un philosophe est beaucoup plus excusable d'écrire en français, qu'un Français de faire des vers latins ; je veux bien même convenir que cet usage a contribué à rendre la lumière plus générale, si néanmoins c'est étendre réellement l'esprit d'un peuple, que d'en étendre la superficie. Cependant il résulte de là un inconvénient que nous aurions dû prévoir. Les savants des autres nations à qui nous avons donné l'exemple, ont cru avec raison qu'ils écriraient encore mieux dans leur langue que dans la nôtre. L'Angleterre nous a donc imités ; l'Allemagne, où le latin semblait s'être réfugié, commence insensiblement à en perdre l'usage : je ne doute pas qu'elle ne soit bientôt suivie par les Suédois, les Danois et les Russes. Ainsi, avant la fin du XVIIIᵉ siècle, un philosophe qui voudra s'instruire à fond des découvertes de ses prédécesseurs, sera contraint de charger sa mémoire de sept à huit langues différentes ; et après avoir consumé à les apprendre le temps le plus précieux de sa vie, il mourra avant de commencer à s'instruire. L'usage de la langue latine, dont nous avons fait voir le ridicule dans les matières de goût, ne pourrait être que très utile dans les ouvrages de philosophie, dont la clarté et la précision doivent faire tout le mérite, et qui n'ont besoin que d'une langue universelle et de convention. Il serait donc à souhaiter qu'on rétablît cet usage : mais il n'y a pas lieu de l'espérer. L'abus dont nous osons nous plaindre est trop favorable à la vanité et à la paresse, pour qu'on se flatte de le déraciner. Les philosophes, comme les autres écrivains, veulent être lus, et surtout de leur nation. S'ils se servaient d'une langue moins familière, ils auraient moins de bouches pour les célébrer, et on ne pourrait pas se vanter de les entendre. Il est vrai qu'avec moins d'admirateurs, ils auraient de meilleurs juges : mais c'est un avantage qui les touche peu, parce que la réputation tient plus au nombre qu'au mérite de ceux qui la distribuent.

En récompense, car il ne faut rien outrer, nos livres de science semblent avoir acquis jusqu'à l'espèce d'avantage qui semblait devoir être particulier aux ouvrages de belles-lettres. Un écrivain respectable que notre siècle a eu le bonheur de posséder longtemps, et dont je louerais ici les différentes productions, si je ne me bornais pas à l'envisager comme philosophe, a appris aux savants à secouer le joug du pédantisme. Supérieur dans l'art de mettre en leur jour les idées les plus abstraites, il a su par beaucoup de méthode, de précision et de clarté, les abaisser à la portée des esprits qu'on aurait cru les moins faits pour les saisir. Il a même osé prêter à la philosophie les ornements qui semblaient lui être les plus étrangers et qu'elle paraissait devoir s'interdire le plus sévèrement ; et cette hardiesse a été justifiée par le succès le plus général et le plus flatteur. Mais semblable à tous les écrivains originaux, il a laissé bien loin derrière lui ceux qui ont cru pouvoir l'imiter.

L'auteur de l'*Histoire naturelle* a suivi une route toute différente. Rival de Platon et de Lucrèce, il a répandu dans son ouvrage, dont la réputation croît de jour en jour, cette noblesse et cette élévation de style qui sont si propres aux matières philosophiques, et qui dans les écrits du sage doivent être la peinture de son âme.

Cependant la philosophie, en songeant à plaire, paraît n'avoir pas oublié qu'elle est principalement faite pour instruire; c'est par cette raison que le goût des systèmes, plus propre à flatter l'imagination qu'à éclairer la raison, est aujourd'hui presque absolument banni des bons ouvrages. Un de nos meilleurs philosophes semble lui avoir porté les derniers coups[1]. L'esprit d'hypothèse et de conjecture pouvait être autrefois fort utile, et avait même été nécessaire pour la renaissance de la philosophie; parce qu'alors il s'agissait encore moins de bien penser, que d'apprendre à penser par soi-même. Mais les temps sont changés, et un écrivain qui ferait parmi nous l'éloge des systèmes viendrait trop tard. Les avantages que cet esprit peut procurer maintenant sont en trop petit nombre pour balancer les inconvénients qui en résultent; et si on prétend prouver l'utilité des systèmes par un très petit nombre de découvertes qu'ils ont occasionnées autrefois, on pourrait de même conseiller à nos géomètres de s'appliquer à la quadrature du cercle, parce que les efforts de plusieurs mathématiciens pour la trouver, nous ont produit quelques théorèmes. L'esprit de système est dans la physique ce que la métaphysique est dans la géométrie. S'il est quelquefois nécessaire pour nous mettre dans le chemin de la vérité, il est presque toujours incapable de nous y conduire par lui-même. Eclairé par l'observation de la nature, il peut entrevoir les causes des phénomènes : mais c'est au calcul à assurer pour ainsi dire l'existence de ces causes, en déterminant exactement les effets qu'elles peuvent produire, et en comparant ces effets avec ceux que l'expérience nous découvre. Toute hypothèse dénuée d'un tel secours acquiert rarement ce degré de certitude, qu'on doit toujours chercher dans les sciences naturelles, et qui néanmoins se trouve si peu dans ces conjectures frivoles qu'on honore du nom de

1. M. l'abbé de Condillac, de l'Académie royale des sciences de Prusse, dans son *Traité des systèmes*. (Note de d'Alembert.)

systèmes. S'il ne pouvait y en avoir que de cette espèce, le principal mérite du physicien serait, à proprement parler, d'avoir l'esprit de système, et de n'en faire jamais. A l'égard de l'usage des systèmes dans les autres sciences, mille expériences prouvent combien il est dangereux.

La physique est donc uniquement bornée aux observations et aux calculs ; la médecine à l'histoire du corps humain, de ses maladies et de leurs remèdes ; l'histoire naturelle à la description détaillée des végétaux, des animaux et des minéraux ; la chimie à la composition et à la décomposition expérimentale des corps ; en un mot toutes les sciences, renfermées dans les faits autant qu'il leur est possible, et dans les conséquences qu'on en peut déduire, n'accordent rien à l'opinion, que quand elles y sont forcées. Je ne parle point de la géométrie, de l'astronomie et de la mécanique, destinées par leur nature à aller toujours en se perfectionnant de plus en plus.

On abuse des meilleures choses. Cet esprit philosophique, si à la mode aujourd'hui, qui veut tout voir et ne rien supposer, s'est répandu jusque dans les belles-lettres ; on prétend même qu'il est nuisible à leurs progrès, et il est difficile de se le dissimuler. Notre siècle porté à la combinaison et à l'analyse, semble vouloir introduire les discussions froides et didactiques dans les choses de sentiment. Ce n'est pas que les passions et le goût n'aient une logique qui leur appartient ; mais cette logique a des principes tout différents de ceux de la logique ordinaire : ce sont ces principes qu'il faut démêler en nous et c'est, il faut l'avouer, de quoi une philosophie commune est peu capable. Livrée tout entière à l'examen des perceptions tranquilles de l'âme, il lui est bien plus facile d'en démêler les nuances que celles de nos passions, ou en général des sentiments vifs qui nous affectent. Et comment cette espèce de sentiments ne serait-elle pas difficile à analyser avec justesse ? Si d'un côté, il faut se livrer à eux pour les connaître, de l'autre, le temps où l'âme en est affectée est celui où elle peut les étudier le moins. Il faut pourtant convenir que cet esprit de discussion a contribué à affranchir notre littérature de l'admiration aveugle des anciens ; il nous a appris à n'estimer en eux que les beautés que nous serions contraints d'admirer dans des modernes. Mais c'est peut-être aussi à la même source que nous devons je ne sais quelle métaphysique du cœur, qui s'est emparée de nos théâtres ; s'il ne fallait pas l'en bannir entièrement, encore moins fallait-il l'y laisser régner. Cette anatomie de l'âme s'est glissée jusque dans nos conversations ; on y disserte, on n'y parle plus ; et nos sociétés ont perdu leurs principaux agréments, la chaleur et la gaieté.

Ne soyons donc pas étonnés que nos ouvrages d'esprit soient en général inférieurs à ceux du siècle précédent. On peut même en trouver la raison dans les efforts que nous faisons pour surpasser nos prédécesseurs. Le goût et l'art d'écrire font en peu de temps des progrès rapides, dès qu'une fois la véritable route est ouverte ; à peine un grand génie a-t-il entrevu le beau, qu'il l'aperçoit dans toute son étendue ; et l'imitation de la belle Nature semble bornée à de certaines limites qu'une génération, ou deux tout au plus, ont bientôt atteintes ; il ne reste à la génération suivante que d'imiter ; mais elle ne se contente pas de ce partage ; les richesses qu'elle a acquises autorisent le désir de les accroître ; elle veut ajouter à ce qu'elle a reçu, et manque le but en cherchant à le passer. On a donc tout à la fois plus de principes pour bien juger, un plus grand fonds de lumières, plus de bons juges, et moins de bons ouvrages ; on ne dit point d'un livre qu'il est bon, mais que c'est le livre d'un homme d'esprit. C'est ainsi que le siècle de Démétrius de Phalère a succédé immédiatement à celui de Démosthène, le siècle de Lucain et de Sénèque à celui de Cicéron et de Virgile, et le nôtre à celui de Louis XIV.

Je ne parle ici que du siècle en général, car je suis bien éloigné de faire la satire de quelques hommes d'un mérite rare avec qui nous vivons. La constitution

physique du monde littéraire entraîne, comme celle du
monde matériel, des révolutions forcées, dont il serait
aussi injuste de se plaindre que du changement des
saisons. D'ailleurs comme nous devons au siècle de
Pline les ouvrages admirables de Quintilien et de
Tacite, que la génération précédente n'aurait peut-être
pas été en état de produire, le nôtre laissera à la
postérité des monuments dont il a droit de se glorifier.
Un poète célèbre par ses talents et par ses malheurs a
effacé Malherbe dans ses odes, et Marot dans ses
épigrammes et dans ses épîtres. Nous avons vu naître
le seul poème épique que la France puisse opposer à
ceux des Grecs, des Romains, des Italiens, des Anglais
et des Espagnols. Deux hommes illustres, entre lesquels notre nation semble partagée, et que la postérité
saura mettre chacun à sa place, se disputent la gloire du
cothurne, et l'on voit encore avec un extrême plaisir
leurs tragédies après celles de Corneille et de Racine.
L'un de ces deux hommes, le même à qui nous devons
la Henriade, sûr d'obtenir parmi le très petit nombre
de grands poètes une place distinguée et qui n'est qu'à
lui, possède en même temps au plus haut degré un
talent que n'a eu presque aucun poète, même dans un
degré médiocre, celui d'écrire en prose. Personne n'a
mieux connu l'art si rare de rendre sans effort chaque
idée par le terme qui lui est propre, d'embellir tout
sans se méprendre sur le coloris propre à chaque
chose ; enfin, ce qui caractérise plus qu'on ne pense les
grands écrivains, de n'être jamais ni au-dessus, ni au-
dessous de son sujet. Son Essai sur le siècle de
Louis XIV est un morceau d'autant plus précieux, que
l'auteur n'avait en ce genre aucun modèle, ni parmi les
anciens ni parmi nous. Son Histoire de Charles XII,
par la rapidité et la noblesse du style, est digne du
héros qu'il avait à peindre ; ses pièces fugitives supérieures à toutes celles que nous estimons le plus,
suffiraient par leur nombre et par leur mérite pour
immortaliser plusieurs écrivains. Que ne puis-je en
parcourant ici ses nombreux et admirables ouvrages,

payer à ce génie rare le tribut d'éloges qu'il mérite, qu'il a reçu tant de fois de ses compatriotes, des étrangers, et de ses ennemis, et auquel la postérité mettra le comble quand il ne pourra plus en jouir !

Ce ne sont pas là nos seules richesses. Un écrivain judicieux, aussi bon citoyen que grand philosophe, nous a donné sur les principes des lois un ouvrage décrié par quelques Français, applaudi par la nation et admiré de toute l'Europe ; ouvrage qui sera un monument immortel du génie et de la vertu de son auteur, et des progrès de la raison dans un siècle, dont le milieu sera une époque mémorable dans l'histoire de la philosophie. D'excellents auteurs ont écrit l'histoire ancienne et moderne ; des esprits justes et éclairés l'ont approfondie ; la comédie a acquis un nouveau genre, qu'on aurait tort de rejeter, puisqu'il en résulte un plaisir de plus, et que d'ailleurs ce genre même n'a pas été aussi inconnu des anciens qu'on voudrait nous le persuader ; enfin nous avons plusieurs romans qui nous empêchent de regretter ceux du dernier siècle.

Les beaux-arts ne sont pas moins en honneur dans notre nation. Si j'en crois les amateurs éclairés, notre école de peinture est la première de l'Europe, et plusieurs ouvrages de nos sculpteurs n'auraient pas été désavoués par les anciens. La musique est peut-être de tous ces arts celui qui a fait depuis quinze ans le plus de progrès parmi nous. Grâce aux travaux d'un génie mâle, hardi et fécond, les étrangers qui ne pouvaient souffrir nos symphonies, commencent à les goûter, et les Français paraissent enfin persuadés que Lulli avait laissé dans ce genre beaucoup à faire. M. Rameau, en poussant la pratique de son art à un si haut degré de perfection, est devenu tout ensemble le modèle et l'objet de la jalousie d'un grand nombre d'artistes, qui le décrient en s'efforçant de l'imiter. Mais ce qui le distingue plus particulièrement, c'est d'avoir réfléchi avec beaucoup de succès sur la théorie de ce même art ; d'avoir su trouver dans la base fondamentale le principe de l'harmonie et de la mélodie ; d'avoir réduit par ce moyen à des lois plus certaines et plus simples, une science livrée avant lui à des règles arbitraires ou dictées par une expérience aveugle. Je saisis avec empressement l'occasion de célébrer cet artiste philosophe dans un Discours destiné principalement à l'éloge des grands hommes. Son mérite, dont il a forcé notre siècle à convenir, ne sera bien connu que quand le temps aura fait taire l'envie ; et son nom, cher à la partie de notre nation la plus éclairée, ne peut blesser ici personne. Mais dût-il déplaire à quelques prétendus Mécènes, un philosophe serait bien à plaindre, si même en matière de sciences et de goût, il ne se permettait pas de dire la vérité.

Voilà les biens que nous possédons. Quelle idée ne se formera-t-on pas de nos trésors littéraires, si l'on joint aux ouvrages de tant de grands hommes les travaux de toutes les compagnies savantes destinées à maintenir le goût des sciences et des lettres, et à qui nous devons tant d'excellents livres ! De pareilles sociétés ne peuvent manquer de produire dans un Etat de grands avantages, pourvu qu'en les multipliant à l'excès, on n'en facilite point l'entrée à un trop grand nombre de gens médiocres ; qu'on en bannisse toute inégalité propre à éloigner ou à rebuter des hommes faits pour éclairer les autres ; qu'on n'y connaisse d'autre supériorité que celle du génie : que la considération y soit le prix du travail ; enfin que les récompenses y viennent chercher les talents, et ne leur soient point enlevées par l'intrigue. Car il ne faut pas s'y tromper : on nuit plus aux progrès de l'esprit en plaçant mal les récompenses qu'en les supprimant. Avouons même à l'honneur des lettres, que les savants n'ont pas toujours besoin d'être récompensés pour se multiplier. Témoin l'Angleterre, à qui les sciences doivent tant, sans que le gouvernement fasse rien pour elles. Il est vrai que la nation les considère, qu'elle les respecte même ; et cette espèce de récompense, supérieure à toutes les autres, est sans doute le moyen le plus sûr de faire fleurir les sciences et les arts ; parce que c'est le gouvernement qui donne les places, et le public qui distribue l'estime. L'amour des lettres, qui est un mérite chez nos voisins, n'est encore à la vérité qu'une mode parmi nous, et ne sera peut-être jamais autre chose ; mais quelque dangereuse que soit cette mode, qui pour un Mécène éclairé produit cent amateurs ignorants et orgueilleux, peut-être lui sommes-nous redevables de n'être pas encore tombés dans la barbarie où une foule de circonstances tendent à nous précipiter.

On peut regarder comme une des principales, cet amour du faux bel esprit qui protège l'ignorance, qui s'en fait honneur, et qui la répandra universellement tôt ou tard. Elle sera le fruit et le terme du mauvais goût ; j'ajoute qu'elle en sera le remède. Car tout a des révolutions réglées, et l'obscurité se terminera par un nouveau siècle de lumière. Nous serons plus frappés du grand jour après avoir été quelque temps dans les ténèbres. Elles seront comme une espèce d'anarchie très funeste par elle-même, mais quelquefois utile par ses suites. Gardons-nous pourtant de souhaiter une révolution si redoutable ; la barbarie dure des siècles, il semble que ce soit notre élément ; la raison et le bon goût ne font que passer.

Ce serait peut-être ici le lieu de repousser les traits qu'un écrivain éloquent et philosophe [1] a lancés depuis peu contre les sciences et les arts, en les accusant de corrompre les mœurs. Il nous siérait mal d'être de son sentiment à la tête d'un ouvrage tel que celui-ci ; et l'homme de mérite dont nous parlons semble avoir donné son suffrage à notre travail par le zèle et le succès avec lequel il y a concouru. Nous ne lui

---

1. M. Rousseau de Genève, auteur de la partie de l'*Encyclopédie* qui concerne la musique, et dont nous espérons que le public sera très satisfait, a composé un Discours fort éloquent, pour prouver que le rétablissement des sciences et des arts a corrompu les mœurs. Ce Discours a été couronné en 1750 par l'Académie de Dijon, avec les plus grands éloges ; il a été imprimé à Paris au con.mencement de l'année 1751, et a fait beaucoup d'honneur à son auteur. (Note de d'Alembert.)

reprocherons point d'avoir confondu la culture de
l'esprit avec l'abus qu'on en peut faire; il nous
répondrait sans doute que cet abus en est inséparable :
mais nous le prierons d'examiner si la plupart des
maux qu'il attribue aux sciences et aux arts ne sont
point dus à des causes toutes différentes, dont l'énumération serait ici aussi longue que délicate. Les lettres
contribuent certainement à rendre la Société plus
aimable; il serait difficile de prouver que les hommes
en sont meilleurs, et la vertu plus commune; mais c'est
un privilège qu'on peut disputer à la morale même. Et
pour dire encore plus, faudra-t-il proscrire les lois
parce que leur nom sert d'abri à quelques crimes, dont
les auteurs seraient punis dans une république de
sauvages ? Enfin, quand nous ferions ici au désavantage des connaissances humaines un aveu dont nous
sommes bien éloignés, nous le sommes encore plus de
croire qu'on gagnât à les détruire : les vices nous
resteraient, et nous aurions l'ignorance de plus.

   Finissons cette histoire des sciences, en remarquant
que les différentes formes de gouvernement, qui
influent tant sur les esprits et sur la culture des lettres,
déterminent aussi les espèces de connaissances qui
doivent principalement y fleurir, et dont chacune a son
mérite particulier. Il doit y avoir en général dans une
république plus d'orateurs, d'historiens et de philosophes, et dans une monarchie, plus de poètes, de
théologiens et de géomètres. Cette règle n'est pourtant
pas si absolue qu'elle ne puisse être altérée et modifiée
par une infinité de causes.

   Après les réflexions et les vues générales que nous
avons cru devoir placer à la tête de cette Encyclopédie,
il est temps enfin d'instruire plus particulièrement le
public sur l'ouvrage que nous lui présentons. Le
Prospectus, qui a déjà été publié dans cette vue, et dont
M. Diderot, mon collègue, est l'auteur, ayant été reçu
de toute l'Europe avec les plus grands éloges, je vais en
son nom le remettre ici de nouveau sous les yeux du

public, avec les changements et les additions qui nous ont paru convenables à l'un et à l'autre.

On ne peut disconvenir que depuis le renouvellement des lettres parmi nous, on ne doive en partie aux Dictionnaires les lumières générales qui se sont répandues dans la société, et ce germe de science qui dispose insensiblement les esprits à des connaissances plus profondes. L'utilité sensible de ces sortes d'ouvrages les a rendus si communs que nous sommes plutôt aujourd'hui dans le cas de les justifier que d'en faire l'éloge. On prétend qu'en multipliant les secours et la facilité de s'instruire, ils contribueront à éteindre le goût du travail et de l'étude. Pour nous, nous croyons être bien fondés à soutenir que c'est à la manie du bel esprit et à l'abus de la philosophie, plutôt qu'à la multitude des Dictionnaires, qu'il faut attribuer notre paresse et la décadence du bon goût. Ces sortes de collections peuvent tout au plus servir à donner quelques lumières à ceux qui sans ce secours n'auraient pas eu le courage de s'en procurer ; mais elles ne tiendront jamais lieu de livres à ceux qui chercheront à s'instruire ; les Dictionnaires par leur forme même ne sont propres qu'à être consultés, et se refusent à toute lecture suivie. Quand nous apprendrons qu'un homme de lettres, désirant d'étudier l'histoire à fond, aura choisi pour cet objet le Dictionnaire de Moreri, nous conviendrons du reproche que l'on veut nous faire. Nous aurions peut-être plus de raison d'attribuer l'abus prétendu dont on se plaint, à la multiplication des méthodes, des éléments, des abrégés et des bibliothèques, si nous n'étions persuadés qu'on ne saurait trop faciliter les moyens de s'instruire.

On abrégerait encore davantage ces moyens en réduisant à quelques volumes tout ce que les hommes ont découvert jusqu'à nos jours dans les sciences et dans les arts. Ce projet, en y comprenant même les faits historiques réellement utiles, ne serait peut-être pas impossible dans l'exécution ; il serait du moins à souhaiter qu'on le tentât ; nous ne prétendons aujourd'hui que l'ébaucher ; et il nous débarrasserait enfin de tant de livres, dont les auteurs n'ont fait que se copier les uns les autres. Ce qui doit nous rassurer contre la satire des Dictionnaires, c'est qu'on pourrait faire le même reproche sur un fondement aussi peu solide aux journalistes les plus estimables. Leur but n'est-il pas essentiellement d'exposer en raccourci ce que notre siècle ajoute de lumières à celles des siècles précédents ; d'apprendre à se passer des originaux, et d'arracher par conséquent ces épines que nos adversaires voudraient qu'on laissât ? Combien de lectures inutiles dont nous serions dispensés par de bons extraits !

Nous avons donc cru qu'il importait d'avoir un Dictionnaire qu'on pût consulter sur toutes les matières des arts et des sciences, et qui servît autant à guider ceux qui se sentent le courage de travailler à l'instruction des autres, qu'à éclairer ceux qui ne s'instruisent que pour eux-mêmes.

Jusqu'ici, personne n'avait conçu un ouvrage aussi grand, ou du moins personne ne l'avait exécuté. Leibniz, de tous les savants le plus capable d'en sentir les difficultés, désirait qu'on les surmontât. Cependant on avait des Encyclopédies, et Leibniz ne l'ignorait pas, lorsqu'il en demandait une.

La plupart de ces ouvrages parurent avant le siècle dernier, et ne furent pas tout à fait méprisés. On trouva que, s'ils n'annonçaient pas beaucoup de génie, ils marquaient au moins du travail et des connaissances. Mais que serait-ce pour nous que ces Encyclopédies ? Quel progrès n'a-t-on pas fait depuis dans les sciences et dans les arts ? Combien de vérités découvertes aujourd'hui qu'on n'entrevoyait pas alors ! La vraie philosophie était au berceau ; la géométrie de l'infini n'était pas encore ; la physique expérimentale se montrait à peine ; il n'y avait point de dialectique ; les lois de la saine critique étaient entièrement ignorées. Les auteurs célèbres en tout genre dont nous avons parlé dans ce Discours, et leurs illustres disciples, ou n'existaient pas, ou n'avaient pas écrit. L'esprit de recherche et d'émulation n'animait pas les savants ; un autre esprit moins fécond peut-être, mais plus rare, celui de justesse et de méthode, ne s'était point soumis les différentes parties de la littérature, et les Académies, dont les travaux ont porté si loin les sciences et les arts, n'étaient pas instituées.

Si les découvertes des grands hommes et des compagnies savantes dont nous venons de parler offrirent dans la suite de puissants secours pour former un Dictionnaire encyclopédique, il faut avouer aussi que l'augmentation prodigieuse des matières rendit à d'autres égards un tel ouvrage beaucoup plus difficile. Mais ce n'est point à nous à juger si les successeurs des premiers Encyclopédistes ont été hardis ou présomptueux ; et nous les laisserions tous jouir de leur réputation, sans en excepter Ephraïm Chambers, le plus connu d'entre eux, si nous n'avions des raisons particulières de peser le mérite de celui-ci.

L'*Encyclopédie* de Chambers dont on a publié à Londres un si grand nombre d'éditions rapides ; cette Encyclopédie qu'on vient de traduire tout récemment en italien, et qui de notre aveu mérite en Angleterre et chez l'étranger les honneurs qu'on lui rend, n'eût peut-être jamais été faite, si avant qu'elle parût en anglais, nous n'avions eu dans notre langue des ouvrages où Chambers a puisé sans mesure et sans choix la plus grande partie des choses dont il a composé son Dictionnaire. Qu'en auraient donc pensé nos Français sur une traduction pure et simple ? Il eût excité l'indignation des savants et le cri du public, à qui on n'eût présenté sous un titre fastueux et nouveau, que des richesses qu'il possédait depuis longtemps.

Nous ne refusons point à cet auteur la justice qui lui est due. Il a bien senti le mérite de l'ordre encyclopédique, ou de la chaîne par laquelle on peut descendre sans interruption des premiers principes d'une science ou d'un art jusqu'à ses conséquences les plus éloignées, et remonter de ses conséquences les plus éloignées

jusqu'à ses premiers principes ; passer imperceptible-
ment de cette science ou de cet art à un autre, et s'il est
permis de s'exprimer ainsi, faire sans s'égarer le tour
du monde littéraire. Nous convenons avec lui que le
plan et le dessein de son Dictionnaire sont excellents,
et que si l'exécution en était portée à un certain degré
de perfection, il contribuerait plus lui seul aux progrès
de la vraie science que la moitié des livres connus.
Mais, malgré toutes les obligations que nous avons à
cet auteur, et l'utilité considérable que nous avons
retirée de son travail, nous n'avons pu nous empêcher
de voir qu'il restait beaucoup à y ajouter. En effet,
conçoit-on que tout ce qui concerne les sciences et les
arts puisse être renfermé en deux volumes *in-folio ?* La
nomenclature d'une matière si étendue en fournirait un
elle seule, si elle était complète. Combien donc ne doit-
il pas y avoir dans son ouvrage d'articles omis ou
tronqués ?

Ce ne sont point ici des conjectures. La traduction
entière du Chambers nous a passé sous les yeux, et
nous avons trouvé une multitude prodigieuse de choses
à désirer dans les sciences ; dans les arts libéraux, un
mot où il fallait des pages ; et tout à suppléer dans les
arts mécaniques. Chambers a lu des livres, mais il n'a
guère vu d'artistes ; cependant il y a beaucoup de
choses qu'on n'apprend que dans les ateliers. D'ailleurs il n'en est pas ici des omissions comme dans un
autre ouvrage. Un article omis dans un Dictionnaire
commun le rend seulement imparfait. Dans une Encyclopédie, il rompt l'enchaînement, et nuit à la forme et
au fond ; et il a fallu tout l'art d'Ephraïm Chambers
pour pallier ce défaut.

Mais, sans nous étendre davantage sur l'Encyclopédie anglaise, nous annonçons que l'ouvrage de Chambers n'est point la base unique sur laquelle nous avons
élevé ; que l'on a refait un grand nombre de ses
articles ; que l'on n'a employé presque aucun des
autres sans addition, correction ou retranchement, et
qu'il rentre simplement dans la classe des auteurs que

nous avons particulièrement consultés. Les éloges qui furent donnés il y a six ans au simple projet de la traduction de l'Encyclopédie anglaise, auraient été pour nous un motif suffisant d'avoir recours à cette Encyclopédie, autant que le bien de notre ouvrage n'en souffrirait pas.

La partie mathématique est celle qui nous a paru mériter le plus d'être conservée : mais on jugera par les changements considérables qui y ont été faits, du besoin que cette partie et les autres avaient d'une exacte révision.

Le premier objet sur lequel nous nous sommes écartés de l'auteur anglais, c'est l'arbre généalogique qu'il a dressé des sciences et des arts, et auquel nous avons cru devoir en substituer un autre. Cette partie de notre travail a été suffisamment développée plus haut. Elle présente à nos lecteurs le canevas d'un ouvrage qui ne se peut exécuter qu'en plusieurs volumes *in-folio*, et qui doit contenir un jour toutes les connaissances des hommes.

A l'aspect d'une matière aussi étendue, il n'est personne qui ne fasse avec nous la réflexion suivante. L'expérience journalière n'apprend que trop combien il est difficile à un auteur de traiter profondément de la science ou de l'art dont il a fait toute sa vie une étude particulière. Quel homme peut donc être assez hardi et assez borné pour entreprendre de traiter seul de toutes les sciences et de tous les arts ?

Nous avons inféré de là que pour soutenir un poids aussi grand que celui que nous avions à porter, il était nécessaire de le partager ; et sur-le-champ nous avons jeté les yeux sur un nombre suffisant de savants et d'artistes ; d'artistes habiles et connus par leurs talents ; de savants exercés dans les genres particuliers qu'on avait à confier à leur travail. Nous avons distribué à chacun la partie qui lui convenait ; quelques-uns même étaient en possession de la leur, avant que nous nous chargeassions de cet ouvrage. Le public verra bientôt leurs noms, et nous ne craignons point qu'il nous les reproche. Ainsi, chacun n'ayant été occupé que de ce qu'il entendait, a été en état de juger sainement de ce qu'en ont écrit les anciens et les modernes, et d'ajouter aux secours qu'il en a tirés, des connaissances puisées dans son propre fonds. Personne ne s'est avancé sur le terrain d'autrui, et ne s'est mêlé de ce qu'il n'a peut-être jamais appris ; et nous avons eu plus de méthode, de certitude, d'étendue et de détails, qu'il ne peut y en avoir dans la plupart des lexicographes. Il est vrai que ce plan a réduit le mérite d'éditeur à peu de chose : mais il a beaucoup ajouté à la perfection de l'ouvrage ; et nous penserons toujours nous être acquis assez de gloire, si le public est satisfait. En un mot, chacun de nos collègues a fait un Dictionnaire de la partie dont il s'est chargé, et nous avons réuni tous ces Dictionnaires ensemble.

Nous croyons avoir eu de bonnes raisons pour suivre dans cet ouvrage l'ordre alphabétique. Il nous a paru plus commode et plus facile pour nos lecteurs, qui désirant de s'instruire sur la signification d'un mot, le trouveront plus aisément dans un Dictionnaire alphabétique que dans tout autre. Si nous eussions traité toutes les sciences séparément, en faisant de chacune un Dictionnaire particulier, non seulement le prétendu désordre de la succession alphabétique aurait eu lieu dans ce nouvel arrangement ; mais une telle méthode aurait été sujette à des inconvénients considérables par le grand nombre de mots communs à différentes sciences, et qu'il aurait fallu répéter plusieurs fois, ou placer au hasard. D'un autre côté, si nous eussions traité de chaque science séparément et dans un discours suivi, conforme à l'ordre des idées, et non à celui des mots, la forme de cet ouvrage eût été encore moins commode pour le plus grand nombre de nos lecteurs, qui n'y auraient rien trouvé qu'avec peine ; l'ordre encyclopédique des sciences et des arts y eût peu gagné, et l'ordre encyclopédique des mots, ou plutôt des objets par lesquels les sciences se communiquent et se touchent, y aurait infiniment perdu. Au contraire,

rien de plus facile dans le plan que nous avons suivi
que de satisfaire à l'un et à l'autre : c'est ce que nous
avons détaillé ci-dessus. D'ailleurs, s'il eût été question
de faire de chaque science ou de chaque art un traité
particulier dans la forme ordinaire, et de réunir
seulement ces différents traités sous le titre d'Encyclopédie, il eût été bien plus difficile de rassembler pour
cet ouvrage un si grand nombre de personnes, et la
plupart de nos collègues auraient sans doute mieux
aimé donner séparément leur ouvrage, que de le voir
confondu avec un grand nombre d'autres. De plus, en
suivant ce dernier plan, nous eussions été forcés de
renoncer presque entièrement à l'usage que nous
voulions faire de l'Encyclopédie anglaise, entraînés
tant par la réputation de cet ouvrage, que par l'ancien
Prospectus, approuvé du public, et auquel nous dési-
rions de nous conformer. La traduction entière de cette
Encyclopédie nous a été remise entre les mains par les
libraires qui avaient entrepris de la publier ; nous
l'avons distribuée à nos collègues, qui ont mieux aimé
se charger de la revoir, de la corriger, et de l'augmenter, que de s'engager, sans avoir, pour ainsi dire,
aucuns matériaux préparatoires. Il est vrai qu'une
grande partie de ces matériaux leur a été inutile, mais
du moins elle a servi à leur faire entreprendre plus
volontiers le travail qu'on espérait d'eux ; travail
auquel plusieurs se seraient peut-être refusés, s'ils
avaient prévu ce qu'il devait leur coûter de soins. D'un
autre côté quelques-uns de ces savants, en possession
de leur partie longtemps avant que nous fussions
éditeurs, l'avaient déjà fort avancée en suivant l'ancien
projet de l'ordre alphabétique. Il nous eût par conséquent été impossible de changer ce projet, quand
même nous aurions été moins disposés à l'approuver.
Nous savions enfin, ou du moins nous avions lieu de
croire, qu'on n'avait fait à l'auteur anglais, notre
modèle, aucunes difficultés sur l'ordre alphabétique
auquel il s'était assujetti. Tout se réunissait donc pour
nous obliger de rendre cet ouvrage conforme à un plan

que nous aurions suivi par choix, si nous en eussions été les maîtres.

La seule opération dans notre travail qui suppose quelque intelligence, consiste à remplir les vides qui séparent deux sciences ou deux arts, et à renouer la chaîne dans les occasions où nos collègues se sont reposés les uns sur les autres de certains articles, qui paraissant appartenir également à plusieurs d'entre eux, n'ont été faits par aucun. Mais afin que la personne chargée d'une partie ne soit point comptable des fautes qui pourraient se glisser dans des morceaux surajoutés, nous aurons l'attention de distinguer ces morceaux par une étoile. Nous tiendrons exactement la parole que nous avons donnée ; le travail d'autrui sera sacré pour nous, et nous ne manquerons pas de consulter l'auteur, s'il arrive dans le cours de l'édition que son ouvrage nous paraisse demander quelque changement considérable.

Les différentes mains que nous avons employées ont apposé à chaque article comme le sceau de leur style particulier, ainsi que celui du style propre à la matière et à l'objet d'une partie. Un procédé de chimie ne sera point du même ton que la description des bains et des théâtres anciens, ni la manœuvre d'un serrurier, exposée comme les recherches d'un théologien sur un point de dogme ou de discipline. Chaque chose a son coloris, et ce serait confondre les genres que de les réduire à une certaine uniformité. La pureté du style, la clarté et la précision sont les seules qualités qui puissent être communes à tous. les articles, et nous espérons qu'on les y remarquera. S'en permettre davantage, ce serait s'exposer à la monotonie et au dégoût qui sont presque inséparables des ouvrages étendus, et que l'extrême variété des matières doit écarter de celui-ci.

Nous en avons dit assez pour instruire le public de la nature d'une entreprise à laquelle il a paru s'intéresser ; des avantages généraux qui en résulteront, si elle est bien exécutée ; du bon ou du mauvais succès de ceux qui l'ont tentée avant nous ; de l'étendue de son objet ;

de l'ordre auquel nous nous sommes assujettis ; de la distribution qu'on a faite de chaque partie, et de nos fonctions d'éditeurs. Nous allons maintenant passer aux principaux détails de l'exécution.

Toute la matière de l'Encyclopédie peut se réduire à trois chefs : les sciences, les arts libéraux et les arts mécaniques. Nous commencerons par ce qui concerne les sciences et les arts libéraux ; et nous finirons par les arts mécaniques.

On a beaucoup écrit sur les sciences. Les traités sur les arts libéraux se sont multipliés sans nombre, la république des lettres en est inondée. Mais combien peu donnent les vrais principes ! Combien d'autres les noient dans une affluence de paroles, ou les perdent dans des ténèbres affectées ! Combien dont l'autorité en impose, et chez qui une erreur placée à côté d'une vérité, ou décrédite celle-ci, ou s'accrédite elle-même à la faveur de ce voisinage ! On eût mieux fait sans doute d'écrire moins et d'écrire mieux.

Entre tous les écrivains, on a donné la préférence à ceux qui sont généralement reconnus pour les meilleurs. C'est de là que les principes ont été tirés. A leur exposition claire et précise, on a joint des exemples ou des autorités constamment reçues. La coutume vulgaire est de renvoyer aux sources, ou de citer d'une manière vague, souvent infidèle, et presque toujours confuse ; en sorte que dans les différentes parties dont un article est composé, on ne sait exactement quel auteur on doit consulter sur tel ou tel point, ou s'il faut les consulter tous, ce qui rend la vérification longue et pénible. On s'est attaché, autant qu'il a été possible, à éviter cet inconvénient, en citant dans le corps même des articles des auteurs sur le témoignage desquels on s'est appuyé ; rapportant leur propre texte quand il est nécessaire ; comparant partout les opinions ; balançant les raisons ; proposant des moyens de douter ou de sortir de doute ; décidant même quelquefois ; détruisant autant qu'il est en nous les erreurs et les préjugés ; et tâchant surtout de ne les pas multiplier, et de ne les

point perpétuer, en protégeant sans examen des sentiments rejetés, ou en proscrivant sans raison des
opinions reçues. Nous n'avons pas craint de nous
étendre quand l'intérêt de la vérité et l'importance de
la matière le demandaient, sacrifiant l'agrément toutes
les fois qu'il n'a pu s'accorder avec l'instruction.

Nous ferons ici sur les définitions une remarque
importante. Nous nous sommes conformés dans les
articles généraux des sciences à l'usage constamment
reçu dans les Dictionnaires et dans les autres ouvrages,
qui veut qu'on commence en traitant d'une science par
en donner la définition. Nous l'avons donnée aussi, la
plus simple même et la plus courte qu'il nous a été
possible. Mais il ne faut pas croire que la définition
d'une science, surtout d'une science abstraite, en
puisse donner l'idée à ceux qui n'y sont pas du moins
initiés. En effet, qu'est-ce qu'une science ? sinon un
système de règles ou de faits relatifs à un certain objet ;
et comment peut-on donner l'idée de ce système à
quelqu'un qui serait absolument ignorant de ce que le
système renferme ? Quand on dit de l'arithmétique,
que c'est la science des propriétés des nombres, la fait-
on mieux connaître à celui qui ne la sait pas, qu'on ne
ferait connaître la pierre philosophale en disant que
c'est le secret de faire de l'or ? La définition d'une
science ne consiste proprement que dans l'exposition
détaillée des choses dont cette science s'occupe,
comme la définition d'un corps est la description
détaillée de ce corps même ; et il nous semble d'après
ce principe que ce qu'on appelle définition de chaque
science serait mieux placé à la fin qu'au commencement du livre qui en traite : ce serait alors le résultat
extrêmement réduit de toutes les notions qu'on aurait
acquises. D'ailleurs, que contiennent ces définitions
pour la plupart, sinon des expressions vagues et
abstraites, dont la notion est souvent plus difficile à
fixer que celle de la science même ? Tels sont les mots
science, *nombre* et *propriété*, dans la définition déjà citée
de l'arithmétique. Les termes généraux sans doute sont

nécessaires, et nous avons vu dans ce discours quelle en est l'utilité : mais on pourrait les définir, un abus forcé des signes, et la plupart des définitions, un abus tantôt volontaire, tantôt forcé des termes généraux. Au reste, nous le répétons, nous nous sommes conformés sur ce point à l'usage, parce que ce n'est pas à nous à le changer, et que la forme même de ce Dictionnaire nous en empêchait. Mais en ménageant les préjugés, nous n'avons point dû appréhender d'exposer ici des idées que nous croyons saines. Continuons à rendre compte de notre ouvrage.

L'empire des sciences et des arts est un monde éloigné du vulgaire, où l'on fait tous les jours des découvertes, mais dont on a bien des relations fabuleuses. Il était important d'assurer les vraies, de prévenir sur les fausses, de fixer des points d'où l'on partît, et de faciliter ainsi la recherche de ce qui reste à trouver. On ne cite des faits, on ne compare des expériences, on n'imagine des méthodes, que pour exciter le génie à s'ouvrir des routes ignorées, et à s'avancer à des découvertes nouvelles, en regardant comme le premier pas celui où les grands hommes ont terminé leur course. C'est aussi le but que nous nous sommes proposé, en alliant aux principes des sciences et des arts libéraux l'histoire de leur origine et de leurs progrès successifs ; et si nous l'avons atteint, de bons esprits ne s'occuperont plus à chercher ce qu'on savait avant eux. Il sera facile dans les productions à venir sur les sciences et sur les arts libéraux, de démêler ce que les inventeurs ont tiré de leurs fonds, d'avec ce qu'ils ont emprunté de leurs prédécesseurs : on appréciera les travaux ; et ces hommes avides de réputation et dépourvus de génie, qui publient hardiment des vieux systèmes comme des idées nouvelles, seront bientôt démasqués. Mais, pour parvenir à ces avantages, il a fallu donner à chaque matière une étendue convenable, insister sur l'essentiel, négliger les minuties et éviter un défaut assez commun, celui de s'appesantir sur ce qui ne demande qu'un mot, de prouver ce qu'on ne conteste point, et de commenter ce qui est clair. Nous n'avons ni épargné, ni prodigué les éclaircissements. On jugera qu'ils étaient nécessaires partout où nous en avons mis, et qu'ils auraient été superflus où l'on n'en trouvera pas. Nous nous sommes encore bien gardés d'accumuler les preuves où nous avons cru qu'un seul raisonnement solide suffisait, ne les multipliant que dans les occasions où leur force dépendait de leur nombre et de leur concert.

Les articles qui concernent les éléments des sciences ont été travaillés avec tout le soin possible ; ils sont en effet la base et le fondement des autres. C'est par cette raison que les éléments d'une science ne peuvent être bien faits que par ceux qui ont été fort loin au-delà ; car ils renferment le système des principes généraux qui s'étendent aux différentes parties de la science ; et pour connaître la manière la plus favorable de présenter ces principes, il faut en avoir fait une application très étendue et très variée.

Ce sont là toutes les précautions que nous avions à prendre. Voilà les richesses sur lesquelles nous pouvions compter ; mais il nous en est survenu d'autres que notre entreprise doit, pour ainsi dire, à sa bonne fortune. Ce sont des manuscrits qui nous ont été communiqués par des amateurs ou fournis par des savants, entre lesquels nous nommerons ici M. Formey, secrétaire perpétuel de l'Académie royale des sciences et des belles-lettres de Prusse. Cet illustre académicien avait médité un Dictionnaire tel à peu près que le nôtre, et il nous a généreusement sacrifié la partie considérable qu'il en avait exécutée, et dont nous ne manquerons pas de lui faire honneur. Ce sont encore des recherches, des observations, que chaque artiste ou savant, chargé d'une partie de notre Dictionnaire, renfermait dans son cabinet, et qu'il a bien voulu publier par cette voie. De ce nombre seront presque tous les articles de grammaire générale et particulière. Nous croyons pouvoir assurer qu'aucun ouvrage connu ne sera ni aussi riche, ni aussi instructif que le nôtre sur

les règles et les usages de la langue française, et même
sur la nature, l'origine et le philosophique des langues
en général. Nous ferons donc part au public, tant sur
les sciences que sur les arts libéraux, de plusieurs fonds
littéraires dont il n'aurait peut-être jamais eu connaissance.

Mais ce qui ne contribuera guère moins à la perfection de ces deux branches importantes, ce sont les
secours obligeants que nous avons reçus de tous côtés :
protection de la part des grands, accueil et communication de la part de plusieurs savants ; bibliothèques
publiques, cabinets particuliers, recueils portefeuilles,
etc., tout nous a été ouvert, et par ceux qui cultivent
les lettres, et par ceux qui les aiment. Un peu d'adresse
et beaucoup de dépense ont procuré ce qu'on n'a pu
obtenir de la pure bienveillance ; et les récompenses
ont presque toujours calmé les inquiétudes réelles, ou
les alarmes simulées de ceux que nous avions à
consulter.

M. Falconet, médecin consultant du roi et membre
de l'Académie royale des belles-lettres, possesseur
d'une bibliothèque aussi nombreuse et aussi étendue
que ses connaissances, mais dont il fait un usage encore
plus estimable, celui d'obliger les savants en la leur
communiquant sans réserve, nous a donné à cet égard
tous les secours que nous pouvions souhaiter. Cet
homme de lettres citoyen, qui joint à l'érudition la plus
variée les qualités d'homme d'esprit et de philosophe, a
bien voulu aussi jeter les yeux sur quelques-uns de nos
articles, et nous donner des conseils et des éclaircissements utiles.

Nous ne sommes pas moins sensibles aux obligations
que nous avons à M. l'abbé Sallier, garde de la
bibliothèque du Roi : il nous a permis, avec cette
politesse qui lui est naturelle, et qu'animait encore le
plaisir de favoriser une grande entreprise, de choisir
dans le riche fonds dont il est dépositaire tout ce qui
pouvait répandre de la lumière ou des agréments sur
notre Encyclopédie. On justifie, nous pourrions même

176   DISCOURS PRÉLIMINAIRE

dire qu'on honore le choix du prince, quand on sait se
prêter ainsi à ses vues. Les sciences et les beaux-arts ne
peuvent donc trop concourir à illustrer par leurs
productions le règne d'un souverain qui les favorise.
Pour nous, spectateurs de leurs progrès et leurs
historiens, nous nous occuperons seulement à les
transmettre à la postérité. Qu'elle dise à l'ouverture de
notre Dictionnaire, tel était alors l'état des sciences et
des beaux-arts. Qu'elle ajoute ses découvertes à celles
que nous aurons enregistrées, et que l'histoire de
l'esprit humain et de ses productions aille d'âge en âge
jusqu'aux siècles les plus reculés. Que l'Encyclopédie
devienne un sanctuaire où les connaissances des
hommes soient à l'abri des temps et des révolutions.
Ne serons-nous pas trop flattés d'en avoir posé les
fondements ? Quel avantage n'aurait-ce pas été pour
nos pères et pour nous, si les travaux des peuples
anciens, des Egyptiens, des Chaldéens, des Grecs, des
Romains, etc., avaient été transmis dans un ouvrage
encyclopédique, qui eût exposé en même temps les
vrais principes de leurs langues ! Faisons donc pour les
siècles à venir ce que nous regrettons que les siècles
passés n'aient pas fait pour le nôtre. Nous osons dire
que si les anciens eussent exécuté une Encyclopédie
comme ils ont exécuté tant de grandes choses, et que ce
manuscrit se fût échappé seul de la fameuse Bibliothèque d'Alexandrie, il eût été capable de nous consoler
de la perte des autres.

Voilà ce que nous avions à exposer au public sur les
sciences et les beaux-arts. La partie des arts mécaniques ne demandait ni moins de détails, ni moins de
soins. Jamais peut-être il ne s'est trouvé tant de
difficultés rassemblées, et si peu de secours dans les
livres pour les vaincre. On a trop écrit sur les sciences :
on n'a pas assez bien écrit sur la plupart des arts
libéraux ; on n'a presque rien écrit sur les arts mécaniques ; car qu'est-ce que le peu qu'on en rencontre dans
les auteurs, en comparaison de l'étendue et de la
fécondité du sujet ? Entre ceux qui en ont traité, l'un

n'était pas assez instruit de ce qu'il avait à dire, et a moins rempli son sujet que montré la nécessité d'un meilleur ouvrage. Un autre n'a qu'effleuré la matière, en la traitant plutôt en grammairien et en homme de lettres, qu'en artiste. Un troisième est à la vérité plus riche et plus ouvrier : mais il est en même temps si court, que les opérations des artistes et la description de leurs machines, cette matière capable de fournir seule des ouvrages considérables, n'occupe que la très petite partie du sien. Chambers n'a presque rien ajouté à ce qu'il a traduit de nos auteurs. Tout nous déterminait donc à recourir aux ouvriers.

On s'est adressé aux plus habiles de Paris et du royaume : on s'est donné la peine d'aller dans leurs ateliers, de les interroger, d'écrire sous leur dictée, de développer leurs pensées, d'en tirer les termes propres à leurs professions, d'en dresser des tables et de les définir, de converser avec ceux de qui on avait obtenu des mémoires, et (précaution presque indispensable) de rectifier dans de longs et fréquents entretiens avec les uns, ce que d'autres avaient imparfaitement, obscurément, et quelquefois infidèlement expliqué. Il est des artistes qui sont en même temps gens de lettres, et nous en pourrions citer ici ; mais le nombre en serait fort petit. La plupart de ceux qui exercent les arts mécaniques, ne les ont embrassés que par nécessité, et n'opèrent que par instinct. A peine entre mille en trouve-t-on une douzaine en état de s'exprimer avec quelque clarté sur les instruments qu'ils emploient et sur les ouvrages qu'ils fabriquent. Nous avons vu des ouvriers qui travaillent depuis quarante années sans rien connaître à leurs machines. Il a fallu exercer avec eux la fonction dont se glorifiait Socrate, la fonction pénible et délicate de faire accoucher les esprits, *obstetrix animorum*.

Mais il est des métiers si singuliers et des manœuvres si déliées, qu'à moins de travailler soi-même, de mouvoir une machine de ses propres mains, et de voir l'ouvrage se former sous ses propres yeux, il est difficile d'en parler avec précision. Il a donc fallu plusieurs fois se procurer les machines, les construire, mettre la main à l'œuvre ; se rendre, pour ainsi dire, apprenti et faire soi-même de mauvais ouvrages pour apprendre aux autres comment on en fait de bons.

C'est ainsi que nous nous sommes convaincus de l'ignorance dans laquelle on est sur la plupart des objets de la vie, et de la difficulté de sortir de cette ignorance. C'est ainsi que nous nous sommes mis en état de démontrer que l'homme de lettres qui sait le plus sa langue, ne connaît pas la vingtième partie des mots ; que, quoique chaque art ait la sienne, cette langue est encore bien imparfaite ; que c'est par l'extrême habitude de converser les uns avec les autres, que les ouvriers s'entendent, et beaucoup plus par le retour des conjonctures que par l'usage des termes. Dans un atelier c'est le moment qui parle, et non l'artiste.

Voici la méthode qu'on a suivie pour chaque art. On a traité : 1° De la matière, des lieux où elle se trouve, de la manière dont on la prépare, de ses bonnes et mauvaises qualités, de ses différentes espèces, des opérations par lesquelles on la fait passer, soit avant que de l'employer, soit en la mettant en œuvre.

2° Des principaux ouvrages qu'on en fait, et de la manière de les faire.

3° On a donné le nom, la description et la figure des outils et des machines, par pièces détachées et par pièces assemblées ; la coupe des moules et d'autres instruments dont il est à propos de connaître l'intérieur, leurs profils, etc.

4° On a expliqué et représenté la main-d'œuvre et les principales opérations dans une ou plusieurs planches, où l'on voit tantôt les mains seules de l'artiste, tantôt l'artiste entier en action, et travaillant à l'ouvrage le plus important de son art.

5° On a recueilli et défini le plus exactement qu'il a été possible les termes propres de l'art.

Mais le peu d'habitude qu'on a et d'écrire et de lire

des écrits sur les arts rend les choses difficiles à expliquer d'une manière intelligible. De là naît le besoin de figures. On pourrait démontrer par mille exemples, qu'un Dictionnaire pur et simple de définitions, quelque bien qu'il soit fait, ne peut se passer de figures, sans tomber dans des descriptions obscures ou vagues ; combien donc à plus forte raison ce secours ne nous était-il pas nécessaire ? Un coup d'œil sur l'objet ou sur sa représentation en dit plus qu'une page de discours.

On a envoyé des dessinateurs dans les ateliers. On a pris l'esquisse des machines et des outils. On n'a rien omis de ce qui pouvait les montrer distinctement aux yeux. Dans le cas où une machine mérite des détails par l'importance de son usage et par la multitude de ses parties, on a passé du simple au composé. On a commencé par assembler dans une première figure autant d'éléments qu'on en pouvait apercevoir sans confusion. Dans une seconde figure, on voit les mêmes éléments avec quelques autres. C'est ainsi qu'on a successivement formé la machine la plus compliquée, sans aucun embarras ni pour l'esprit ni pour les yeux. Il faut quelquefois remonter de la connaissance de l'ouvrage à celle de la machine, et d'autres fois descendre de la connaissance de la machine à celle de l'ouvrage. On trouvera à l'article ART quelques réflexions sur les avantages de ces méthodes, et sur les occasions où il est à propos de préférer l'une à l'autre.

Il y a des notions qui sont communes à presque tous les hommes, et qu'ils ont dans l'esprit avec plus de clarté qu'elles n'en peuvent recevoir du discours. Il y a aussi des objets si familiers, qu'il serait ridicule d'en faire des figures. Les arts en offrent d'autres si composés, qu'on les représenterait inutilement. Dans les deux premiers cas, nous avons supposé que le lecteur n'était pas entièrement dénué de bon sens et d'expérience ; et dans le dernier, nous renvoyons à l'objet même. Il est en tout un juste milieu, et nous avons tâché de ne le point manquer ici. Un seul art

dont on voudrait tout représenter et tout dire, fournirait des volumes de discours et de planches. On ne
finirait jamais, si l'on se proposait de rendre en figures
tous les états par lesquels passe un morceau de fer
avant que d'être transformé en aiguille. Que le discours
suive le procédé de l'artiste dans le dernier détail, à la
bonne heure. Quant aux figures, nous les avons
restreintes aux mouvements importants de l'ouvrier et
aux seuls moments de l'opération, qu'il est très facile
de peindre et très difficile d'expliquer. Nous nous en
sommes tenus aux circonstances essentielles, à celles
dont la représentation, quand elle est bien faite
entraîne nécessairement la connaissance de celles qu'on
ne voit pas. Nous n'avons pas voulu ressembler à un
homme qui ferait planter des guides à chaque pas dans
une route, de crainte que les voyageurs ne s'en
écartassent. Il suffit qu'il y en ait partout où ils seraient
exposés à s'égarer.

Au reste, c'est la main-d'œuvre qui fait l'artiste, et ce
n'est point dans les livres qu'on peut apprendre à
manœuvrer. L'artiste rencontrera seulement dans
notre ouvrage des vues qu'il n'eût peut-être jamais
eues, et des observations qu'il n'eût faites qu'après
plusieurs années de travail. Nous offrirons au lecteur
studieux ce qu'il eût appris d'un artiste en le voyant
opérer, pour satisfaire sa curiosité ; et à l'artiste, ce
qu'il serait à souhaiter qu'il apprît du philosophe pour
s'avancer à la perfection.

Nous avons distribué dans les sciences et dans les
arts libéraux les figures et les planches, selon le même
esprit et la même économie que dans les arts mécaniques ; cependant nous n'avons pu réduire le nombre
des unes et des autres à moins de six cents. Les deux
volumes qu'elles formeront ne seront pas la partie la
moins intéressante de l'ouvrage, par l'attention que
nous aurons de placer au *verso* d'une planche l'explication de celle qui sera vis-à-vis, avec des renvois aux
endroits du Dictionnaire auxquels chaque figure sera
relative. Un lecteur ouvre un volume de planches, il

aperçoit une machine qui pique sa curiosité ; c'est, si l'on veut, un moulin à poudre, à papier, à soie, à sucre, etc. ; il lira vis-à-vis, fig. 50, 51 ou 60, etc., moulin à poudre, moulin à sucre, moulin à papier, moulin à soie, etc. Il trouvera ensuite une explication succincte de ces machines avec les renvois aux articles POUDRE, SUCRE, PAPIER, SOIE, etc.

La gravure répondra à la perfection des dessins, et nous espérons que les planches de notre *Encyclopédie* surpasseront autant en beauté celles du Dictionnaire anglais, qu'elles les surpassent en nombre. Chambers a trente planches ; l'ancien projet en promettait cent vingt, et nous en donnerons six cents au moins. Il n'est pas étonnant que la carrière se soit étendue sous nos pas ; elle est immense, et nous ne nous flattons pas de l'avoir parcourue.

Malgré les secours et les travaux dont nous venons de rendre compte, nous déclarons sans peine, au nom de nos collègues et au nôtre, qu'on nous trouvera toujours disposés à convenir de notre insuffisance, et à profiter des lumières qui nous seront communiquées. Nous les recevrons avec reconnaissance, et nous nous y conformerons avec docilité, tant nous sommes persuadés que la perfection dernière d'une Encyclopédie est l'ouvrage des siècles. Il a fallu des siècles pour commencer ; il en faudra pour finir : mais nous serons satisfaits d'avoir contribué à jeter les fondements d'un ouvrage utile.

Nous aurons toujours la satisfaction intérieure de n'avoir rien épargné pour réussir : une des preuves que nous en apporterons, c'est qu'il y a des parties dans les sciences et dans les arts qu'on a refaites jusqu'à trois fois. Nous ne pouvons nous dispenser de dire à l'honneur des libraires associés, qu'ils n'ont jamais refusé de se prêter à ce qui pouvait contribuer à les perfectionner toutes. Il faut espérer que le concours d'un aussi grand nombre de circonstances, telles que les lumières de ceux qui ont travaillé à l'ouvrage, les secours des personnes qui s'y sont intéressées, et l'émulation des éditeurs et des libraires produira quelque bon effet.

De tout ce qui précède, il s'ensuit que dans l'ouvrage que nous annonçons, on a traité des sciences et des arts, de manière qu'on n'en suppose aucune connaissance préliminaire ; qu'on y expose ce qu'il importe de savoir sur chaque matière ; que les articles s'expliquent les uns par les autres, et que par conséquent la difficulté de la nomenclature n'embarrasse nulle part. D'où nous inférons que cet ouvrage pourra, du moins un jour, tenir lieu de bibliothèque dans tous les genres à un homme du monde ; et dans tous les genres, excepté le sien, à un savant de profession ; qu'il développera les vrais principes des choses ; qu'il en marquera les rapports ; qu'il contribuera à la certitude, et au progrès des connaissances humaines ; et qu'en multipliant le nombre des vrais savants, des artistes distingués et des amateurs éclairés, il répandra dans la société de nouveaux avantages.

On trouvera à la tête de chaque volume les noms des savants auxquels le public doit cet ouvrage autant qu'à nous et dont le nombre et le zèle augmentent de jour en jour.

J'ai fait ou revu tous les articles de *mathématiques* et de *physique générale*, j'ai aussi suppléé quelques articles, mais en très petit nombre, dans les autres parties. Je me suis attaché, dans les articles de *mathématique transcendante*, à donner l'esprit général des méthodes, à indiquer les meilleurs ouvrages où l'on peut trouver sur chaque objet les détails les plus importants, et qui n'étaient point de nature à entrer dans cette *Encyclopédie* ; à éclaircir ce qui m'a paru n'avoir pas été éclairci suffisamment, ou ne l'avoir point été du tout ; enfin à donner, autant qu'il m'a été possible, dans chaque matière, des principes métaphysiques exacts, c'est-à-dire simples.

Mais ce travail, tout considérable qu'il est, l'est beaucoup moins que celui de M. Diderot, mon collègue. Il est l'auteur de la partie de cette *Encyclopédie* la plus étendue, la plus importante, la plus désirée du public, et, j'ose le dire, la plus difficile à remplir ; c'est la description des arts. M. Diderot l'a faite sur des mémoires qui lui ont été fournis par des ouvriers ou par des amateurs, ou sur les connaissances qu'il a été puiser lui-même chez les ouvriers, ou enfin sur des métiers qu'il s'est donné la peine de voir, et dont quelquefois il a fait construire des modèles pour les étudier plus à son aise. A ce détail qui est immense, et dont il s'est acquitté avec beaucoup de soin, il en a joint un autre qui ne l'est pas moins, en suppléant dans les différentes parties de l'*Encyclopédie* un nombre prodigieux d'articles qui manquaient. Il s'est livré à ce travail, avec un courage digne des plus beaux siècles de la philosophie, un désintéressement qui honore les lettres, et un zèle digne de la reconnaissance de tous ceux qui les aiment ou qui les cultivent, et en particulier des personnes qui ont concouru au travail de l'*Encyclopédie*. On verra par les différents volumes de cet ouvrage combien le nombre d'articles qu'il lui doit est considérable. Parmi ces articles, il y en a de très étendus, et en grande quantité. Le grand succès de l'article ART qu'il avait imprimé séparément quelques mois avant la publication du premier volume, l'a encouragé à donner aux autres tous ses soins ; et je crois pouvoir assurer qu'ils sont dignes d'être comparés à celui-là, quoique dans des genres différents. Il est inutile de répondre ici à la critique injuste de quelques gens du monde, qui peu accoutumés sans doute à tout ce qui demande la plus légère attention, ont trouvé cet article ART trop raisonné et trop métaphysique, comme s'il était possible que cela fût autrement. Tout article qui a pour objet un terme abstrait et général, ne peut être bien traité, sans remonter à des principes philosophiques, toujours un peu difficiles pour ceux qui ne sont pas dans l'usage de réfléchir. Au reste, nous devons avouer ici que nous avons vu avec plaisir un très grand nombre de gens du monde entendre parfaitement cet article. A l'égard de ceux qui l'ont critiqué, nous souhaitons que sur les articles qui auront un objet semblable, ils aient le même reproche à nous faire.

Voilà ce que nous avions à dire sur cette collection immense. Elle se présente avec tout ce qui peut intéresser pour elle : l'impatience que l'on a témoignée de la voir paraître ; les obstacles qui en ont retardé la publication, les circonstances qui nous ont forcés à nous en charger ; le zèle avec lequel nous nous sommes livrés à ce travail, comme s'il eût été de notre choix ; les éloges que les bons citoyens ont donnés à l'entreprise ; les secours innombrables et de toute espèce que nous avons reçus ; la protection que le gouvernement nous doit et paraît vouloir nous accorder ; des ennemis tant faibles que puissants, qui ont cherché, quoiqu'en vain, à étouffer l'ouvrage avant sa naissance ; enfin des auteurs sans cabale et sans intrigue, qui n'attendent d'autre récompense de leurs soins et de leurs efforts que la satisfaction d'avoir bien mérité de leur patrie. Nous ne chercherons point à comparer ce Dictionnaire aux autres ; nous reconnaissons avec plaisir qu'ils nous ont tous été utiles ; et notre travail ne consiste point à décrier celui de personne. C'est au public qui lit à nous juger : nous croyons devoir le distinguer de celui qui parle.

(D'Alembert)

EXPLICATION DÉTAILLÉE
DU SYSTÈME
DES CONNAISSANCES HUMAINES

Les êtres physiques agissent sur les sens. Les impressions de ces êtres en excitent les perceptions dans l'entendement. L'entendement ne s'occupe de ses perceptions que de trois façons, selon ses trois facultés principales, la mémoire, la raison, l'imagination. Ou l'entendement fait un dénombrement pur et simple de ses perceptions par la mémoire ; ou il les examine, les compare, et les digère par la Raison ; ou il se plaît à les imiter et à les contrefaire par l'imagination. D'où résulte une distribution générale de la connaissance humaine, qui paraît assez bien fondée, en *histoire* qui se rapporte à la *mémoire*, en *philosophie* qui émane de la *raison*, et en *poésie* qui naît de l'*imagination*.

MÉMOIRE, *D'OÙ* HISTOIRE

L'histoire est des *faits* ; et les faits sont ou de *Dieu*, ou de l'*homme*, ou de la *nature*. Les faits qui sont de Dieu appartiennent à l'*histoire sacrée*. Les faits qui sont de l'homme appartiennent à l'*histoire civile* ; et les faits qui sont de la nature se rapportent à l'*histoire naturelle*.

HISTOIRE

I. Sacrée. — II. Civile. — III. Naturelle.

I. L'*histoire sacrée* se distribue en *histoire sacrée* ou *ecclésiastique*; l'*histoire des prophéties*, où le récit a précédé l'événement, est une branche de l'*histoire sacrée*.

II. L'*histoire civile*, cette branche de l'histoire universelle, *cujus fidei exempla majorum, vicissitudines rerum, fundamenta prudentiae civilis, hominum denique nomen et fama commissa sunt*, se distribue, suivant ses objets, en *histoire civile proprement dite*, et en *histoire littéraire*.

Les Sciences sont l'ouvrage de la réflexion et de la lumière naturelle des hommes. Le chancelier Bacon a donc raison de dire dans son admirable ouvrage *De dignitate et augmento scientiarum*, que l'histoire du monde, sans l'histoire des savants, c'est la statue de Polyphème à qui on a arraché l'œil.

L'*histoire civile* proprement dite peut se sous-diviser en *mémoires*, en *antiquités*, et en *histoire complète*. S'il est vrai que l'histoire soit la peinture des temps passés, les *antiquités* en sont des dessins presque toujours endommagés, et l'*histoire complète*, un tableau dont les *mémoires* sont des études.

III. La distribution de l'*histoire naturelle* est donnée par la différence des *faits* de la nature, et la différence des faits de la nature, par la différence des *états* de la nature. Ou la nature est uniforme et suit un cours réglé, tel qu'on le remarque généralement dans les *corps célestes*, les *animaux*, les *végétaux*, etc., ou elle semble forcée et dérangée de son cours ordinaire, comme dans les *monstres*; ou elle est contrainte et pliée à différents usages, comme dans les *arts*. La nature fait tout, ou dans son *cours ordinaire et réglé*, ou dans ses *écarts,* ou dans son *emploi. Uniformité de la nature,* première partie d'histoire naturelle. *Erreurs* ou *écarts de la nature,* seconde partie d'histoire naturelle. *Usages de la nature,* troisième partie d'histoire naturelle.

Il est inutile de s'étendre sur les avantages de l'*histoire de la nature uniforme.* Mais si l'on nous demande à quoi peut servir l'*histoire de la nature monstrueuse,* nous répondrons, à passer des prodiges de ses *écarts* aux merveilles de l'*art ;* à l'égarer encore ou à la remettre dans son chemin ; et surtout à corriger la témérité des propositions générales, *ut axiomatum corrigatur iniquitas.*

Quant à l'*histoire de la nature pliée à différents usages,* on en pourrait faire une branche de l'histoire civile ; car l'art en général est l'industrie de l'homme appliquée par ses besoins ou par son luxe, aux productions de la Nature. Quoi qu'il en soit, cette application ne se fait qu'en deux manières, ou en rapprochant, ou éloignant les corps naturels. L'homme peut quelque chose ou ne peut rien, selon que le rapprochement ou l'éloignement des corps naturels est ou n'est pas possible.

L'*histoire de la nature uniforme* se distribue suivant ses principaux objets, en *histoire céleste* ou des *astres,* de *leurs mouvements, apparences sensibles,* etc., sans en expliquer la cause par des systèmes, des hypothèses, etc., il ne s'agit ici que de phénomènes purs. En *histoire des météores,* comme *vents, pluies, tempêtes, tonnerres, aurores boréales,* etc. En *histoire de la terre et de la mer,* ou des *montagnes,* des *fleuves,* des *rivières,* des *courants,* du *flux et reflux,* des *sables,* des *terres,* des *forêts,* des *îles,* des *figures,* des *continents,* etc. En *histoire des minéraux,* en *histoire des végétaux,* et en *histoire des animaux.* D'où résulte une *histoire des éléments,* de la *nature apparente,* des *effets sensibles,* des *mouvements,* etc., du *feu,* de l'*air,* de la *terre* et de l'*eau.*

L'*histoire de la nature monstrueuse* doit suivre la même division. La nature peut opérer des prodiges dans les cieux, dans les régions de l'air, sur la surface de la terre, dans ses entrailles, au fond des mers, etc., en tout et partout.

L'*histoire de la nature employée* est aussi étendue que les différents usages que les hommes font de ses productions dans les arts, les métiers et les manufactures. Il n'y a aucun effet de l'industrie de l'homme, qu'on ne puisse rappeler à quelque production de la nature. On rappellera au travail et à l'emploi de l'or et de l'argent, les arts du *monnayeur*, du *batteur d'or*, du *fileur d'or*, du *tireur d'or*, du *planeur*, etc. ; au travail et à l'emploi des pierres précieuses, les arts du *lapidaire*, du *diamantaire*, du *joaillier*, du *graveur en pierres fines*, etc. ; au travail et à l'emploi du fer, les *grosses-forges*, la *serrurerie*, la *taillanderie*, l'*armurerie*, l'*arquebuserie*, la *coutellerie*, etc. ; au travail et à l'emploi du verre, la *verrerie*, les *glaces*, l'*art du miroitier*, du *vitrier*, etc. ; au travail et à l'emploi des peaux, les arts de *chamoiseur*, *tanneur*, *peaussier*, etc. ; au travail de la laine et de la soie, son *tirage*, son *moulinage*, les arts de *drapiers*, *passementiers*, *galonniers*, *boutonniers*, *ouvriers en velours*, *satins*, *damas*, *étoffes brochées*, *lustrines*, etc. ; au travail et à l'emploi de la terre, la *poterie de terre*, la *faïence*, la *porcelaine*, etc. ; au travail et à l'emploi de la pierre, la partie mécanique de l'*architecte*, du *sculpteur*, du *stuccateur*, etc. ; au travail et à l'emploi des bois, la *menuiserie*, la *charpenterie*, la *marquetterie*, la *tabletterie*, etc., et ainsi de toutes les autres matières, et de tous les autres arts, qui sont au nombre de plus de deux cent cinquante. On a vu dans le *Discours préliminaire* comment nous nous sommes proposé de traiter de chacun.

Voilà tout l'*historique* de la connaissance humaine ; ce qu'il en faut rapporter à la *mémoire ;* et ce qui doit être la matière première du philosophe.

RAISON, *D'OÙ* PHILOSOPHIE

La PHILOSOPHIE, ou la portion de la connaissance humaine qu'il faut rapporter à la raison, est très étendue. Il n'est presque aucun objet aperçu par les sens, dont la réflexion n'ait fait une science. Mais dans la multitude de ces objets, il y en a quelques-uns qui se font remarquer par leur importance, *quibus abscinditur infinitum*, et auxquels on peut rapporter toutes les Sciences. Ces chefs sont *Dieu*, à la connaissance duquel l'homme s'est élevé par la réflexion sur l'histoire naturelle et sur l'histoire sacrée ; l'*homme*, qui est sûr de son existence par conscience ou sens interne ; la *nature*, dont l'homme a appris l'histoire par l'usage des sens extérieurs. *Dieu*, l'*homme* et la *nature*, nous fourniront donc une distribution générale de la *philosophie* ou de la *Science* (car ces mots sont synonymes) ; et la *philosophie* ou *Science*, sera *Science de Dieu*, *Science de l'homme*, et *Science de la nature*.

PHILOSOPHIE OU SCIENCE

I. Science de Dieu. — II. Science de l'homme. — III. Science de la nature.

I. Le progrès naturel de l'esprit humain est de s'élever des individus aux espèces, des espèces aux genres, des genres prochains aux genres éloignés, et de former à chaque pas une Science ; ou du moins d'ajouter une branche nouvelle à quelque Science déjà formée ; ainsi la notion d'une intelligence incréée et infinie, etc., que nous rencontrons dans la nature, et que l'histoire sacrée nous annonce, et celle d'une intelligence créée, finie, et unie à un corps que nous apercevons dans l'homme et que nous supposons dans la brute, nous ont conduits à la notion d'une Intelligence créée, finie, qui n'aurait point de corps ; et de là, à la notion générale de l'Esprit. De plus les propriétés générales des êtres, tant spirituels que corporels, étant l'*existence*, la *possibilité*, la *durée*, la *substance*, l'*attribut*, etc., on a examiné ces propriétés, et on en a formé l'*Ontologie*, ou *Science de l'être en général*. Nous avons donc eu dans un ordre renversé, d'abord l'*Ontologie*; ensuite la *Science de l'Esprit*, ou la *Pneumatologie*, ou ce qu'on appelle communément *Métaphysique particulière* : et cette Science s'est distribuée en *Science de Dieu*, ou *Théologie naturelle*, qu'il a plu à Dieu de rectifier et de sanctifier par la *Révélation*, d'où *Religion* et *Théologie proprement dite*; d'où par abus, *Superstition*. En *doctrine des Esprits bien et malfaisants*, ou des *Anges* et des *Démons*; d'où *Divination* et la chimère de la *Magie noire*. En *Science de l'âme*, qu'on a sous-divisée en *Science de l'âme raisonnable* qui conçoit, et en *Science de l'âme sensitive* qui se borne aux sensations.

II. *Science de l'homme*. La distribution de la Science de l'homme nous est donnée par celle de ses facultés. Les facultés principales de l'homme sont l'*entendement* et la *volonté*; l'*entendement*, qu'il faut diriger à la *vérité*; la *volonté*, qu'il faut plier à la *vertu*. L'un est le but de la *logique*, l'autre est celui de la *morale*.

La *logique* peut se distribuer en *art de penser*, en *art de retenir ses pensées*, et en *art de les communiquer*.

L'*art de penser* a autant de branches que l'entendement a d'opérations principales. Mais on distingue dans l'entendement quatre opérations principales, l'*appréhension*, le *jugement*, le *raisonnement*, et la *méthode*. On peut rapporter à l'*appréhension*, la *doctrine des idées* ou *perceptions*; au *jugement*, celle des *propositions*; au *raisonnement* et à la *méthode*, celle de l'*induction* et de la *démonstration*.

Mais dans la *démonstration*, ou l'on remonte de la chose à démontrer aux premiers principes; ou l'on descend des premiers principes à la chose à démontrer : d'où naissent l'*analyse* et la *synthèse*.

L'*art de retenir* a deux branches, la *Science de la mémoire même*, et la *Science des suppléments de la mémoire*. La mémoire, que nous avons considérée d'abord comme une faculté purement passive, et que nous considérons ici comme une puissance active que la raison peut perfectionner, est ou *naturelle*, ou *artificielle.* La *mémoire naturelle* est une affection des organes ; l'*artificielle* consiste dans la *prénotion* et dans l'*emblème ;* la *prénotion* sans laquelle rien en particulier n'est présent à l'esprit ; l'*emblème* par lequel l'*imagination* est appelée au secours de la mémoire.

Les *représentations artificielles* sont le *supplément de la mémoire.* L'*écriture* est une de ces représentations : mais on se sert en écrivant, ou de *caractères courants*, ou de *caractères particuliers.* On appelle la collection des premiers, l'*alphabet ;* les autres se nomment *chiffres :* d'où naissent les arts de *lire*, d'*écrire*, de *déchiffrer*, et la Science de l'*orthographe.*

L'*art de transmettre* se distribue en *Science de l'instrument du discours*, et en *Science des qualités du discours.* La Science de l'instrument du discours s'appelle *grammaire.* La Science des qualités du discours, *rhétorique.*

La *grammaire* se distribue en Science des *signes*, de la *prononciation*, de la *construction*, et de la *syntaxe.* Les *signes* sont les sons articulés ; la *prononciation* ou *prosodie*, l'art de les articuler ; la *syntaxe*, l'art de les appliquer aux différentes vues de l'esprit, et la *construction*, la connaissance de l'ordre qu'ils doivent avoir dans le discours, fondé sur l'usage et sur la réflexion. Mais il y a d'autres signes de la pensée que les sons articulés : savoir le *geste* et les *caractères.* Les *caractères* sont ou *idéaux*, ou *hiéroglyphiques*, ou *héraldiques.* *Idéaux*, tels que ceux des Indiens qui marquent chacun une idée, et qu'il faut par conséquent multiplier autant qu'il y a d'êtres réels. *Hiéroglyphiques*, qui sont l'écriture du monde dans son enfance. *Héraldiques*, qui forment ce que nous appelons la *science du blason.*

C'est aussi à l'*art de transmettre*, qu'il faut rapporter la *critique*, la *pédagogique*, et la *philologie.* La *critique* qui restitue dans les auteurs les endroits corrompus, donne des éditions, etc. La *pédagogique* qui traite du choix des études, et de la manière d'enseigner. La *philologie* qui s'occupe de la connaissance de la littérature universelle.

C'est à l'*art d'embellir le discours* qu'il faut rapporter la *versification*, ou le *mécanique de la poésie*. Nous omettrons la distribution de la rhétorique dans ses différentes parties, parce qu'il n'en découle ni science, ni art, si ce n'est peut-être la *pantomime*, du geste ; et du geste et de la voix, la *déclamation*.

La *morale*, dont nous avons fait la seconde partie de la *Science de l'homme*, est ou *générale*, ou *particulière*. Celle-ci se distribue en *jurisprudence naturelle, économique* et *politique*. La *jurisprudence naturelle* est la Science des devoirs de l'homme seul ; l'*économique*, la Science des devoirs de l'homme en famille ; la *politique*, celle des devoirs de l'homme en société. Mais la *morale* serait incomplète, si ces traités n'étaient précédés de celui de la *réalité du bien et du mal moral* ; de la *nécessité de remplir ses devoirs*, d'être *bon, juste, vertueux*, etc., c'est l'objet de la morale générale.

Si l'on considère que les sociétés ne sont pas moins obligées d'être vertueuses que les particuliers, on verra naître les devoirs des sociétés, qu'on pourrait appeler *Jurisprudence naturelle* d'une société ; *Economique* d'une société ; *Commerce intérieur, extérieur, de terre et de mer* ; et *Politique* d'une société.

III. *Science de la Nature*. Nous distribuerons la Science de la Nature en *physique* et *mathématique*. Nous tenons encore cette distribution de la réflexion et de notre penchant à généraliser. Nous avons pris par les sens la connaissance des individus réels : *soleil, lune, Sirius*, etc. Astres ; *air, feu, terre, eau*, etc., Eléments : *pluies, neiges, grêles, tonnerres*, etc., Météores ; et ainsi du reste de l'histoire naturelle. Nous avons pris en même temps la connaissance des abstraits, *couleur, son, saveur, odeur, densité, rareté, chaleur, froid, mollesse, dureté, fluidité, solidité, raideur, élasticité, pesanteur, légèreté*, etc., *figure, distance, mouvement, repos, durée, étendue, quantité, impénétrabilité*.

Nous avons vu par la réflexion que de ces abstraits, les uns convenaient à tous les individus corporels, comme *étendue, mouvement, impénétrabilité*, etc. Nous avons fait l'objet de la *physique générale*, ou métaphysique des corps ; et ces mêmes propriétés, considérées dans chaque individu en particulier, avec les variétés qui les distinguent, comme la *dureté*, le *ressort*, la *fluidité*, etc., sont l'objet de la *physique particulière*.

Une autre propriété plus générale des corps, et que supposent toutes les autres, savoir la *quantité*, a formé l'objet des mathématiques. On appelle *quantité* ou *grandeur* tout ce qui peut être augmenté et diminué.

La *quantité*, objet des *mathématiques*, pouvait être considérée, ou seule et indépendamment des individus réels et des individus abstraits dont on en tenait la connaissance ; ou dans ces individus réels et abstraits ; ou dans leurs effets recherchés d'après des causes réelles ou supposées ; et cette seconde vue de la réflexion a distribué les *mathématiques* en *mathématiques pures, mathématiques mixtes, physico-mathématiques*.

« La *quantité abstraite*, objet des mathématiques pures, est ou *nombrable*, ou *étendue*.

La *quantité abstraite nombrable* est devenue l'objet de l'*arithmétique* ; et la *quantité abstraite étendue*, celui de la *géométrie*.

L'*arithmétique* se distribue en *arithmétique numérique* ou par *chiffres*, et en *algèbre* ou *arithmétique universelle par lettres*, qui n'est autre chose que le calcul des grandeurs en général, et dont les opérations ne sont proprement que des opérations arithmétiques indiquées d'une manière abrégée : car, à parler exactement, il n'y a calcul que de nombres.

L'*algèbre* est *élémentaire*, ou *infinitésimale*, selon la nature des quantités auxquelles on l'applique. L'*infinitésimale* est ou *différentielle* ou *intégrale* : *différentielle*, quand il s'agit de descendre de l'expression d'une quantité finie, ou considérée comme telle, à l'expression de son accroissement, ou de sa diminution instantanée ; *intégrale*, quand il s'agit de remonter de cette expression à la quantité finie même.

La *géométrie*, ou a pour objet primitif les propriétés

du cercle et de la ligne droite, ou embrasse dans ses spéculations toutes sortes de courbes : ce qui la distribue en *élémentaire* et en *transcendante*.

Les *mathématiques mixtes* ont autant de divisions et de sous-divisions, qu'il y a d'êtres réels dans lesquels la *quantité* peut être considérée. La *quantité* considérée dans les corps en tant que mobiles, ou tendant à se mouvoir, est l'objet de la *mécanique*. La *mécanique* a deux branches, la *statique*, et la *dynamique*. La *statique* a pour objet la *quantité* considérée dans les corps en équilibre, et tendant seulement à se mouvoir. La *dynamique* a pour objet la *quantité* considérée dans les corps actuellement mus. La *statique* et la *dynamique* ont chacune deux parties. La *statique* se distribue en *statique proprement dite*, qui a pour objet la *quantité* considérée dans les corps solides en équilibre, et tendant seulement à se mouvoir ; et en *hydrostatique*, qui a pour objet la *quantité* considérée dans les corps fluides en équilibre, et tendant seulement à se mouvoir. La *dynamique* se distribue en *dynamique proprement dite*, qui a pour objet la quantité considérée dans les corps solides actuellement mus ; et en *hydrodynamique*, qui a pour objet la quantité considérée dans les corps fluides actuellement mus. Mais si l'on considère la *quantité* dans les *eaux* actuellement mues, l'*hydrodynamique* prend alors le nom d'*hydraulique*. On pourrait rapporter la *navigation* à l'hydrodynamique, et la *balistique*, ou le jet des bombes, à la mécanique.

La *quantité* considérée dans les mouvements des corps célestes donne l'*astronomie géométrique* ; d'où la *cosmographie* ou *description de l'univers*, qui se divise en *uranographie* ou *description du ciel* ; en *hydrographie* ou *description des eaux* ; et en *géographie* ; d'où encore la *chronologie*, et la *gnomonique* ou l'*art de construire des cadrans*.

La *quantité* considérée dans la lumière donne l'*optique*. Et la *quantité* considérée dans le mouvement de la lumière, les différentes branches d'*optique*. Lumière mue en ligne directe, *optique proprement dite* ; lumière réfléchie dans un seul et même milieu, *catoptrique*; lumière rompue en passant d'un milieu dans un autre, *dioptrique*. C'est à l'*optique* qu'il faut rapporter la *perspective*.

La *quantité* considérée dans le son, dans sa véhémence, son mouvement, ses degrés, ses réflexions, sa vitesse, etc., donne l'*acoustique*.

La *quantité* considérée dans l'air, sa pesanteur, son mouvement, sa condensation, raréfaction, etc., donne la *pneumatique*.

La *quantité* considérée dans la possibilité des événements donne l'*art de conjecturer*; d'où naît l'*analyse des jeux de hasard*.

L'objet des sciences mathématiques étant purement intellectuel, il ne faut pas s'étonner de l'exactitude de ses divisions.

La *physique particulière* doit suivre la même distribution que l'histoire naturelle. De l'histoire, prise par les sens, des *astres*, de leurs *mouvements*, *apparences sensibles*, etc., la réflexion a passé à la recherche de leur origine, des causes de leurs phénomènes, etc., et a produit la science qu'on appelle *astronomie physique*, à laquelle il faut rapporter la *science de leurs influences*, qu'on nomme *astrologie*; d'où l'*astrologie physique*, et la chimère de l'*astrologie judiciaire*. De l'histoire, prise par les sens, des *vents*, des *pluies*, *grêles*, *tonnerres*, etc., la réflexion a passé à la recherche de leurs origines, causes, effets, etc., et a produit la science qu'on appelle *météorologie*.

De l'histoire, prise par les sens, de la *mer*, de la *terre*, des *fleuves*, des *rivières*, des *montagnes*, des *flux* et *reflux*, etc., la réflexion a passé à la recherche de leurs causes, origines, etc., et a donné lieu à la *cosmologie* ou *science de l'univers*, qui se distribue en *uranologie* ou *science du ciel*, en *aérologie* ou *science de l'air*, en *géologie* ou *science des continents*, et en *hydrologie* ou *science des eaux*. De l'histoire des *mines*, prise par les sens, la réflexion a passé à la recherche de leur formation, travail, etc., et a donné lieu à la Science qu'on nomme *minéralogie*. De l'histoire des *Plantes*, prise par les sens, la réflexion a passé à la recherche de leur économie, propagation, culture, végétation, etc., et a engendré la *botanique*, dont l'*agriculture* et le *jardinage* sont deux branches.

De l'histoire des *animaux*, prise par les sens, la réflexion a passé à la recherche de leur conservation, propagation, usage, organisation, etc., et a produit la Science qu'on nomme *zoologie;* d'où sont émanés la *médecine*, la *vétérinaire*, et le *manège;* la *chasse*, la *pêche* et la *fauconnerie;* l'*anatomie simple* et *comparée*. La *médecine* (suivant la division de Boerhaave) ou s'occupe de l'économie du corps humain et *raisonne* son anatomie, d'où naît la *physiologie;* ou s'occupe de la manière de le garantir des maladies, et s'appelle *hygiène;* ou considère le corps malade, et traite des causes, des différences, et des symptômes des maladies, et s'appelle *pathologie;* ou a pour objet les signes de la vie, de la santé, et des maladies, leur diagnostic et pronostic, et prend le nom de *séméiotique;* ou enseigne l'art de guérir, et se sous-divise en *diète*, *pharmacie* et *chirurgie*, les trois branches de la *thérapeutique*.

L'*hygiène* peut se considérer relativement à la *santé* du corps, à sa *beauté*, et à ses *forces;* et se sous-diviser en *hygiène proprement dite*, en *cosmétique*, et en *athlétique*. La *cosmétique* donnera l'*orthopédie* ou l'*art de procurer aux membres une belle conformation;* et l'*athlétique* donnera la *gymnastique*, ou l'*art de les exercer*.

De la connaissance expérimentale ou de l'histoire prises par les sens, des *qualités extérieures sensibles*, *apparentes*, etc., de *corps naturels*, la réflexion nous a conduits à la recherche artificielle de leurs propriétés intérieures et occultes; et cet art s'est appelé *chimie*. La *chimie* est imitatrice et rivale de la nature : son objet est presque aussi étendu que celui de la nature même; ou elle *décompose* les êtres; ou elle les *revivifie*, ou elle les *transforme*, etc.

La *chimie* a donné naissance à l'*alchimie* et à la *magie naturelle*. La *métallurgie* ou l'*art de traiter les métaux en grand* est une branche importante de la *chimie*. On peut encore rapporter à cet art la *teinture*.

La nature a ses écarts, et la raison ses abus. Nous avons rapporté les *monstres* aux écarts de la nature ; et c'est à l'abus de la raison qu'il faut rapporter toutes les sciences et tous les arts, qui ne montrent que l'avidité, la méchanceté, la superstition de l'homme, et qui le déshonorent.

Voilà tout le *philosophique* de la connaissance humaine, et ce qu'il en faut rapporter à la raison.

IMAGINATION, *D'OÙ* POÉSIE

L'*histoire* a pour objet les individus réellement existants, ou qui ont existé ; et la poésie, les individus imaginés à l'imitation des êtres historiques. Il ne serait donc pas étonnant que la poésie suivit une des distributions de l'histoire. Mais les différents genres de poésie, et la différence de ses sujets, nous en offrent deux distributions très naturelles. Ou le sujet d'un poème est *sacré*, ou il est *profane* : ou le poète raconte des choses passées, ou il les rend présentes, en les mettant en action ; ou il donne du corps à des êtres abstraits et intellectuels. La première de ces poésies sera *narrative* ; la seconde, *dramatique* ; la troisième, *parabolique*. Le *poème épique*, le *madrigal*, l'*épigramme*, etc., sont ordinairement de poésie *narrative*. La *tragédie*, la *comédie*, l'*opéra*, l'*églogue*, etc., de poésie *dramatique* ; et les *allégories*, etc., de poésie *parabolique*.

POÉSIE

I. Narrative. — II. Dramatique. —
III. Parabolique.

Nous n'entendons ici par *poésie* que ce qui est fiction. Comme il peut y avoir versification sans poésie, et poésie sans versification, nous avons cru ne devoir regarder la *versification* que comme une qualité du style, et la renvoyer à l'art oratoire. En revanche, nous rapporterons l'*architecture*, la *musique*, la *peinture*, la *sculpture*, la *gravure*, etc., à la poésie ; car il n'est pas moins vrai de dire du peintre qu'il est un poète, que du poète qu'il est un peintre, et du sculpteur ou graveur, qu'il est un peintre en relief ou en creux, que du musicien qu'il est un peintre par les sons. Le *poète*, le *musicien*, le *peintre*, le *sculpteur*, le *graveur*, etc., imitent ou contrefont la nature ; mais l'un emploie le *discours ;* l'autre, les *couleurs ;* le *troisième*, le *marbre*, l'*airain*, etc., et le dernier l'*instrument* ou la *voix*. La *musique* est *théorique* ou *pratique ; instrumentale* ou *vocale*. A l'égard de l'*architecte*, il n'imite la nature qu'imparfaitement par la symétrie de ses ouvrages. (Voyez le Discours préliminaire.)

La poésie a ses monstres comme la nature ; il faut mettre de ce nombre toutes les productions de l'imagination déréglée, et il peut y avoir de ces productions en tous genres.

Voilà toute la *partie poétique* de la connaissance humaine, ce qu'on en peut rapporter à l'*imagination*, et la fin de notre distribution généalogique (ou si l'on veut mappemonde) des sciences et des arts, que nous craindrions peut-être d'avoir trop détaillée, s'il n'était de la dernière importance de bien connaître nous-mêmes, et d'exposer clairement aux autres, l'objet d'une ENCYCLOPÉDIE.

(Diderot)

OBSERVATIONS
SUR LA DIVISION DES SCIENCES DU CHANCELIER BACON

I. Nous avons avoué en plusieurs endroits du *Prospectus*, que nous avions l'*obligation principale* de notre arbre encyclopédique au chancelier Bacon. L'éloge qu'on a lu de ce grand homme dans le *Prospectus* paraît même avoir contribué à faire connaître à plusieurs personnes les ouvrages du philosophe anglais. Ainsi, après un aveu aussi formel, il ne doit être permis ni de nous accuser de plagiat, ni de chercher à nous en faire soupçonner.

II. Cet aveu n'empêche pas néanmoins qu'il n'y ait un très grand nombre de choses, surtout dans la branche philosophique, que nous ne devons nullement à Bacon : il est facile au lecteur d'en juger. Mais, pour apercevoir le rapport et la différence des deux arbres, il ne faut pas seulement examiner si on y a parlé des mêmes choses, il faut voir si la disposition est la même. Tous les arbres encyclopédiques se ressemblent nécessairement par la matière ; l'ordre seul et l'arrangement des branches peuvent les distinguer. On trouve à peu près les mêmes noms des sciences dans l'arbre de Chambers et dans le nôtre. Rien n'est cependant plus différent.

III. Il ne s'agit point ici des raisons que nous avons eues de suivre un autre ordre que Bacon. Nous en avons exposé quelques-unes ; il serait trop long de détailler les autres, surtout dans une matière d'où l'arbitraire ne saurait être tout à fait exclu. Quoi qu'il en soit, c'est aux philosophes, c'est-à-dire à un très petit nombre de gens, à nous juger sur ce point.

IV. Quelques divisions, comme celles des mathématiques en pures et en mixtes, qui nous sont communes avec Bacon, se trouvent partout, et sont par conséquent à tout le monde. Notre division de la médecine est de Boerhaave ; on en a averti, dans le *Prospectus*.

V. Enfin, comme nous avons fait quelques changements à l'arbre du *Prospectus*, ceux qui voudront comparer cet arbre du *Prospectus* avec celui de Bacon, doivent avoir égard à ces changements.

VI. Voilà les principes d'où il faut partir pour faire le parallèle des deux arbres avec un peu d'équité et de philosophie.

SYSTÈME GÉNÉRAL
DE LA CONNAISSANCE HUMAINE,
SUIVANT LE CHANCELIER BACON

Division générale de la science humaine en *Histoire*, *Poésie* et *Philosophie*, selon les trois facultés de l'entendement, *mémoire, imagination, raison*.

Bacon observe que cette division peut aussi s'appliquer à la théologie. On avait suivi dans un endroit du Prospectus *cette dernière idée : mais on l'a abandonnée depuis, parce qu'elle a paru plus ingénieuse que solide.*

I. Division de l'*histoire* en *naturelle* et *civile*.
L'histoire naturelle se divise en histoire des *productions de la nature*, histoire des *écarts de la nature*, histoire des *emplois de la nature* ou des *arts*.

Seconde division de l'histoire naturelle tirée de *sa fin* et de *son usage* en *histoire proprement dite* et *histoire raisonnée.*

Division des productions de la nature en *histoire des choses célestes,* des *météores,* de l'*air,* de la *terre* et de la *mer,* des *éléments,* des *espèces particulières d'individus.*

Division de l'histoire civile en *ecclésiastique,* en *littéraire* et en *civile* proprement dite.

Première division de l'histoire civile proprement dite en *mémoires, antiquités,* et *histoire complète.*

Division de l'histoire complète en *chroniques, vies* et *relations.*

Division de l'histoire des temps en *générale* et en *particulière.*

Autre division de l'histoire des temps en *annales* et *journaux.*

Seconde division de l'histoire civile en *pure* et en *mixte.*

Division de l'histoire ecclésiastique en *histoire ecclésiastique particulière, histoire des prophéties,* qui contient la prophétie et l'accomplissement, et *histoire* de ce que Bacon appelle *Némésis* ou la *Providence,* c'est-à-dire de l'accord qui se remarque quelquefois entre la volonté révélée de Dieu et sa volonté secrète.

Division de la partie de l'histoire qui roule sur les *dits notables* des hommes, en *lettres* et *apophtegmes.*

II. Division de la poésie en *narrative, dramatique,* et *parabolique.*

III. Division générale de la science en *théologie sacrée* et *philosophie.*

Division de la philosophie en *science de Dieu, science de la nature, science de l'homme.*

Philosophie première ou *science des axiomes,* qui s'étend à toutes les branches de la philosophie. Autre branche de cette philosophie première, qui traite des qualités *transcendantes* des êtres, *peu, beaucoup, semblable, différent, être, non-être,* etc.

Science des anges et des esprits, suite de la science de Dieu, ou *théologie naturelle*.

Division de la science de la nature ou philosophie naturelle en *spéculative* et *pratique*.

Division de la science spéculative de la nature en *physique particulière* et *métaphysique*; la première ayant pour objet la cause efficiente et la matière; et la métaphysique, la cause finale et la forme.

Division de la physique en *science des principes des choses, science de la formation des choses* ou *du monde*, et *science de la variété des choses*.

Division de la science de la variété des choses en *science des concrets*, et *science des abstraits*.

Division de la science des concrets dans les mêmes branches que l'histoire naturelle.

Division de la science des abstraits en *science des propriétés particulières des différents corps*, comme *densité, légèreté, pesanteur, élasticité, mollesse*, etc., et *science des mouvements* dont le chancelier Bacon fait une énumération assez longue, conformément aux idées des scolastiques.

Branches de la philosophie spéculative, qui consistent dans les *problèmes naturels*, et les *sentiments des anciens philosophes*.

Division de la métaphysique en *sciences des formes*, et *science des causes finales*.

Division de la science pratique de la nature en *mécanique* et *magie naturelle*.

Branches de la science pratique de la nature, qui consistent dans le *dénombrement des richesses humaines, naturelles*, ou *artificielles*, dont les hommes jouissent et dont ils ont joui, et le *catalogue des polychrestes*.

Branche considérable de la philosophie naturelle, tant spéculative que pratique, appelée *mathématiques*.
Division des mathématiques en *pures* et en *mixtes*.
Division des mathématiques pures en *géométrie* et *arithmétique*. Division des mathématiques mixtes en *perspective, musique, astronomie, cosmographie, architecture, science des machines*, et quelques autres.

Division de la science de l'homme en *science de l'homme* proprement dite, et science civile.

Division de la science de l'homme en *science du corps humain* et *science de l'âme humaine*.

Division de la science du corps humain en *médecine, cosmétique, athlétique*, et *science des plaisirs des sens*.

Division de la médecine en trois parties, *art de conserver la santé, art de guérir les maladies, art de prolonger la vie. Peinture, musique*, etc., branche de la science des plaisirs.

Division de la science de l'âme en science du *souffle divin*, d'où est sortie l'âme *raisonnable*, et science de l'âme *irrationnelle*, qui nous est commune avec les brutes, et qui est produite du limon de la terre.

Autre division de la science de l'âme en *science de la substance de l'âme, science de ses facultés*, et *science de l'usage* et *de l'objet de ses facultés :* de cette dernière résultent la *divination naturelle* et *artificielle*, etc.

Division des facultés de l'âme sensible, en *mouvement* et *sentiment*.

Division de la science de l'usage et de l'objet des facultés de l'âme en *logique* et *morale*.

Division de la logique en *art d'inventer, de juger, de retenir et de communiquer*.

Division de l'art d'inventer en *invention des sciences* ou *des arts*, et *invention des arguments*.

Division de l'art de juger en *jugement par induction*, et *jugement par syllogisme*.

Division de l'art du syllogisme en *analyse* et *principes* pour démêler facilement le vrai du faux. *Science de l'analogie*, branche de l'art de juger.

Division de l'art de retenir en science de *ce qui peut aider la mémoire*, et science de la *mémoire même*.

Division de la science de la mémoire en *prénotion* et *emblème*.

Division de la science de communiquer en *science de l'instrument du discours, science de la méthode du discours*, et *science des ornements du discours*, ou *rhétorique*.

Division de la science de l'instrument du discours en

science générale des signes, et en *grammaire*, qui se divise en *science du langage* et *science de l'écriture*.

Division de la science des signes en *hiéroglyphes* et *gestes*, et en *caractères réels*.

Seconde division de la grammaire en *littéraire* et *philosophique*.

Art de la versification et *prosodie*, branches de la science du langage.

Art de déchiffrer, branche de l'art d'écrire.

Critique et *pédagogie*, branches de l'art de communiquer.

Division de la morale en *science de l'objet* que l'âme doit se proposer, c'est-à-dire du bien moral, et *science de la culture de l'âme*. L'auteur fait à ce sujet beaucoup de divisions qu'il est inutile de rapporter.

Division de la science civile en *science de la conversation, science des affaires*, et *science de l'état*. Nous en omettons les divisions.

L'auteur finit par quelques réflexions sur l'usage de la *théologie sacrée*, qu'il ne divise en aucunes branches.

Voilà dans son ordre naturel, et sans démembrement ni mutilation, l'arbre du chancelier Bacon. On voit que l'article de la *logique* est celui où nous l'avons le plus suivi, encore avons-nous cru devoir y faire plusieurs changements. Au reste, nous le répétons, c'est aux philosophes à nous juger sur ces changements que nous avons faits : nos autres lecteurs prendront sans doute peu de part à cette question, qu'il était pourtant nécessaire d'éclaircir ; et ils ne se souviendront que de l'aveu formel que nous avons fait dans le *Prospectus*, d'avoir l'*obligation principale* de notre arbre au chancelier Bacon ; aveu qui doit nous concilier tout juge impartial et désintéressé.

(Diderot)

ENTENDEMENT

MÉMOIRE

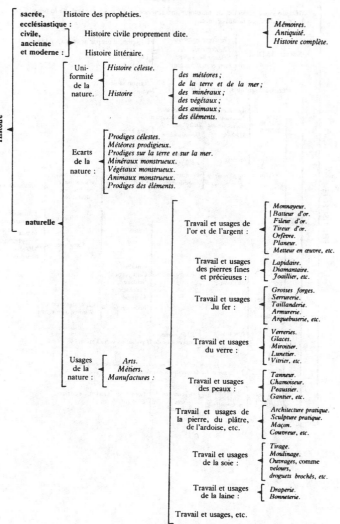

Histoire

- sacrée, ecclésiastique : Histoire des prophéties.
- civile, ancienne et moderne :
  - Histoire civile proprement dite.
    - *Mémoires.*
    - *Antiquité.*
    - *Histoire complète.*
  - Histoire littéraire.
- naturelle
  - Uniformité de la nature.
    - *Histoire céleste.*
    - *Histoire*
      - *des météores ;*
      - *de la terre et de la mer ;*
      - *des minéraux ;*
      - *des végétaux ;*
      - *des animaux ;*
      - *des éléments.*
  - Écarts de la nature :
    - *Prodiges célestes.*
    - *Météores prodigieux.*
    - *Prodiges sur la terre et sur la mer.*
    - *Minéraux monstrueux.*
    - *Végétaux monstrueux.*
    - *Animaux monstrueux.*
    - *Prodiges des éléments.*
  - Usages de la nature : *Arts. Métiers. Manufactures :*
    - Travail et usages de l'or et de l'argent :
      - *Monnayeur.*
      - *Batteur d'or.*
      - *Fileur d'or.*
      - *Tireur d'or.*
      - *Orfèvre.*
      - *Planeur.*
      - *Metteur en œuvre, etc.*
    - Travail et usages des pierres fines et précieuses :
      - *Lapidaire.*
      - *Diamantaire.*
      - *Joaillier, etc.*
    - Travail et usages Ju fer :
      - *Grosses forges.*
      - *Serrurerie.*
      - *Taillanderie.*
      - *Armurerie.*
      - *Arquebuserie, etc.*
    - Travail et usages du verre :
      - *Verreries.*
      - *Glaces.*
      - *Miroitier.*
      - *Lunetier.*
      - *Vitrier, etc.*
    - Travail et usages des peaux :
      - *Tanneur.*
      - *Chamoiseur.*
      - *Peaussier.*
      - *Ganter, etc.*
    - Travail et usages de la pierre, du plâtre, de l'ardoise, etc.
      - *Architecture pratique.*
      - *Sculpture pratique.*
      - *Maçon.*
      - *Couvreur, etc.*
    - Travail et usages de la soie :
      - *Tirage.*
      - *Moulinage.*
      - *Ouvrages, comme velours, droguets brochés, etc.*
    - Travail et usages de la laine :
      - *Draperie.*
      - *Bonneterie.*
    - Travail et usages, etc.

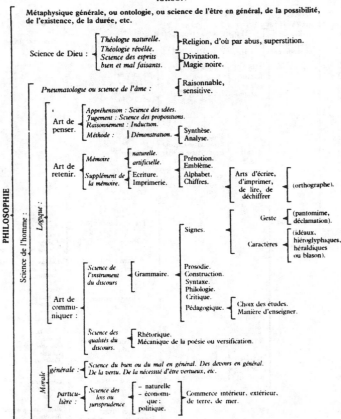

PHILOSOPHIE

Métaphysique générale, ou ontologie, ou science de l'être en général, de la possibilité, de l'existence, de la durée, etc.

Science de l'homme :

Science de Dieu : Théologie naturelle. → Religion, d'où par abus, superstition.
Théologie révélée. Science des esprits → Divination.
bien et mal faisants. Magie noire.

Pneumatologie ou science de l'âme : → Raisonnable, sensitive.

Logique :

Art de penser.
Appréhension : Science des idées.
Jugement : Science des propositions.
Raisonnement : Induction.
Méthode : Démonstration. → Synthèse. Analyse.

Art de retenir.
Mémoire → naturelle. artificielle. → Prénotion. Emblème.
Supplément de la mémoire. → Ecriture. Imprimerie. → Alphabet. Chiffres. → Arts d'écrire, d'imprimer, de lire, de déchiffrer → (orthographe).

Signes. → Geste → (pantomime, déclamation).
Caractères → (idéaux, hiéroglyphiques, héraldiques ou blason).

Art de communiquer :
Science de l'instrument du discours → Grammaire. → Prosodie. Construction. Syntaxe. Philologie. Critique. Pédagogique. → Choix des études. Manière d'enseigner.
Science des qualités du discours. → Rhétorique. Mécanique de la poésie ou versification.

Morale :
générale : Science du bien ou du mal en général. Des devoirs en général. De la vertu. De la nécessité d'être vertueux, etc.
particulière : Science des lois ou jurisprudence → – naturelle. – économique : politique. → Commerce intérieur, extérieur, de terre, de mer.

ENTENDEMENT

RAISON

Métaphysique des corps, ou physique générale. De l'étendue, de l'impénétrabilité, du mouvement, du vide, etc.

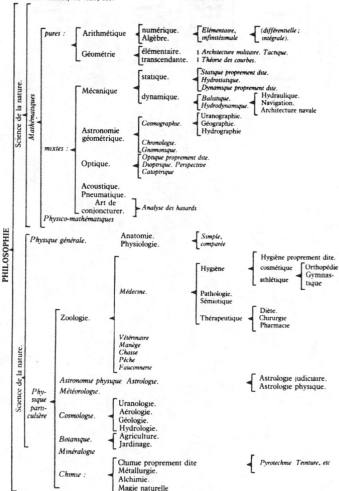

ENTENDEMENT

IMAGINATION

(Diderot)

AVERTISSEMENT DES ÉDITEURS
(VOLUME III)

. . . .

Entrons présentement dans quelque détail sur ce troisième volume, ou plutôt sur ce dictionnaire en général. On doit le considérer sous deux points de vue, eu égard aux matières qu'il traite, et aux personnes à qui il est principalement destiné. Comme ces deux points de vue sont relatifs l'un à l'autre, nous croyons ne devoir point les séparer.

Les matières que ce dictionnaire doit renfermer sont de deux espèces ; savoir, les connaissances que les hommes acquièrent par la lecture et par la société, et celles qu'ils se procurent à eux-mêmes par leurs propres réflexions ; c'est-à-dire en deux mots, la science des faits et celle des choses. Quand on les considère sans aucune attention au rapport mutuel qu'elles doivent avoir, la première de ces deux sciences est fort inutile et fort étendue, la seconde fort nécessaire et fort bornée, tant la nature nous a traités peu favorablement. Il est vrai qu'elle nous a donné de quoi nous dédommager jusqu'à un certain point par l'analogie et la liaison que nous pouvons mettre entre la science des faits et celle des choses ; c'est surtout relativement à celle-ci que l'*Encyclopédie* doit envisager celle-là. Réduit à la science des choses, ce dictionnaire n'eût été presque rien ; réduit à celle des faits, il n'eût été dans sa plus grande partie qu'un champ vide et stérile : soutenant et éclairant l'une par l'autre, il pourra être utile sans être immense.

Tel était le plan du dictionnaire anglais de Chambers, plan que toute l'Europe savante nous paraît avoir approuvé, et auquel il n'a manqué que l'exécution. En tâchant d'y suppléer, nous avons averti du soin que nous aurions de nous conformer au plan, parce qu'il nous paraissait le meilleur qu'on pût suivre. C'est dans cette vue que l'on a cru devoir exclure de cet ouvrage une multitude de noms propres qui n'auraient fait que le grossir assez inutilement; que l'on a conservé et complété plusieurs articles d'histoire et de mythologie, qui ont paru nécessaires pour la connaissance des différentes sectes de philosophes, des différentes religions, de quelques usages anciens et modernes; et qui d'ailleurs donnent souvent occasion à des réflexions philosophiques, pour lesquelles le public semble avoir aujourd'hui plus de goût que jamais : aussi est-ce principalement par l'esprit philosophique que nous tâcherons de distinguer ce dictionnaire. C'est par là surtout qu'il obtiendra les suffrages auxquels nous sommes le plus sensibles.

Ainsi quelques personnes ont été étonnées sans raison de trouver ici des articles pour les *philosophes* et non pour les *Pères* de l'Eglise; il y a une grande différence entre les uns et les autres. Les premiers ont été créateurs d'opinions, quelquefois bonnes, quelquefois mauvaises, mais dont notre plan nous oblige à parler : on n'a rappelé qu'en peu de mots et par occasion quelques circonstances de leur vie; on a fait l'histoire de leurs pensées plus que de leurs personnes. Les Pères de l'Eglise au contraire, chargés du dépôt précieux et inviolable de la foi et de la tradition, n'ont pu ni dû rien apprendre de nouveau aux hommes sur les matières importantes dont ils se sont occupés. Ainsi la doctrine de S. Augustin, qui n'est autre que celle de l'Eglise, se trouvera aux articles PRÉDESTINATION, GRACE, PÉLAGIANISME; mais comme évêque d'Hippone, fils de sainte Monique, et Saint lui-même, sa place est au Martyrologe, et préférable à tous égards à celle qu'on aurait pu lui donner dans l'*Encyclopédie*.

On ne trouvera donc dans cet ouvrage, comme un journaliste l'a subtilement observé, ni la *vie des Saints*, que M. Baillet a suffisamment écrite, et qui n'est point de notre objet ; ni la *généalogie des grandes maisons,* mais la généalogie des sciences, plus précieuse pour qui sait penser ; ni les aventures peu intéressantes des littérateurs anciens et modernes, mais le fruit de leurs travaux et de leurs découvertes ; ni la description détaillée de chaque village, telle que certains érudits prennent la peine de la faire aujourd'hui, mais une notice du commerce des provinces et des villes principales, et des détails curieux sur leur histoire naturelle ; ni les *conquérants* qui ont désolé la terre, mais les génies immortels qui l'ont éclairée ; ni enfin une foule de *souverains* que l'histoire aurait dû proscrire. Le nom même des princes et des grands n'a droit de se trouver dans l'*Encyclopédie,* que par le bien qu'ils ont fait aux sciences ; parce que l'*Encyclopédie* doit tout aux talents, rien aux titres, et qu'elle est l'histoire de l'esprit humain, et non de la vanité des hommes.

. . . .

Si nous avons quelque chose à nous reprocher, c'est peut-être d'avoir suivi trop exactement le plan de Chambers, surtout par rapport à l'histoire, et de n'avoir pas toujours été assez courts sur cet article. Il y a beaucoup d'apparence que plus ce dictionnaire se perfectionnera, plus il perdra du côté des simples faits, et plus il gagnera au contraire du côté des choses, ou du moins du côté des faits qui y mènent.

Il pourra, par exemple, être fort riche en physique générale et en chimie, du moins quant à la partie qui regarde les observations et l'expérience ; car, pour ce qui concerne les causes, il ne saurait être au contraire trop réservé et trop sage ; et la devise de Montaigne [1] à la tête de presque tous les articles de ce genre, serait

---

1. Que sais-je ?

ordinairement très bien placée. On ne se refusera
pourtant pas aux conjectures, surtout dans les articles
dont l'objet est utile ou nécessaire, comme la médecine, où l'on est obligé de conjecturer, parce que la
nature force d'agir en ne permettant presque pas de
voir. La métaphysique des sciences, car il n'en est
point qui n'ait la sienne, fondée sur des principes
simples et sur des notions communes à tous les
hommes, fera, nous l'espérons, un des principaux
mérites de cet ouvrage. Celle de la Grammaire surtout,
et celle de la géométrie sublime seront exposées avec
une clarté qui ne laissera rien à désirer, et que peut-être
elles attendent encore. A l'égard de la métaphysique
proprement dite, sur laquelle on croit s'être trop
étendu dans les premiers volumes, elle sera réduite,
dans les suivants à ce qu'elle contient de vrai et d'utile,
c'est-à-dire à très peu de chose. Enfin dans la partie des
arts, si étendue, si délicate, si importante, et si peu
connue, l'*Encyclopédie* commencera ce que les générations suivantes finiront ou perfectionneront. Elle fera
l'histoire des richesses de notre siècle en ce genre ; elle
la fera à ce siècle qui l'ignore, et aux siècles à venir,
qu'elle mettra sur la voie pour aller plus loin. Les arts,
ces monuments précieux de l'industrie humaine, n'auront plus à craindre de se perdre dans l'oubli ; les faits
ne seront plus ensevelis dans les ateliers et dans les
mains des artistes ; ils seront dévoilés au philosophe, et
la réflexion pourra enfin éclairer et simplifier une
pratique aveugle.
. . . .
    Un autre inconvénient que nous avons dû éviter
encore, c'est d'être trop étendus sur chacune des
différentes sciences qui doivent entrer dans ce dictionnaire, ou de l'être trop sur quelques-unes aux dépens
des autres. Le volume, si on peut ainsi parler, que
chaque science occupe ici, doit être proportionné tout à
la fois, et à l'étendue de cette science, et à celle du plan
que nous nous proposons. L'*Encyclopédie* satisfera
suffisamment à chacun de ces deux points, si on y

trouve les principes fondamentaux bien développés, les détails essentiels bien exposés et bien rapprochés des principes, des vues neuves quelquefois soit sur les principes, soit sur les détails, et l'indication des sources auxquelles on doit recourir pour s'instruire plus à fond. Nous n'ignorons pas cependant que sur cet article il nous sera toujours impossible de satisfaire pleinement les divers ordres de lecteurs. Le littérateur trouvera dans l'*Encyclopédie* trop peu d'érudition, le courtisan trop de morale, le théologien trop de mathématique, le mathématicien trop de théologie, l'un et l'autre trop de jurisprudence et de médecine. Mais nous devons faire observer que ce dictionnaire est une espèce d'ouvrage cosmopolite, qui se ferait tort à lui-même par quelque préférence et prédilection marquée ; nous croyons qu'il doit suffire à chacun de trouver dans l'*Encyclopédie* la science dont il s'occupe, discutée et approfondie sans préjudice des autres, dont il sera peut-être bien aise de se procurer une connaissance plus ou moins étendue. A l'égard de ceux que ce plan ne satisfera pas, nous les renverrons pour dernière réponse à l'apologue si sage de Malherbe à Racan[1].

L'Empire des sciences et des arts est un palais irrégulier, imparfait, et en quelque manière monstrueux, où certains morceaux se font admirer par leur magnificence, leur solidité et leur hardiesse ; où d'autres ressemblent encore à des masses informes ; où d'autres enfin, que l'art n'a pas même ébauchés, attendent le génie ou le hasard. Les principales parties de cet édifice sont élevées par un petit nombre de grands hommes, tandis que les autres apportent quelques matériaux, ou se bornent à la simple description. Nous tâcherons de réunir ces deux derniers objets ; de tracer le plan du temple, et de remplir en même temps quelques vides. Nous en laisserons beaucoup d'autres à

1. *Voyez* les Fables de La Fontaine, *liv.* III, *fable* I.

remplir ; nos descendants s'en chargeront, et placeront le comble, s'ils l'osent ou s'ils le peuvent.

. . . .

Nous ne demandons qu'à être utiles et oubliés, et en tâchant par notre travail de nous procurer le premier de ces avantages, il serait injuste que nous ne puissions obtenir l'autre. A l'abri des seuls traits vraiment dangereux et vraiment sensibles, que la malignité puisse lancer contre nous, que pourra-t-elle tenter désormais contre deux hommes de lettres, que les réflexions ont accoutumés depuis longtemps à ne craindre ni l'injustice ni la pauvreté ; qui ayant appris par une triste expérience, non à mépriser, mais à redouter les hommes, ont le courage de les aimer, et la prudence de les fuir ; qui se reprocheraient d'avoir mérité des ennemis, mais qui ne s'affligeront point d'en avoir, et qui ne peuvent que plaindre la haine, parce qu'elle ne saurait rien leur enlever qui excite leurs regrets ?

Solon s'exila de sa patrie quand il n'eut plus de bien à lui faire. Nous n'avons pas fait à la nôtre le même bien que ce grand homme fit à la sienne, mais nous lui sommes plus attachés. Résolus de lui consacrer nos veilles (à moins qu'elle ne cesse de le vouloir), nous travaillerons dans son sein à donner à l'Encyclopédie tous les soins dont nous sommes capables, jusqu'à ce qu'elle soit assez heureuse pour passer en de meilleures mains. Après avoir fait l'occupation orageuse et pénible des plus précieuses années de notre vie, elle sera peut-être la consolation des dernières. Puisse-t-elle, quand nos ennemis et nous ne serons plus, être un témoignage durable de nos sentiments et de leur injustice ! Puisse la postérité nous aimer comme gens de bien, si elle ne nous estime pas comme gens de lettres. Puisse enfin le public, satisfait de notre docilité, se charger lui-même de répondre à tout ce qu'on pourra faire, dire ou écrire contre nous ! C'est un soin dont nous nous reposerons dans la suite sur nos lecteurs et sur notre ouvrage. Souvenons-nous, dit l'un des plus beaux génies qu'ait jamais eus notre nation[1], de la fable du Bocalini : « Un voyageur était importuné du bruit des cigales ; il voulut les tuer, et ne fit que s'écarter de sa route : il n'avait qu'à continuer paisiblement son chemin, les cigales seraient mortes d'elles-mêmes au bout de huit jours. »

(D'Alembert)

1. Préface d'Alzire.

AVERTISSEMENT (VOLUME VIII)

Lorsque nous commençâmes à nous occuper de cette entreprise, la plus vaste peut-être qu'on ait jamais conçue en littérature, nous ne nous attendions qu'aux difficultés qui naîtraient de l'étendue et de la variété de son objet; mais ce fut une illusion passagère, et nous ne tardâmes pas à voir la multitude des obstacles physiques que nous avions pressentis, s'accroître d'une infinité d'obstacles moraux auxquels nous n'étions nullement préparés. Le monde a beau vieillir, il ne change pas; il se peut que l'individu se perfectionne, mais la masse de l'espèce ne devient ni meilleure ni pire; la somme des passions malfaisantes reste la même, et les ennemis de toute chose bonne et utile sont sans nombre aujourd'hui comme autrefois.

De toutes les persécutions qu'ont eu à souffrir dans tous les temps et chez tous les peuples, ceux qui se sont livrés à la séduisante et dangereuse émulation d'inscrire leurs noms dans la liste des bienfaiteurs du genre humain, il n'en est presque aucune qu'on n'ait exercée contre nous. Ce que l'Histoire nous a transmis des noirceurs de l'envie, du mensonge, de l'ignorance, et du fanatisme, nous l'avons éprouvé. Dans l'espace de vingt années consécutives, à peine pouvons-nous compter quelques instants de repos. Après des journées consumées dans un travail ingrat et continu, que de nuits passées dans l'attente des maux que la méchanceté cherchait à nous attirer ! Combien de fois ne nous sommes-nous pas levés incertains, si cédant aux cris de la calomnie, nous ne nous arracherions pas à nos parents, à nos amis, à nos concitoyens, pour aller sous un ciel étranger chercher la tranquillité qui nous était nécessaire, et la protection qu'on nous y offrait ! Mais notre patrie nous était chère, et nous avons toujours attendu que la prévention fît place à la justice. Tel est d'ailleurs le caractère de l'homme qui s'est proposé le bien, et qui s'en rend à lui-même le témoignage, que son courage s'irrite des obstacles qu'on lui oppose, tandis que son innocence lui dérobe ou lui fait mépriser les périls qui le menacent. L'homme de bien est susceptible d'un enthousiasme que le méchant ne connaît pas.

Le sentiment honnête et généreux qui nous a soutenus, nous l'avons aussi rencontré dans les autres. Tous nos collègues se sont empressés à nous seconder ; et c'est lorsque nos ennemis se félicitaient de nous avoir accablés, que nous avons vu des hommes de lettres et des gens du monde qui s'étaient jusqu'alors contentés de nous encourager et de nous plaindre, venir à notre secours et s'associer à nos travaux. Que ne nous est-il permis de désigner à la reconnaissance publique tous ces habiles et courageux auxiliaires ! Mais puisqu'il n'en est qu'un seul que nous ayons la liberté de nommer, tâchons du moins de le remercier dignement. C'est M. le chevalier de Jaucourt.

Si nous avons poussé le cri de joie du matelot, lorsqu'il aperçoit la terre, après une nuit obscure qui l'a tenu égaré entre le ciel et les eaux, c'est à M. le chevalier de Jaucourt que nous le devons. Que n'a-t-il pas fait pour nous, surtout dans ces derniers temps ? Avec quelle constance ne s'est-il pas refusé à des sollicitations tendres et puissantes qui cherchaient à nous l'enlever ? Jamais le sacrifice du repos, de l'intérêt et de la santé ne s'est fait plus entier et plus absolu. Les recherches les plus pénibles et les plus ingrates ne l'ont point rebuté. Il s'en est occupé sans relâche, satisfait de lui-même, s'il pouvait en épargner aux autres le dégoût. Mais c'est à chaque feuille de cet ouvrage à suppléer ce qui manque à notre éloge; il n'en est aucune qui n'atteste et la variété de ses connaissances et l'étendue de ses secours.

Le public a jugé les sept premiers volumes, nous ne demandons pour ceux-ci que la même indulgence. Si l'on ne veut pas regarder ce dictionnaire comme un grand et bel ouvrage, on sera d'accord avec nous, pourvu qu'on ne nous envie pas jusqu'à l'avantage d'en avoir préparé les matériaux. Du point d'où nous sommes partis jusqu'au point où nous sommes arrivés, l'intervalle était immense; et pour atteindre le but que nous avons eu la hardiesse ou la témérité de nous proposer, peut-être ne nous a-t-il manqué que de trouver la chose où nous la laissons; et d'avoir eu à commencer où nous avons fini. Grâce à nos travaux, ceux qui viendront après nous pourront aller plus loin. Sans prononcer sur ce qu'ils auront à faire, nous leur transmettrons du moins le plus beau recueil d'instruments et de machines qui ait existé, avec les planches relatives aux arts mécaniques, la description la plus complète qu'on en ait encore donnée, et sur toutes les sciences une infinité de morceaux précieux. O nos compatriotes et nos contemporains, avec quelque sévérité que vous jugiez cet ouvrage, rappelez-vous qu'il a été entrepris, continué, achevé par un petit nombre d'hommes isolés, traversés dans leurs vues, montrés sous les aspects les plus odieux, calomniés et outragés de la manière la plus atroce, n'ayant d'autre encouragement que l'amour du bien, d'autre appui que quelques suffrages, d'autres secours que ceux qu'ils ont trouvés dans la confiance de trois ou quatre commerçants.

Notre principal objet était de rassembler les découvertes des siècles précédents; sans avoir négligé cette première vue, nous n'exagérerons point en appréciant à plusieurs volumes *in folio* ce que nous avons porté de richesses nouvelles au dépôt des connaissances anciennes. Qu'une révolution dont le germe se forme peut-être dans quelque canton ignoré de la terre, ou se couve secrètement au centre même des contrées policées, éclate avec le temps, renverse les villes, disperse de nouveau les peuples, et ramène l'ignorance et les ténèbres ; s'il se conserve un seul exemplaire entier de cet ouvrage, tout ne sera pas perdu.

On ne pourra du moins nous contester, je pense, que notre travail ne soit au niveau de notre siècle, et c'est quelque chose. L'homme le plus éclairé y trouvera des idées qui lui sont inconnues, et des faits qu'il ignore. Puisse l'instruction générale s'avancer d'un pas si rapide que dans vingt ans d'ici il y ait à peine en mille de nos pages une seule ligne qui ne soit populaire ! C'est aux maîtres du monde à hâter cette heureuse révolution. Ce sont eux qui étendent ou resserrent la sphère des lumières. Heureux le temps où ils auront tous compris que leur sécurité consiste à commander à des hommes instruits ! Les grands attentats n'ont jamais été commis que par des fanatiques aveuglés. Oserions-nous murmurer de nos peines et regretter nos années de travaux, si nous pouvions nous flatter d'avoir affaibli cet esprit de vertige si contraire au repos des sociétés, et d'avoir amené nos semblables à s'aimer, à se tolérer et à reconnaître enfin la supériorité de la morale universelle sur toutes les morales particulières qui inspirent la haine et le trouble, et qui rompent ou relâchent le lien général et commun ?

Tel a été partout notre but. Le grand et rare honneur que nos ennemis auront recueilli des obstacles qu'ils nous ont suscités ! L'entreprise qu'ils ont traversée, avec tant d'acharnement, s'est achevée. S'il y a quelque chose de bien, ce n'est pas eux qu'on en louera, et peut-être les accusera-t-on de ses défauts. Quoi qu'il en soit, nous les invitons à feuilleter ces derniers volumes. Qu'ils épuisent sur eux toute la sévérité de leur critique, et qu'ils versent sur nous toute l'amertume de leur fiel, nous sommes prêts à pardonner cent injures pour une bonne observation. S'ils reconnaissent qu'ils nous ont vus constamment prosternés devant les deux

choses qui font le bonheur des sociétés et les seules qui
soient vraiment dignes d'hommages, la vertu et la
vérité, ils nous trouveront indifférents à toutes leurs
imputations.

Quant à nos collègues, nous les supplions de considérer que les matériaux de ces derniers volumes ont été
rassemblés à la hâte et disposés dans le trouble : que
l'impression s'en est faite avec une rapidité sans
exemple : qu'il était impossible à un homme, quel qu'il
fût, de conserver en une aussi longue révision, toute la
tête qu'exigeait une infinité de matières diverses, et la
plupart très abstraites : et que s'il est arrivé que des
fautes, même grossières, aient défiguré leurs articles,
ils ne peuvent en être ni offensés ni surpris. Mais pour
que la considération dont ils jouissent, et qui doit leur
être précieuse, ne se trouve comprise en aucune
manière, nous consentons que tous les défauts de cette
édition nous soient imputés sans réserve. Après une
déclaration aussi illimitée et aussi précise, si quelques-
uns oubliaient la nécessité où nous avons été de
travailler loin de leurs yeux et de leurs conseils, ce ne
pourrait être que l'effet d'un mécontentement que
nous ne nous sommes jamais proposé de leur donner,
et auquel il nous était impossible de nous soustraire. Et
qu'avions-nous de mieux à faire que d'appeler à notre
secours tous ceux dont l'amitié et les lumières nous
avaient si bien servis ? N'avons-nous pas été cent fois
avertis de notre insuffisance ? Avons-nous refusé de la
reconnaître ? Est-il un seul de nos collègues à qui dans
des temps plus heureux nous n'ayons donné toutes les
marques possibles de déférence ? Nous accusera-t-on
d'avoir ignoré combien leur concours était essentiel à la
perfection de l'ouvrage ? Si l'on nous en accuse, c'est
une dernière peine qui nous était réservée, et à laquelle
il faut encore se résigner.

Si l'on ajoute aux années de notre vie qui s'étaient
écoulées lorsque nous avons projeté cet ouvrage, celles
que nous avons données à son exécution, on concevra
facilement que nous avons plus vécu qu'il ne nous reste

à vivre. Mais nous aurons obtenu la récompense que nous attendions de nos contemporains et de nos neveux, si nous leur faisons dire un jour que nous n'avons pas vécu tout à fait inutilement.

(Diderot)

ARTICLES CHOISIS

A

AGNUS SCYTHICUS (*Hist. nat. bot.*), Kircher est le premier qui ait parlé de cette plante. Je vais d'abord rapporter ce qu'a dit Scaliger pour faire connaître ce que c'est que l'*agnus scythicus*, puis Kempfer et le savant Hans Sloane nous apprendront ce qu'il en faut penser. « Rien, dit Jules César Scaliger, n'est comparable à l'admirable arbrisseau de Scythie. Il croît principalement dans le Zaccolham, aussi célèbre par son antiquité que par le courage de ses habitants. L'on sème dans cette contrée une graine presque semblable à celle du melon, excepté qu'elle est moins oblongue. Cette graine produit une plante d'environ trois pieds de haut, qu'on appelle *Boramets*, ou *agneau*, parce qu'elle ressemble parfaitement à cet animal par les pieds, les ongles, les oreilles et la tête ; il ne lui manque que les cornes, à la place desquelles elle a une touffe de poil. Elle est couverte d'une peau légère dont les habitants font des bonnets. On dit que sa pulpe ressemble à la chair de l'écrevisse de mer, qu'il en sort du sang quand on y fait une incision, et qu'elle est d'un goût extrêmement doux. La racine de la plante s'étend fort loin dans la terre : ce qui ajoute au prodige, c'est qu'elle tire sa nourriture des arbrisseaux circonvoisins, et qu'elle périt lorsqu'ils meurent ou qu'on vient les arracher. Le hasard n'a point de part à cet incident : on lui a causé la mort toutes les fois qu'on l'a privée de la

nourriture qu'elle tire des plantes voisines. Autre
merveille, c'est que les loups sont les seuls animaux
carnassiers qui en soient avides. (Cela ne pouvaient
manquer d'être.) On voit par la suite que Scaliger
n'ignorait sur cette plante que la manière dont les pieds
étaient produits et sortaient du tronc. »

Voilà l'histoire de l'*agnus scythicus,* ou de la plante
merveilleuse de Scaliger, de Kircher, de Sigismond
d'Herberstain, d'Hayton Arménien, de Surius, du
chancelier Bacon (*du chancelier Bacon,* notez bien ce
témoignage), de Fortunius Licetus, d'André Libavius,
d'Eusèbe de Nieremberg, d'Adam Olearius, d'Olaus
Vormius, et d'une infinité d'autres Botanistes.

Serait-il bien possible qu'après tant d'autorités qui
attestent l'existence de l'agneau de Scythie, après le
détail de Scaliger, à qui il ne restait plus qu'à savoir
comment les pieds se formaient, l'agneau de Scythie
fût une fable ? Que croire en histoire naturelle, si cela
est ?

. . . .

M. Hans Sloane dit que l'*agnus scythicus* est une
racine longue de plus d'un pied, qui a des tubérosités,
des extrémités auxquelles sortent quelques tiges longues d'environ trois à quatre pouces, et assez semblables à celles de la fougère, et qu'une grande partie de sa
surface est couverte d'un duvet noir jaunâtre, aussi
luisant que la soie, long d'un quart de pouce, et qu'on
emploie pour le crachement de sang. Il ajoute qu'on
trouve à la Jamaïque plusieurs plantes de fougère qui
deviennent aussi grosses qu'un arbre, et qui sont
couvertes d'une espèce de duvet pareil à celui qu'on
remarque sur nos plantes capillaires ; et qu'au reste il
semble qu'on ait employé l'art pour leur donner la
figure d'un agneau, car les racines ressemblent au
corps, et les tiges aux jambes de cet animal.

Voilà donc tout le merveilleux de l'agneau de Scythie
réduit à rien, ou du moins à fort peu de chose, à une
racine velue à laquelle on donne la figure, ou à peu
près, d'un agneau en la contournant.

Cet article nous fournira des réflexions plus utiles contre la superstition et le préjugé, que le duvet de l'agneau de Scythie contre le crachement de sang. Kircher, et après Kircher, Jules César Scaliger, écrivent une fable merveilleuse ; et ils l'écrivent avec ce ton de gravité et de persuasion qui ne manque jamais d'en imposer. Ce sont des gens dont les lumières et la probité ne sont pas suspectes : tout dépose en leur faveur : ils sont crus ; et par qui ? par les premiers génies de leur temps ; et voilà tout d'un coup une nuée de témoignages plus puissants que le leur qui le fortifient, et qui forment pour ceux qui viendront un poids d'autorité auquel ils n'auront ni la force ni le courage de résister, et l'agneau de Scythie passera pour un être réel. Il faut distinguer les faits en deux classes ; en faits simples et ordinaires, et en faits extraordinaires et prodigieux. Les témoignages de quelques personnes instruites et véridiques suffisent pour les faits simples ; les autres demandent, pour l'homme qui pense, des autorités plus fortes. Il faut en général que les autorités soient en raison inverse de la vraisemblance des faits ; c'est-à-dire d'autant plus nombreuses et plus grandes, que la vraisemblance est moindre.

Il faut subdiviser les faits, tant simples qu'extraordinaires, en transitoires et permanents. Les transitoires, ce sont ceux qui n'ont existé que l'instant de leur durée, les permanents, ce sont ceux qui existent toujours et dont on peut s'assurer en tout temps. On voit que ces derniers sont moins difficiles à croire que les premiers, et que la facilité que chacun a de s'assurer de la vérité ou de la fausseté des témoignages, doit rendre les témoins circonspects, et disposer les autres hommes à les croire.

Il faut distribuer les faits transitoires en faits qui se sont passés dans un siècle éclairé, et en faits qui se sont passés dans les temps de ténèbres et d'ignorance ; et les faits permanents, en faits permanents dans un lieu accessible ou dans un lieu inaccessible.

Il faut considérer les témoignages en eux-mêmes,

puis les comparer entre eux : les considérer en eux-mêmes, pour voir s'ils n'impliquent aucune contradiction, et s'ils sont de gens éclairés et instruits : les comparer entre eux pour découvrir s'ils ne sont point calqués les uns sur les autres, et si toute cette foule d'autorités de Kircher, de Scaliger, de Bacon, de Libavius, de Licetus, d'Eusèbe, etc. ne se réduirait pas par hasard à rien, ou à l'autorité d'un seul homme.

Il faut considérer si les témoins sont oculaires ou non ; ce qu'ils ont risqué pour se faire croire ; quelle crainte ou quelles espérances ils avaient en annonçant aux autres des faits dont ils se disaient témoins oculaires : s'ils avaient exposé leur vie pour soutenir leur déposition, il faut convenir qu'elle acquerrait une grande force ; que serait-ce donc s'ils l'avaient sacrifiée et perdue ?

Il ne faut pas non plus confondre les faits qui se sont passés à la face de tout un peuple, avec ceux qui n'ont eu pour spectateurs qu'un petit nombre de personnes. Les faits clandestins, pour peu qu'ils soient merveilleux, ne méritent presque pas d'être crus : les faits publics, contre lesquels on n'a point réclamé dans le temps, ou contre lesquels il n'y a eu de réclamation que de la part de gens peu nombreux et mal intentionnés ou mal instruits, ne peuvent presque pas être contredits.

Voilà une partie des principes d'après lesquels on accordera ou l'on refusera sa croyance, si l'on ne veut pas donner dans des rêveries, et si l'on aime sincèrement la vérité.

(Diderot)

AGUAXIMA (*Hist. nat. bot.*). Plante du Brésil et des îles de l'Amérique méridionale. Voilà tout ce qu'on nous en dit ; et je demanderais volontiers pour qui de pareilles descriptions sont faites. Ce ne peut être pour les naturels du pays, qui vraisemblablement connaissent plus de caractères de l'*aguaxima*, que cette

AIGLE

233

description n'en renferme, et à qui on n'a pas besoin d'apprendre que l'*aguaxima* naît dans leur pays ; c'est comme si l'on disait à un Français que le poirier est un arbre qui croît en France, en Allemagne, etc. Ce n'est pas non plus pour nous ; car que nous importe qu'il y ait au Brésil un arbre appelé *aguaxima*, si nous n'en savons que le nom ? à quoi sert ce nom ? Il laisse les ignorants tels qu'ils sont ; il n'apprend rien aux autres : s'il m'arrive donc de faire mention de cette plante, et de plusieurs autres aussi mal caractérisées, c'est par condescendance pour certains lecteurs, qui aiment mieux ne rien trouver dans un article de Dictionnaire, ou même n'y trouver qu'une sottise, que de ne point trouver l'article du tout.

(Diderot)

AIGLE, s. m. (*Hist. nat.*).

. . . .

L'Aigle est un oiseau consacré à Jupiter, du jour où ce dieu ayant consulté les augures dans l'île de Naxos, sur le succès de la guerre qu'il allait entreprendre contre les Titans, il parut un *aigle* qui lui fut d'un heureux présage. On dit encore que l'*aigle* lui fournit de l'ambroisie pendant son enfance, et que ce fut pour le récompenser de ce soin qu'il le plaça dans la suite parmi les astres. L'*aigle* se voit dans les images de Jupiter, tantôt aux pieds du dieu, tantôt à ses côtés, et presque toujours portant la foudre entre ses serres. Il y a bien de l'apparence que toute cette fable n'est fondée que sur l'observation du vol de l'*aigle*, qui aime à s'élever dans les nuages les plus hauts, et à se retirer dans la région du tonnerre. C'en fut là tout autant qu'il en fallait pour en faire l'oiseau du dieu du ciel et des airs, et pour lui donner la foudre à porter. Il n'y avait qu'à mettre les Païens en train, quand il fallait honorer leurs dieux : la superstition imagine plutôt les visions les plus extravagantes et les plus grossières, que de rester en repos. Ces visions sont ensuite consacrées par le temps et la crédulité des peuples ; et malheur à celui qui sans être appelé par Dieu au grand et périlleux état de missionnaire, aimera assez peu son repos et connaîtra assez peu les hommes, pour se charger de les instruire. Si vous introduisez un rayon de lumière dans un nid de hibous, vous ne ferez que blesser leurs yeux et exciter leurs cris. Heureux cent fois le peuple à qui la religion ne propose à croire que des choses vraies, sublimes et saintes, et à imiter que des actions vertueuses ; telle est la nôtre, où le Philosophe n'a qu'à suivre sa raison pour arriver aux pieds de nos autels.

(Diderot)

AIUS-LOCUTIUS, *dieu de la parole*, que les Romains honoraient sous ce nom extraordinaire : mais comme il faut savoir se taire, ils avaient aussi le dieu du silence. Lorsque les Gaulois furent sur le point d'entrer en Italie, on entendit sortir du bois de Vesta une voix qui criait : *si vous ne relevez les murs de la ville, elle sera prise*. On négligea cet avis, les Gaulois arrivèrent, et Rome fut prise. Après leur retraite on se rappela l'oracle, et on lui éleva un autel sous le nom dont nous parlons. Il eut ensuite un temple à Rome, dans l'endroit même où il s'était fait entendre la première fois. Cicéron dit au deuxième livre *de la Divination*, que quand ce dieu n'était connu de personne, il parlait : mais qu'il s'était tu depuis qu'il avait un temple et des autels, et que le dieu de la parole était devenu muet aussitôt qu'il avait été adoré. Il est difficile d'accorder la vénération singulière que les païens avaient pour leurs dieux, avec la patience qu'ils ont eue pour les discours de certains philosophes : ces Chrétiens qu'ils ont tant persécutés, disaient-ils rien de plus fort que ce qu'on lit dans Cicéron ? Les livres de la Divination ne sont que des traités d'irréligion. Mais quelle impression devaient faire sur les peuples, ces morceaux d'éloquence où les dieux sont pris à témoin, et sont invoqués ; où leurs menaces sont rappelées, en un mot, où leur existence est supposée ; quand ces morceaux étaient prononcés par des gens dont on avait une foule d'écrits philosophiques, où les dieux et la religion étaient traités de fables ! Ne trouverait-on pas la solution de toutes ces difficultés dans la rareté des manuscrits du temps des anciens ? Alors le peuple ne lisait guère : il entendait les discours de ses orateurs, et ces discours étaient toujours remplis de piété envers les dieux : mais il ignorait ce que l'orateur en pensait et en écrivait dans son cabinet ; ces ouvrages n'étaient qu'à l'usage de ses amis. Dans l'impossibilité où l'on sera toujours d'empêcher les hommes de penser et d'écrire, ne serait-il pas à désirer qu'il en fût parmi nous comme chez les anciens ? Les productions de l'incrédulité ne sont à craindre que pour le peuple et que pour la foi des simples. Ceux qui pensent bien savent à quoi s'en tenir ; et ce ne sera pas une brochure qui les écartera d'un sentier qu'ils ont choisi avec examen, et qu'ils suivent par goût. Ce ne sont pas de petits raisonnements absurdes qui persuadent à un philosophe d'abandonner son Dieu : l'impiété n'est donc à craindre que pour ceux qui se laissent conduire. Mais un moyen d'accorder le respect que l'on doit à la croyance d'un peuple, et au culte national, avec la liberté de penser, qui est si fort à souhaiter pour la découverte de la vérité, et avec la tranquillité publique, sans laquelle il n'y a point de bonheur ni pour le philosophe, ni pour le peuple ; ce serait de défendre tout écrit contre le gouvernement et la religion en langue vulgaire ; de laisser oublier ceux qui écriraient dans une langue savante, et d'en poursuivre les seuls traducteurs. Il me semble qu'en s'y prenant ainsi, les absurdités écrites par les auteurs, ne feraient de mal à personne. Au reste, la liberté qu'on obtiendrait par ce moyen, est la plus grande, à mon avis, qu'on puisse accorder dans une société bien policée. Ainsi partout où l'on n'en jouira pas jusqu'à ce point-là, on n'en sera peut-être pas moins bien gouverné ; mais à coup sûr il y aura un vice dans le gouvernement partout où cette liberté sera plus étendue. C'est là, je crois, le cas des Anglais et des Hollandais : il semble qu'on pense, dans ces contrées, qu'on ne soit pas libre, si l'on ne peut être impunément effréné.

(Diderot)

AME, s.f. (*Ord. encycl. Entend. Rais. Philos. ou Science des Esprits, de Dieu, des Anges, de l'Ame*).

. . . .

Mais de quelque manière que l'on conçoive ce qui pense en nous, il est constant que les fonctions en sont dépendantes de l'organisation, et de l'état actuel de notre corps pendant que nous vivons. Cette dépendance mutuelle du corps et de ce qui pense dans l'homme, est ce qu'on appelle l'*union du corps avec l'âme ;* union que la saine philosophie et la révélation nous apprennent être uniquement l'effet de la volonté libre du Créateur. Du moins n'avons-nous nulle idée immédiate de dépendance, d'union, ni de rapport entre ces deux choses, *corps* et *pensée.* Cette union est donc un fait que nous ne pouvons révoquer en doute, mais dont les détails nous sont absolument inconnus. C'est à la seule expérience à nous les apprendre, et à décider toutes les questions qu'on peut proposer sur cette matière. Une des plus curieuses est celle que nous agitons ici : l'*âme* exerce-t-elle également ses fonctions dans toutes les parties du corps auquel elle est unie ? ou y en a-t-il quelqu'une à laquelle ce privilège soit particulièrement attaché ? S'il y en a une, quelle est cette partie ? C'est la glande pinéale, a dit Descartes ; c'est le centre ovale, a dit Vieussens ; c'est le corps calleux, ont dit Lancisi et M. de La Peyronie. Descartes n'avait pour lui qu'une conjecture, sans autre fondement que quelques convenances : Vieussens a fait un système, appuyé de quelques observations

anatomiques; M. de La Peyronie a présenté le sien
avec des expériences.

. . . .

Voilà donc l'*âme* installée dans le corps calleux,
jusqu'à ce qu'il survienne quelque expérience qui l'en
déplace, et qui réduise les physiologistes dans le cas de
ne savoir plus où la mettre. En attendant, considérons
combien ses fonctions tiennent à peu de chose; une
fibre dérangée; une goutte de sang extravasé; une
légère inflammation; une chute; une contusion : et
adieu le jugement, la raison, et toute cette pénétration
dont les hommes sont si vains : toute cette vanité
dépend d'un filet bien ou mal placé, sain ou malsain.

Après avoir employé tant d'espace à établir la
spiritualité et l'immortalité de l'*âme*, deux sentiments
très capables d'enorgueillir l'homme sur sa condition à
venir; qu'il nous soit permis d'employer quelques
lignes à l'humilier sur sa condition présente par la
contemplation des choses futiles d'où dépendent les
qualités dont il fait le plus de cas. Il a beau faire,
l'expérience ne lui laisse aucun doute sur la connexion
des fonctions de l'*âme*, avec l'état et l'organisation du
corps; il faut qu'il convienne que l'impression inconsi-
dérée du doigt de la sage-femme suffisait pour faire un
sot, de Corneille, lorsque la boîte osseuse qui renferme
le cerveau et le cervelet, était molle comme de la pâte.

. . . .

La nature des aliments influe tellement sur la
constitution du corps, et cette constitution sur les
fonctions de l'*âme*, que cette seule réflexion serait bien
capable d'effrayer les mères qui donnent leurs enfants
à nourrir à des inconnues.

Les impressions faites sur les organes encore tendres
des enfants, peuvent avoir des suites si fâcheuses,
relativement aux fonctions de l'*âme*, que les parents
doivent veiller avec soin, à ce qu'on ne leur donne
aucune terreur panique, de quelque nature qu'elle soit.

Mais voici deux autres faits très propres à démontrer
les effets de l'*âme* sur le corps, et réciproquement les

effets du corps sur l'*âme*. Une jeune fille que ses dispositions naturelles, ou la sévérité de l'éducation, avait jetée dans une dévotion outrée, tomba dans une espèce de mélancolie religieuse. La crainte mal raisonnée qu'on lui avait inspirée du souverain Etre, avait rempli son esprit d'idées noires ; et la suppression de ses règles fut une suite de la terreur et des alarmes habituelles dans lesquelles elle vivait. L'on employa inutilement contre cet accident les emménagogues les plus efficaces et les mieux choisis ; la suppression dura ; elle occasionna des effets si fâcheux, que la vie devint bientôt insupportable à la jeune malade ; et elle était dans cet état, lorsqu'elle eut le bonheur de faire connaissance avec un ecclésiastique d'un caractère doux et liant, et d'un esprit raisonnable, qui, partie par la douceur de sa conversation, partie par la force de ses raisons, vint à bout de bannir les frayeurs dont elle était obsédée, à la réconcilier avec la vie, et à lui donner des idées plus saines de la divinité ; et à peine l'esprit fut-il guéri, que la suppression cessa, que l'embonpoint revint, et que la malade jouit d'une très bonne santé, quoique sa manière de vivre fût exactement la même dans les deux états opposés. Mais comme l'esprit n'est pas moins sujet à des rechutes que le corps ; cette fille étant retombée dans ses premières frayeurs superstitieuses, son corps retomba dans le même dérangement, et la maladie fut accompagnée des mêmes symptômes qu'auparavant. L'ecclésiastique suivit, pour la tirer de là, la même voie qu'il avait employée ; elle lui réussit, les règles reparurent, et la santé revint. Pendant quelques années, la vie de cette jeune personne fut une alternative de superstition et de maladie, de religion et de santé. Quand la superstition dominait, les règles cessaient, et la santé disparaissait ; lorsque la religion et le bon sens reprenaient le dessus, les humeurs suivaient leur cours ordinaire, et la santé revenait.
. . . .

(Diderot)

ANIMAL, s. m. (*Ordre encyclopédique. Entendement. Raison. Philosophie ou science. Science de la nature. Zoologie. Animal.*) Qu'est-ce que l'*animal* ? *Voilà une de ces questions dont on est d'autant plus embarrassé, qu'on a plus de philosophie et plus de connaissance de l'histoire naturelle. Si l'on parcourt toutes les propriétés connues de* l'animal, *on n'en trouvera aucune qui ne manque à quelque être auquel on est forcé de donner le nom* d'animal, *ou qui n'appartienne à un autre auquel on ne peut accorder ce nom. D'ailleurs, s'il est vrai, comme on n'en peut guère douter, que l'univers est une seule et unique machine, où tout est lié, et où les êtres s'élèvent au-dessus ou s'abaissent au-dessous les uns des autres, par des degrés imperceptibles, en sorte qu'il n'y ait aucun vide dans la chaîne, et que le ruban coloré du célèbre père Castel jésuite, où de nuance en nuance on passe du blanc au noir sans s'en apercevoir, soit une image véritable des progrès de la nature ; il nous sera bien difficile de fixer les deux limites entre lesquelles* l'animalité, *s'il est permis de s'exprimer ainsi, commence et finit. Une définition de* l'animal *sera trop générale, ou ne sera pas assez étendue, embrassera des êtres qu'il faudrait peut-être exclure, et en exclura d'autres qu'elle devrait embrasser. Plus on examine la nature, plus on se convainc que pour s'exprimer exactement, il faudrait presque autant de dénominations différentes qu'il y a d'individus, et que c'est le besoin seul qui a inventé les noms généraux ; puisque ces noms généraux sont plus ou moins étendus, ont du sens, ou sont vides de sens, selon qu'on fait plus ou moins de progrès dans l'étude de la nature. Cependant qu'est-ce que* l'animal ? C'est, dit M. de Buffon, Hist. nat. gén. et part., *la matière vivante et organisée qui sent, agit, se meut, se nourrit et se reproduit. Conséquemment, le végétal est la matière vivante et organisée, qui se nourrit et se reproduit ; mais qui ne sent, n'agit, ni ne se meut. Et le minéral, la matière morte et brute qui ne sent, n'agit, ni se meut, ne se nourrit, ni ne se reproduit. D'où il s'ensuit encore que le* sentiment *est le principal degré différentiel de* l'animal. *Mais est-il bien constant qu'il n'y a point d'animaux, sans ce que nous appelons le* sentiment ; *ou plutôt, si nous en croyons les cartésiens, y a-t-il d'autres animaux que nous qui aient du* sentiment. *Les bêtes, disent-ils, en donnent les signes, mais l'homme seul a la chose. D'ailleurs, l'homme lui-même ne perd-il pas quelquefois le* sentiment, *sans cesser de vivre ou d'être un animal ? Alors le pouls bat, la circulation du sang s'exécute, toutes les fonctions animales se font ; mais l'homme ne* sent *ni lui-même, ni les autres êtres : qu'est-ce alors que l'homme ? Si dans cet état, il est toujours un* animal ; *qui nous a dit qu'il n'y en a pas de cette espèce sur le passage du végétal le plus parfait, à l'animal le plus stupide ? Qui nous a dit que ce passage n'était pas rempli d'êtres plus ou moins léthargiques, plus ou moins profondément assoupis ; en sorte que la seule différence qu'il y aurait entre cette classe et la classe des autres animaux, tels que nous, est qu'ils dorment et que nous veillons ; que nous sommes des animaux qui sentent, et qu'ils sont des animaux qui ne sentent pas. Qu'est-ce donc que l'*animal ?

. . . .

Cependant quelque admirable que cet ouvrage nous paraisse, ce n'est pas dans l'individu qu'est la plus grande merveille ; c'est dans la succession, dans le renouvellement et dans la durée des espèces que la nature paraît tout à fait inconcevable, *ou plutôt, en remontant plus haut, dans l'ordre institué entre les parties du tout, par une sagesse infinie et par une main toute-puissante ; car cet ordre une fois institué, les effets quelque surprenants qu'ils soient, sont des suites nécessaires et simples des lois du mouvement. La machine est faite, et les heures se marquent sous l'œil de l'horloger. Mais entre les suites du mécanisme, il faut convenir que cette faculté de produire son semblable qui réside dans les animaux et dans les végétaux, cette espèce d'unité toujours subsistante et qui paraît éternelle ; cette vertu procréatrice qui s'exerce perpétuellement sans se détruire jamais, est pour nous, quand nous la considérons en elle-même, et sans aucun rapport à l'ordre institué par le Tout-puissant, un mystère dont il ne nous est pas permis de sonder la profondeur.*

La matière inanimée, cette pierre, cette argile qui est sous nos pieds, a bien quelques propriétés : son existence seule en suppose un très grand nombre ; et la matière la moins organisée ne laisse pas que d'avoir, en vertu de son existence, une infinité de rapports avec toutes les autres parties de l'univers. Nous ne dirons pas, avec quelques philosophes, que la matière sous quelque forme qu'elle soit, connaît son existence et ses facultés relatives : cette opinion tient à une question de métaphysique, qu'on peut voir discutée à l'article AME. Il nous suffira de faire sentir que, n'ayant pas nous-mêmes la connaissance de tous les rapports que nous pouvons avoir avec tous les objets extérieurs, nous ne devons pas douter que la matière inanimée n'ait infiniment moins de cette connaissance ; et que d'ailleurs nos sensations ne ressemblant en aucune façon aux objets qui les causent, nous devons conclure par analogie, que la matière inanimée n'a ni sentiment, ni sensation, ni conscience d'existence ; et que lui attribuer quelques-unes de ces facultés, ce serait lui donner celle de penser, d'agir et de sentir, à peu près dans le même ordre et de la même façon que nous pensons, agissons et sentons, ce qui répugne autant à la raison qu'à la religion. *Mais une considération qui s'accorde avec l'une et l'autre, et qui nous est suggérée par le spectacle de la nature dans les individus, c'est que l'état de cette faculté de penser, d'agir, de sentir, réside dans quelques hommes dans un degré éminent, dans un degré moins éminent en d'autres hommes, va en s'affaiblissant à mesure qu'on suit la chaîne des êtres en descendant, et s'éteint apparemment dans quelque point de la chaîne très éloigné : placé entre le règne animal et le règne végétal, point dont nous approcherons de plus en plus par les observations, mais qui nous échappera à jamais ; les expériences resteront toujours en deçà, et les systèmes iront toujours au-delà ; l'expérience marchant pied à pied, et l'esprit de système allant toujours par sauts et par bonds.*

. . . .

Il me semble que l'historien de la nature accorde ici aux métaphysiciens bien plus qu'ils n'oseraient lui demander. Quelle que soit la manière dont nous penserons quand notre âme sera débarrassée de son enveloppe, et sortira de l'état de chrysalide ; il est constant que cette coque méprisable dans laquelle elle reste détenue pour un temps, influe prodigieusement sur l'ordre de pensées qui constitue son être ; et malgré les suites quelquefois très fâcheuses de cette influence, elle n'en montre pas moins évidemment la sagesse de la providence, qui se sert de cet aiguillon pour nous rappeler sans cesse à la conservation de nous-mêmes et de notre espèce.

Nous existons donc sans savoir comment, et nous pensons sans savoir pourquoi. *Cette proposition me paraît évidente ; mais on peut observer, quant à la seconde partie, que l'âme est sujette à une sorte d'inertie, en conséquence de laquelle elle resterait perpétuellement appliquée à la même pensée, peut-être à la même idée, si elle n'en était tirée par quelque chose d'extérieur à elle qui l'avertit, sans toutefois prévaloir sur sa liberté. C'est par cette dernière faculté qu'elle s'arrête ou qu'elle passe légèrement d'une contemplation à une autre. Lorsque l'exercice de cette faculté cesse, elle reste fixée sur la même contemplation ; et tel est peut-être l'état de celui qui s'endort, de celui même qui dort, et de celui qui médite très profondément. S'il arrive à ce dernier de parcourir successivement différents objets, ce n'est point par un acte de sa volonté que cette succession s'exécute, c'est 'a liaison des objets mêmes qui l'entraîne ; et je ne connais rien d'aussi machinal que l'homme absorbé dans une méditation profonde, si ce n'est l'homme plongé dans un profond sommeil.*

. . . .

L'*animal* réunit toutes les puissances de la nature ; les sources qui l'animent lui sont propres et particulières ; il veut, il agit, il se détermine, il opère, il communique par ses sens avec les objets les plus éloignés ; son individu est un centre où tout se rapporte ; un point où l'univers entier se réfléchit ; un monde en raccourci. Voilà les rapports qui lui sont propres : ceux qui lui sont communs avec les végétaux, sont les facultés de croître, de se développer, de se reproduire, de se multiplier. *On conçoit bien que toutes ces vérités s'obscurcissent sur les limites des règnes, et qu'on aurait bien de la peine à les apercevoir distinctement sur le passage du minéral au végétal, et du végétal à l'animal. Il faut donc dans ce qui précède et ce qui suit, instituer la comparaison entre un animal, un végétal, et un minéral bien décidé, si l'on ne veut s'exposer à tourner à l'infini dans un labyrinthe dont on ne sortirait jamais.*

L'observateur est forcé de passer d'un individu à un autre : mais l'historien de la nature est contraint de l'embrasser par grandes masses ; et ces masses il les coupe dans les endroits de la chaîne où les nuances lui paraissent trancher le plus vivement ; et il se garde bien d'imaginer que ces divisions soient l'ouvrage de la nature.

Cette différence entre les animaux et les végétaux n'est pas générale ; elle n'est pas même bien décidée. *Mais n'y a-t-il que ces deux manières de* sentir, *ou se mouvoir à l'occasion d'un choc ou d'une résistance, ou apercevoir et comparer des perceptions ? Il me semble que ce qui s'appelle en moi sentiment de plaisir, de douleur, etc., sentiment de mon existence, etc., n'est ni mouvement, ni perception et comparaison de perceptions. Il me semble qu'il en est du sentiment pris dans ce troisième sens comme de la pensée, qu'on ne peut comparer à rien, parce qu'elle ne ressemble à rien ; et qu'il pourrait bien y avoir quelque chose de ce sentiment dans les animaux.*

. . . .

La différence entre les animaux et les végétaux, ne peut donc pas s'établir sur la manière dont ils se nourrissent. *Cela peut être, d'autant plus que cet air de spontanéité qui nous frappe dans les animaux qui se meuvent, soit quand ils cherchent leur proie ou dans d'autres occasions, et que nous ne voyons point dans les végétaux, est peut-être un préjugé, une illusion de nos sens trompés par la variété des mouvements animaux ; mouvements qui seraient cent fois encore plus variés qu'ils n'en seraient pas pour cela plus libres. Mais pourquoi, me demandera-t-on, ces mouvements sont-ils si variés dans les animaux, et si uniformes dans les végétaux ? C'est, ce me semble, parce que les végétaux ne sont mus que par la résistance ou le choc ; au lieu que les animaux ayant des yeux, des oreilles, et tous les organes de la sensation comme nous, et ces organes pouvant être affectés ensemble ou séparément, toute cette combinaison de résistance ou de choc, quand il n'y aurait que cela, et que l'animal serait purement passif, doit l'agiter d'une infinité de diverses manières ; en sorte que nous ne pouvons plus remarquer d'uniformité dans son action. De là il arrive que nous disons que la pierre tombe nécessairement, et que le chien appelé vient librement ; que nous ne nous plaignons point d'une tuile qui nous casse un bras, et que nous nous emportons contre un chien qui nous mord la jambe, quoique toute la différence qu'il y ait peut-être entre la tuile et le chien, c'est que toutes les tuiles tombent de même, et qu'un chien ne se meut pas deux fois dans sa vie précisément de la même manière. Nous n'avons d'autre idée de la nécessité, que celle qui nous vient de la permanence et de l'uniformité de l'événement.*

. . . .

Il paraît par tout ce qui précède, que les espèces les plus viles, les plus abjectes, les plus petites à nos yeux, sont les plus abondantes en individus, tant dans les animaux que dans les plantes. A mesure que les espèces d'animaux nous paraissent plus parfaites, nous les voyons réduites à un moindre nombre d'individus. Pourrait-on croire que de certaines formes de corps, comme celles des quadrupèdes et des oiseaux, de certains organes pour la perfection du sentiment, coûteraient plus à la nature que la production du vivant et de l'organisé, qui nous paraît si difficile à concevoir ? *Non, cela ne se peut croire. Pour satisfaire, s'il est possible, au phénomène proposé, il faut remonter jusqu'à l'ordre primitif des choses, et le supposer tel que la production des grands animaux eût été aussi abondante que celle des insectes. On voit au premier coup d'œil que cette espèce monstrueuse eût bientôt englouti les autres, se fût dévorée elle-même, eût couvert seule la surface de la terre, et que bientôt il n'y eût eu sur le continent que des insectes, des oiseaux et des éléphants ; et dans les eaux, que les baleines et les poissons qui, par leur petitesse, auraient échappé à la voracité des baleines ; ordre de choses qui certainement n'eût pas été comparable à celui qui existe. La providence semble donc ici avoir fait les choses pour le mieux* [1].

. . . .

(Diderot)

ANTÉDILUVIENNE (PHILOSOPHIE).

. . . .

[...] ce que l'on dit de la sagesse d'Adam avant sa chute, n'a aucune analogie avec la philosophie dans le sens que nous la prenons ; car elle consistait, cette sagesse, dans la connaissance de Dieu, de soi-même, et surtout dans la connaissance pratique de tout ce qui pouvait le conduire à la félicité pour laquelle il était né. Il est bien vrai qu'Adam a eu cette sorte de sagesse : mais qu'a-t-elle de commun avec cette philosophie que produisent la curiosité et l'admiration filles de l'ignorance, qui ne s'acquiert que par le pénible travail des réflexions, et qui ne se perfectionne que par le conflit des opinions ? La sagesse avec laquelle Adam fut créé, est cette sagesse divine qui est le fruit de la grâce, et que Dieu verse dans les âmes même les plus simples. Cette sagesse est sans doute la véritable philosophie ; mais elle est fort différente de celle que l'esprit enfante, et à l'accroissement de laquelle tous les siècles ont concouru. Si Adam dans l'état d'innocence n'a point eu de philosophie, que devient celle qu'on lui attribue

---

1. Dans cet article, Diderot mêle à de longues citations de l'*Histoire naturelle* de Buffon des commentaires personnels, reconnaissables grâce à un artifice typographique : ils sont composés en italique. Ce sont ces commentaires que nous avons reproduits. (Note du présentateur.)

après sa chute, et qui n'était qu'un faible écoulement de la première ? Comment veut-on qu'Adam, que son péché suivait partout, qui n'était occupé que du soin de fléchir son Dieu, et de repousser les misères qui l'environnaient, eût l'esprit assez tranquille pour se livrer aux stériles spéculations d'une vaine philosophie ? Il a donné des noms aux animaux ; est-ce à dire pour cela qu'il en ait bien connu la nature et les propriétés ? Il raisonnait avec Eve notre grand-mère commune, et avec ses enfants ; en conclurez-vous pour cela qu'il sût la dialectique ? avec ce beau raisonnement ou transformerait tous les hommes en dialecticiens. Il s'est bâti une misérable cabane ; il a gouverné prudemment sa famille, il l'a instruite de ses devoirs, et lui a enseigné le culte de la religion : sont-ce donc là des raisons à apporter pour prouver qu'Adam a été architecte, politique, théologien ? Enfin comment peut-on soutenir qu'Adam a été l'inventeur des lettres, tandis que nous voyons les hommes longtemps même après le déluge se servir encore d'une écriture hiéroglyphique, laquelle est de toutes les écritures la plus imparfaite, et le premier effort que les hommes ont fait pour se communiquer réciproquement leurs conceptions grossières ?

. . . .

Mais, répondra-t-on, si l'admiration est la mère de la philosophie, comme nous le dit cet auteur, elle n'est donc pas née avec le monde, puisqu'il a fallu que les hommes, avant que d'avoir la philosophie, aient commencé par admirer. Or pour cela il fallait du temps, il fallait des expériences et des réflexions : d'ailleurs s'imagine-t-on que les premiers hommes eussent assez de temps pour exercer leur esprit sur des systèmes philosophiques, eux qui trouvaient à peine les moyens de vivre un peu commodément ? On ne pense à satisfaire les besoins de l'esprit, qu'après qu'on a satisfait ceux du corps. Les premiers hommes étaient donc bien éloignés de penser à la philosophie : « Les miracles de la nature sont exposés à nos yeux longtemps avant que nous ayons assez de raison pour en être éclairés. Si nous arrivions dans ce monde avec cette raison que nous portâmes dans la salle de l'Opéra la première fois que nous y entrâmes, et si la toile se levait brusquement ; frappés de la grandeur, de la magnificence, et du jeu des décorations, nous n'aurions pas la force de nous refuser à la connaissance des grandes vérités qui y sont liées ; mais qui s'avise de s'étonner de ce qu'il voit depuis cinquante ans ? Entre les hommes, les uns occupés de leurs besoins n'ont guère eu le temps de se livrer à des spéculations métaphysiques ; le lever de l'astre du jour les appelait au travail ; la plus belle nuit, la nuit la plus touchante était muette pour eux, ou ne leur disait autre chose, sinon qu'il était l'heure du repos : les autres moins occupés, ou n'ont jamais eu occasion d'interroger la nature, ou n'ont pas eu l'esprit d'entendre sa réponse. Le génie philosophe dont la sagacité secouant le joug de l'habitude, s'étonna le premier des prodiges qui l'environnaient, descendit en lui-même, se demanda et se rendit raison de tout ce qu'il voyait, a dû se faire attendre longtemps, et a pu mourir, sans avoir accrédité ses opinions. » *Essai sur le mérite et la vertu*, page 92.

(Diderot)

ART, s. m. (*Ordre encyclopédique. Entendement. Mémoire. Histoire de la nature. Histoire de la nature employée. Art*), terme abstrait et métaphysique. On a commencé par faire des observations sur la nature, le service, l'emploi, les qualités des êtres et de leurs symboles ; puis on a donné le nom de *science* ou d'*art* ou de *discipline* en général, au centre ou point de réunion auquel on a rapporté les observations qu'on avait faites, pour en former un système ou de règles ou d'instruments, et de règles tendant à un même but ; car voilà ce que c'est que *discipline* en général. *Exemple*. On a réfléchi sur l'usage et l'emploi des mots, et l'on a inventé ensuite le mot *Grammaire*. *Grammaire* est le nom d'un système d'instruments et de règles relatifs à un objet déterminé ; et cet objet est le son articulé, les signes de la parole, l'expression de la pensée, et tout ce qui y a rapport : il en est de même des autres Sciences ou *Arts*. *Voyez* ABSTRACTION.

Origine des Sciences et des Arts. C'est l'industrie de l'homme appliquée aux productions de la nature ou par ses besoins, ou par son luxe, ou par amusement, ou par sa curiosité, etc. qui a donné naissance aux Sciences et aux Arts ; et ces points de réunion de nos différentes réflexions ont reçu les dénominations de *Science* et d'*Art*, selon la nature de leurs objets *formels*, comme disent les Logiciens. *Voyez* OBJET. Si l'objet s'exécute, la collection et la disposition technique des règles selon lesquelles il s'exécute, s'appellent *Art*. Si l'objet est contemplé seulement sous différentes faces, la collection et la disposition technique des observations relatives à cet objet, s'appellent *Science ;* ainsi la *Métaphysique* est une science, et la *Morale* est un *art*. Il en est de même de la Théologie et de la Pyrotechnie.

Spéculation et pratique d'un Art. Il est évident par ce qui précède, que tout *art* a sa spéculation et sa pratique ; sa spéculation, qui n'est autre chose que la connaissance inopérative des règles de l'*art*, sa pratique, qui n'est que l'usage habituel et non réfléchi des mêmes règles. Il est difficile, pour ne pas dire impossible, de pousser loin la pratique sans la spéculation, et réciproquement de bien posséder la spéculation sans la pratique. Il y a dans tout *art* un grand nombre de circonstances relatives à la matière, aux instruments et à la manœuvre, que l'usage seul apprend. C'est à la pratique à présenter les difficultés et à donner les phénomènes, et c'est à la spéculation à expliquer les phénomènes et à lever les difficultés : d'où il s'ensuit qu'il n'y a guère qu'un Artiste sachant raisonner, qui puisse bien parler de son *art*.

Distribution des Arts en libéraux et en mécaniques. En examinant les productions des *arts* on s'est aperçu que les unes étaient plus l'ouvrage de l'esprit que de la main, et qu'au contraire d'autres étaient plus l'ouvrage de la main que de l'esprit. Telle est en *partie* l'origine de la prééminence que l'on a accordée à certains *arts* sur d'autres, et de la distribution qu'on a faite des *arts* en *arts libéraux* et en *arts mécaniques.* Cette distinction, quoique bien fondée, a produit un mauvais effet, en avilissant des gens très estimables et très utiles, et en fortifiant en nous je ne sais quelle paresse naturelle, qui ne nous portait déjà que trop à croire que donner une application constante et suivie à des expériences et à des objets particuliers, sensibles et matériels, c'était déroger à la dignité de l'esprit humain ; et que de pratiquer ou même d'étudier les *arts mécaniques,* c'était s'abaisser à des choses dont la recherche est laborieuse, la méditation ignoble, l'exposition difficile, le commerce déshonorant, le nombre inépuisable, et la valeur minutielle : *Minui majestatem mentis humanae, si in experimentis et rebus particularibus,* etc. Bac. *nov. org.* Préjugé qui tendaim à remplir les villes d'orgueilleux raisonneurs et de contemplateurs inutiles, et les campagnes de petits tyrans ignorants, oisifs et dédaigneux. Ce n'est pas ainsi qu'ont pensé Bacon, un des premiers génies de l'Angleterre ; Colbert, un des plus grands ministres de la France ; enfin les bons esprits et les hommes sages de tous les temps. Bacon regardait l'histoire des *arts mécaniques* comme la branche la plus importante de la vraie Philosophie ; il n'avait donc garde d'en mépriser la pratique. Colbert regardait l'industrie des peuples et l'établissement des manufactures, comme la richesse la plus sûre d'un royaume. Au jugement de ceux qui ont aujourd'hui des idées saines de la valeur des choses, celui qui peupla la France de Graveurs, de Peintres, de Sculpteurs et d'Artistes en tout genre ; qui surprit aux Anglais la machine à faire des bas, le velours aux Génois, les glaces aux Vénitiens, ne fit guère moins pour l'état que ceux qui battirent ses ennemis et leur enlevèrent leurs places fortes ; et aux yeux du philosophe il y a peut-être plus de mérite réel à avoir fait naître les Le Brun, les Le Sueur et les Audran ; peindre et graver les batailles d'Alexandre, et exécuter en tapisserie les victoires de nos généraux, qu'il n'y en a à les avoir remportées. Mettez dans un des côtés de la balance les avantages réels des sciences les plus sublimes et des *arts* les plus honorés, et dans l'autre côté ceux des *arts mécaniques*, et vous trouverez que l'estime qu'on a faite des uns et celle qu'on a faite des autres, n'ont pas été distribuées dans le juste rapport de ces avantages, et qu'on a bien plus loué les hommes occupés à faire croire que nous étions heureux, que les hommes occupés à faire que nous le fussions en effet. Quelle bizarrerie dans nos jugements ! nous exigeons qu'on s'occupe utilement, et nous méprisons les hommes utiles.

But des Arts en général. L'homme n'est que le ministre ou l'interprète de la nature ; il n'entend et ne fait qu'autant qu'il a de connaissance ou expérimentale ou réfléchie des êtres qui l'environnent. Sa main nue, quelque robuste, infatigable et souple qu'elle soit, ne peut suffire qu'à un petit nombre d'effets ; elle n'achève des grandes choses qu'à l'aide des instruments et des règles : il en faut dire autant de l'entendement. Les instruments et les règles sont comme des muscles surajoutés aux bras, et des ressorts accessoires à ceux de l'esprit. Le but de tout *art* en général ou de tout système d'instruments et de règles conspirant à une même fin, est d'imprimer certaines formes déterminées sur une base donnée par la nature ; et cette base est ou la matière, ou l'esprit, ou quelque fonction de l'âme, ou quelque production de la nature. Dans les *arts mécaniques*, auxquels je m'attacherai d'autant plus ici, que les auteurs en ont moins parlé, *le pouvoir de l'homme se réduit à rapprocher ou à éloigner les corps naturels. L'homme peut tout ou ne peut rien, selon que ce rapprochement ou cet éloignement est ou n'est pas possible.* (Voyez *nov. org.*)

Projet d'un traité général des Arts mécaniques.

. . . .

Ordre qu'il faudrait suivre dans un pareil traité.

. . . .

Après avoir remarqué, avec un philosophe que je ne me lasse point de louer, parce que je ne me suis jamais lassé de le lire, que l'histoire de la nature est incomplète sans celle des *Arts :* et après avoir invité les naturalistes à couronner leur travail sur les règnes des végétaux, des minéraux, des animaux, etc. par les expériences des *Arts mécaniques,* dont la connaissance importe beaucoup plus à la vraie philosophie ; j'oserai ajouter à son exemple : *Ergo rem quam ago, non opinionem, sed opus esse ; eamque non sectae alicujus, aut placiti, sed utilitatis esse et amplitudinis immensae fundamenta.* Ce n'est point ici un système : ce ne sont point les fantaisies d'un homme ; ce sont les décisions de l'expérience et de la raison, et les fondements d'un édifice immense ; et quiconque pensera différemment, cherchera à rétrécir la sphère de nos connaissances, et à décourager les esprits. Nous devons au hasard un grand nombre de connaissances ; il nous en a présenté de fort importantes que nous ne cherchions pas : est-il à présumer que nous ne trouverons rien, quand nous ajouterons nos efforts à son caprice, et que nous mettrons de l'ordre et de la méthode dans nos recherches ? Si nous possédons à présent des secrets qu'on n'espérait point auparavant ; et s'il nous est permis de tirer des conjectures du passé, pourquoi l'avenir ne nous réserverait-il pas des richesses sur lesquelles nous ne comptons guère aujourd'hui ? Si l'on eût dit, il y a quelques siècles, à ces gens qui mesurent la possibilité des choses sur la portée de leur génie, et qui n'imaginent rien au-delà de ce qu'ils connaissent, qu'il est une poussière qui brise les rochers, qui renverse les murailles les plus épaisses à des distances étonnantes, qui renfermée au poids de quelques livres dans les entrailles profondes de la terre, les secoue, se fait jour à travers les masses énormes qui la couvrent, et peut ouvrir un gouffre dans lequel une ville entière disparaîtrait ; ils n'auraient pas manqué de comparer ces effets à l'action des roues, des poulies, des leviers, des contrepoids, et des autres machines connues, et de prononcer qu'une pareille poussière est chimérique ; et qu'il n'y a que la foudre ou la cause qui produit les tremblements de terre, et dont le mécanisme est inimitable, qui soit capable de ces prodiges effrayants. C'est ainsi que le grand philosophe parlait à son siècle, et à tous les siècles à venir. Combien (ajouterons-nous à son exemple) le projet de la machine à élever l'eau par le feu, telle qu'on l'exécuta la première fois à Londres n'aurait-il pas occasionné de mauvais raisonnements, surtout si l'auteur de la machine avait eu la modestie de se donner pour un homme peu versé dans les mécaniques ? S'il n'y avait au monde que de pareils estimateurs des inventions, il ne se ferait ni grandes ni petites choses. Que ceux donc qui se hâtent de prononcer sur des ouvrages qui n'impliquent aucune contradiction, qui ne sont quelquefois que des additions très légères à des machines connues, et qui ne demandent tout au plus qu'un habile ouvrier ; que ceux, dis-je, qui sont assez bornés pour juger que ces ouvrages sont impossibles, sachent qu'eux-mêmes ne sont pas assez instruits pour faire des souhaits convenables.

De la Géométrie des Arts. On m'accordera sans peine qu'il y a peu d'Artistes à qui les éléments des Mathématiques ne soient nécessaires : mais un paradoxe dont la vérité ne se présentera pas d'abord, c'est que ces éléments leur seraient nuisibles en plusieurs occasions, si une multitude de connaissances physiques n'en corrigeaient les préceptes dans la pratique ; connaissance des lieux, des positions, des figures irrégulières, des matières, de leurs qualités, de l'élasticité, de la roideur, des frottements, de la consistance, de la durée des effets de l'air, de l'eau, du froid, de la chaleur, de la sécheresse, etc. il est évident que les éléments de la Géométrie de l'Académie ne sont que les plus simples et les moins composés d'entre ceux de la Géométrie des boutiques. Il n'y a pas un levier dans la nature, tel que celui que Varignon suppose dans ses propositions ; il n'y a pas un levier dans la nature dont toutes les conditions puissent entrer en calcul. Entre ces conditions il y en a, et en grand nombre, et de très essentielles dans l'usage, qu'on ne peut même soumettre à cette partie du calcul qui s'étend jusqu'aux différences les plus insensibles des quantités, quand elles sont appréciables ; d'où il arrive que celui qui n'a que la Géométrie intellectuelle, est ordinairement un homme assez maladroit ; et qu'un Artiste qui n'a que la Géométrie expérimentale, est un ouvrier très borné. Mais il est, ce me semble, d'expérience qu'un Artiste se passe plus facilement de la Géométrie intellectuelle, qu'un homme, quel qu'il soit, d'une certaine Géométrie expérimentale. Toute la matière des frottements est restée, malgré les calculs, une affaire de Mathématique expérimentale et manœuvrière. Cependant jusqu'où cette connaissance seule ne s'étend-elle pas ? Combien de mauvaises machines ne nous sont pas proposées tous les jours par des gens qui se sont imaginés que les leviers, les roues, les poulies, les câbles, agissent dans une machine comme sur un papier ; et qui faute d'avoir mis la main à l'œuvre, n'ont jamais su la différence des effets d'une machine même, ou de son profil ?

. . . .

De la langue des Arts.

. . . .

C'est le défaut de définitions exactes, et la multitude, et non la diversité des mouvements dans les manœuvres, qui rendent les choses des *Arts* difficiles à dire clairement. Il n'y a guère de remède au second inconvénient, que de se familiariser avec les objets : ils en valent bien la peine, soit qu'on les considère par les avantages qu'on en tire, ou par l'honneur qu'ils font à l'esprit humain. Dans quel système de Physique ou de Métaphysique remarque-t-on plus d'intelligence, de sagacité, de conséquence, que dans les machines à filer l'or, faire des bas, et dans les métiers de Passementiers, de Gaziers, de Drapiers ou d'ouvriers en soie ? Quelle démonstration de Mathématiques est plus compliquée que le mécanisme de certaines horloges, ou que les différentes opérations par lesquelles on fait passer ou l'écorce du chanvre, ou la coque du ver, avant que d'en obtenir un fil qu'on puisse employer à l'ouvrage ? Quelle projection plus belle, plus délicate et plus singulière que celle d'un dessin sur les cordes d'un semple, et des cordes du semple sur les fils d'une chaîne ? Qu'a-t-on imaginé en quelque genre que ce soit, qui montre plus de subtilité que le chiner des velours ? Je n'aurais jamais fait si je m'imposais la tâche de parcourir toutes les merveilles qui frapperont dans les manufactures ceux qui n'y porteront pas des yeux prévenus ou des yeux stupides.

Je m'arrêterai avec le philosophe Anglais à trois inventions, dont les anciens n'ont point eu connaissance, et dont à la honte de l'histoire et de la poésie modernes, les noms des inventeurs sont presque ignorés : je veux parler de l'*Art* d'imprimer, de la découverte de la poudre à canon, et de la propriété de l'aiguille aimantée. Quelle révolution ces découvertes n'ont-elles pas occasionnée dans la république des Lettres, dans l'*Art* militaire, et dans la Marine ? L'aiguille aimantée a conduit nos vaisseaux jusqu'aux régions les plus ignorées ; les caractères typographiques ont établi une correspondance de lumières entre les savants de tous les lieux et de tous les temps à venir ; et la poudre à canon a fait naître tous ces chefs-d'œuvre d'architecture, qui défendent nos frontières et celles de nos ennemis : ces trois *Arts* ont presque changé la face de la terre. Rendons enfin aux Artistes la justice qui leur est due. Les *Arts libéraux* se sont assez chantés eux-mêmes ; ils pourraient employer maintenant ce qu'ils ont de voix à célébrer les *Arts mécaniques*. C'est aux *Arts libéraux* à tirer les *Arts mécaniques* de l'avilissement où le préjugé les a tenus si longtemps ; c'est à la protection des rois à les garantir d'une indigence où ils languissent encore. Les Artisans se

sont crus méprisables, parce qu'on les a méprisés ;
apprenons-leur à mieux penser d'eux-mêmes : c'est le
seul moyen d'en obtenir des productions plus parfaites. Qu'il sorte du sein des Académies quelqu'homme qui descende dans les ateliers, qui y
recueille les phénomènes des *Arts,* et qui nous les
expose dans un ouvrage qui détermine les Artistes à
lire, les Philosophes à penser utilement, et les grands à
faire enfin un usage utile de leur autorité et de leurs
récompenses.

Un avis que nous oserons donner aux savants, c'est
de pratiquer ce qu'ils nous enseignent eux-mêmes,
qu'on ne doit pas juger des autres avec trop de
précipitation, ni proscrire une invention comme inutile, parce qu'elle n'aura pas dans son origine tous les
avantages qu'on pourrait en exiger. Montaigne, cet
homme d'ailleurs si philosophe, ne rougirait-il pas s'il
revenait parmi nous, d'avoir écrit *que les armes à feu
sont de si peu d'effet, sauf l'étonnement des oreilles, à quoi
chacun est désormais apprivoisé, qu'il espère qu'on en
quittera l'usage.* N'aurait-il pas montré plus de sagesse à
encourager les arquebusiers de son temps à substituer à
la mèche et au rouet quelque machine qui répondît à
l'activité de la poudre, et plus de sagacité à prédire que
cette machine s'inventerait un jour ? Mettez Bacon à la
place de Montaigne, et vous verrez ce premier considérer en philosophe la nature de l'agent, et prophétiser,
s'il m'est permis de le dire, les grenades, les mines, les
canons, les bombes, et tout l'appareil de la Pyrotechnie
militaire. Mais Montaigne n'est pas le seul philosophe
qui ait porté sur la possibilité ou l'impossibilité des
machines, un jugement précipité. Descartes, ce génie
extraordinaire né pour égarer et pour conduire, et
d'autres qui valaient bien l'auteur des *Essais,* n'ont-ils
pas prononcé que le miroir d'Archimède était une
fable ? cependant que ce miroir est exposé à la vue de
tous les savants au Jardin du Roi ; et les effets qu'il y
opère entre les mains de M. de Buffon qui l'a retrouvé,
ne nous permettent plus de douter de ceux qu'il opérait

sur les murs de Syracuse entre les mains d'Archimède. De si grands exemples suffisent pour nous rendre circonspects.

Nous invitons les Artistes à prendre de leur côté conseil des savants, et à ne pas laisser périr avec eux les découvertes qu'ils feront. Qu'ils sachent que c'est se rendre coupable d'un larcin envers la société, que de renfermer un secret utile ; et qu'il n'est pas moins vil de préférer en ces occasions l'intérêt d'un seul à l'intérêt de tous, qu'en cent autres où ils ne balanceraient pas eux-mêmes à prononcer. S'ils se rendent communicatifs, on les débarrassera de plusieurs préjugés, et surtout de celui où ils sont presque tous, que leur *Art* a acquis le dernier degré de perfection. Leur peu de lumières les expose souvent à rejeter sur la nature des choses, un défaut qui n'est qu'en eux-mêmes. Les obstacles leur paraissent invincibles dès qu'ils ignorent les moyens de les vaincre. Qu'ils fassent des expériences ; que dans ces expériences chacun y mette du sien ; que l'Artiste y soit pour la main-d'œuvre ; l'Académicien pour les lumières et les conseils, et l'homme opulent pour le prix des matières, des peines et du temps ; et bientôt nos *Arts* et nos manufactures auront sur celles des étrangers toute la supériorité que nous désirons.

De la supériorité d'une manufacture sur une autre. Mais ce qui donnera la supériorité à une manufacture sur une autre, ce sera surtout la bonté des matières qu'on y emploiera, jointe à la célérité du travail et à la perfection de l'ouvrage. Quant à la bonté des matières, c'est une affaire d'inspection. Pour la célérité du travail et la perfection de l'ouvrage, elles dépendent entièrement de la multitude des ouvriers rassemblés. Lorsqu'une manufacture est nombreuse, chaque opération occupe un homme différent. Tel ouvrier ne fait et ne fera de sa vie qu'une seule et unique chose ; tel autre, une autre chose : d'où il arrive que chacune s'exécute bien et promptement, et que l'ouvrage le mieux fait est encore celui qu'on a à meilleur marché. D'ailleurs le goût et la façon se perfectionnent nécessairement entre un grand nombre d'ouvriers, parce qu'il est difficile qu'il ne s'en rencontre quelques-uns capables de réfléchir, de combiner, et de trouver enfin le seul moyen qui puisse les mettre au-dessus de leurs semblables ; le moyen ou d'épargner la matière, ou d'allonger le temps, ou de surfaire l'industrie, soit par une machine nouvelle, soit par une manœuvre plus commode. Si les manufactures étrangères ne l'emportent pas sur nos manufactures de Lyon, ce n'est pas qu'on ignore ailleurs comment on travaille là ; on a partout les mêmes métiers, les mêmes soies, et à peu près les mêmes pratiques : mais ce n'est qu'à Lyon qu'il y a 30 000 ouvriers rassemblés et s'occupant tous de l'emploi de la même matière. Nous pourrions encore allonger cet article : mais ce que nous venons de dire, joint à ce qu'on trouvera dans notre Discours préliminaire, suffira pour ceux qui savent penser, et nous n'en aurions jamais assez dit pour les autres. On y rencontrera peut-être des endroits d'une métaphysique un peu forte : mais il était impossible que cela fût autrement. Nous avions à parler de ce qui concerne l'*Art* en général ; nos propositions devaient donc être générales : mais le bon sens dit qu'une proposition est d'autant plus abstraite, qu'elle est plus générale, l'abstraction consistant à étendre une vérité en écartant de son énonciation les termes qui la particularisent. Si nous avions pu épargner ces épines au lecteur, nous nous serions épargné bien du travail à nous-mêmes.

(Diderot)

AUTORITÉ POLITIQUE. Aucun homme n'a reçu de la nature le droit de commander aux autres. La liberté est un présent du ciel, et chaque individu de la même espèce a le droit d'en jouir aussitôt qu'il jouit de la raison. Si la nature a établi quelque *autorité*, c'est la puissance paternelle : mais la puissance paternelle a ses bornes ; et dans l'état de nature elle finirait aussitôt que les enfants seraient en état de se conduire. Toute autre *autorité* vient d'une autre origine que de la nature. Qu'on examine bien, et on la fera toujours remonter à l'une de ces deux sources : ou la force et la violence de celui qui s'en est emparé ; ou le consentement de ceux qui s'y sont soumis par un contrat fait ou supposé entre eux, et celui à qui ils ont déféré l'*autorité*.

La puissance qui s'acquiert par la violence, n'est qu'une usurpation, et ne dure qu'autant que la force de celui qui commande l'emporte sur celle de ceux qui obéissent ; en sorte que si ces derniers deviennent à leur tour les plus forts, et qu'ils secouent le joug, ils le font avec autant de droit et de justice que l'autre qui le leur avait imposé. La même loi qui a fait l'*autorité*, la défait alors : c'est la loi du plus fort.

Quelquefois l'*autorité* qui s'établit par la violence change de nature ; c'est lorsqu'elle continue et se maintient du consentement exprès de ceux qu'on a soumis : mais elle rentre par là dans la seconde espèce dont je vais parler ; et celui qui se l'était arrogée devenant alors prince, cesse d'être tyran.

La puissance qui vient du consentement des peuples, suppose nécessairement des conditions qui en rendent l'usage légitime, utile à la société, avantageux à la république, et qui la fixent et la restreignent entre des limites : car l'homme ne doit ni ne peut se donner entièrement et sans réserve à un autre homme ; parce qu'il a un maître supérieur au-dessus de tout, à qui seul il appartient tout entier. C'est Dieu, dont le pouvoir est toujours immédiat sur la créature, maître aussi jaloux qu'absolu, qui ne perd jamais de ses droits, et ne les communique point. Il permet pour le bien commun et pour le maintien de la société, que les hommes établissent entre eux un ordre de subordination, qu'ils obéissent à l'un d'eux : mais il veut que ce soit par raison et avec mesure, et non pas aveuglément et sans réserve, afin que la créature ne s'arroge pas les droits du créateur. Toute autre soumission est le véritable crime de l'idolâtrie. Fléchir le genou devant un homme ou devant une image, n'est qu'une cérémonie extérieure, dont le vrai Dieu, qui demande le cœur et l'esprit, ne se soucie guère, et qu'il abandonne à l'institution des hommes pour en faire comme il leur conviendra, des marques d'un culte civil et politique, ou d'un culte de religion. Ainsi ce ne sont point ces cérémonies en elles-mêmes, mais l'esprit de leur établissement, qui en rend la pratique innocente ou criminelle. Un Anglais n'a point de scrupule à servir le roi le genou en terre; le cérémonial ne signifie que ce qu'on a voulu qu'il signifiât : mais livrer son cœur, son esprit et sa conduite sans aucune réserve à la volonté et au caprice d'une pure créature, en faire l'unique et le dernier motif de ses actions, c'est assurément un crime de lèse-majesté divine au premier chef : autrement ce pouvoir de Dieu, dont on parle tant, ne serait qu'un vain bruit dont la politique humaine userait à sa fantaisie, et dont l'esprit d'irréligion pourrait se jouer à son tour; de sorte que toutes les idées de puissance et de subordination venant à se confondre, le prince se jouerait de Dieu, et le sujet du prince.

. . . .

Le prince tient de ses sujets mêmes l'*autorité* qu'il a sur eux; et cette *autorité* est bornée par les lois de la nature et de l'état. Les lois de la nature et de l'état sont les conditions sous lesquelles ils se sont soumis, ou sont censés s'être soumis à son gouvernement. L'une de ces conditions est que n'ayant de pouvoir et d'*autorité* sur eux que par leur choix et de leur consentement, il ne peut jamais employer cette *autorité* pour casser l'acte ou le contrat par lequel elle lui a été déférée : il agirait dès lors contre lui-même, puisque son *autorité* ne peut subsister que par le titre qui l'a établie. Qui annule l'un détruit l'autre. Le prince ne peut donc pas disposer de son pouvoir et de ses sujets sans le consentement de la nation, et indépendamment du choix marqué dans le contrat de soumission. S'il en usait autrement, tout serait nul, et les lois le relèveraient des promesses et des serments qu'il aurait pu faire, comme un mineur qui aurait agi sans connaissance de cause, puisqu'il aurait prétendu disposer de ce qu'il n'avait qu'en dépôt et avec clause de substitution, de la même manière que s'il l'avait eu en toute propriété et sans aucune condition.

D'ailleurs le gouvernement, quoique héréditaire dans une famille, et mis entre les mains d'un seul, n'est pas un bien particulier, mais un bien public, qui par conséquent ne peut jamais être enlevé au peuple, à qui seul il appartient essentiellement et en pleine propriété. Aussi est-ce toujours lui qui en fait le bail : il intervient toujours dans le contrat qui en adjuge l'exercice. Ce n'est pas l'état qui appartient au prince, c'est le prince qui appartient à l'état : mais il appartient au prince de gouverner dans l'état, parce que l'état l'a choisi pour cela ; qu'il s'est engagé envers les peuples à l'administration des affaires, et que ceux-ci de leur côté se sont engagés à lui obéir conformément aux lois. Celui qui porte la couronne peut bien s'en décharger absolument s'il le veut : mais il ne peut la remettre sur la tête d'un autre sans le consentement de la nation qui l'a mise sur la sienne. En un mot, la couronne, le gouvernement, et l'*autorité* publique, sont des biens dont le corps de la nation est propriétaire, et dont les princes sont les usufruitiers, les ministres et les dépositaires. Quoique chefs de l'état, ils n'en sont pas moins membres, à la vérité les premiers, les plus vénérables et les plus puissants, pouvant tout pour gouverner, mais ne pouvant rien légitimement pour changer le gouvernement établi, ni pour mettre un autre chef à leur place. Le sceptre de Louis XV passe nécessairement à son fils aîné, et il n'y a aucune puissance qui puisse s'y opposer : ni celle de la nation, parce que c'est la condition du contrat ; ni celle de son père par la même raison.

Le dépôt de l'*autorité* n'est quelquefois que pour un temps limité, comme dans la république Romaine. Il est quelquefois pour la vie d'un seul homme, comme en Pologne; quelquefois pour tout le temps que subsistera une famille, comme en Angleterre; quelquefois pour le temps que subsistera une famille par les mâles seulement, comme en France.

Ce dépôt est quelquefois confié à un certain ordre dans la société; quelquefois à plusieurs choisis de tous les ordres, et quelquefois à un seul.

Les conditions de ce pacte sont différentes dans les différents états. Mais partout, la nation est en droit de maintenir envers et contre tous le contrat qu'elle a fait; aucune puissance ne peut le changer; et quand il n'a plus lieu, elle rentre dans le droit et dans la pleine liberté d'en passer un nouveau avec qui, et comme il lui plaît. C'est ce qui arriverait en France, si par le plus grand des malheurs la famille entière régnante venait à s'éteindre jusque dans ses moindres rejetons; alors le sceptre et la couronne retourneraient à la nation.

Il semble qu'il n'y ait que des esclaves dont l'esprit serait aussi borné que le cœur serait bas, qui pussent penser autrement. Ces sortes de gens ne sont nés ni pour la gloire du prince, ni pour l'avantage de la société: ils n'ont ni vertu, ni grandeur d'âme. La crainte et l'intérêt sont les ressorts de leur conduite. La nature ne les produit que pour servir de lustre aux hommes vertueux; et la Providence s'en sert pour former les puissances tyranniques, dont elle châtie pour l'ordinaire les peuples et les souverains qui offensent Dieu; ceux-ci en usurpant, ceux-là en accordant trop à l'homme de ce pouvoir suprême, que le Créateur s'est réservé sur la créature.

L'observation des lois, la conservation de la liberté et l'amour de la patrie, sont les sources fécondes de toutes grandes choses et de toutes belles actions. Là se trouvent le bonheur des peuples, et la véritable illustration des princes qui les gouvernent. Là l'obéissance est glorieuse, et le commandement auguste. Au contraire, la flatterie, l'intérêt particulier, et l'esprit de servitude sont l'origine de tous les maux qui accablent un état, et de toutes les lâchetés qui le déshonorent. Là les sujets sont misérables, et les princes haïs ; là le monarque ne s'est jamais entendu proclamer *le bien-aimé* ; la soumission y est honteuse, et la domination cruelle. Si je rassemble sous un même point de vue la France et la Turquie, j'aperçois d'un côté une société d'hommes que la raison unit, que la vertu fait agir, et qu'un chef également sage et glorieux gouverne selon les lois de la justice ; de l'autre, un troupeau d'animaux que l'habitude assemble, que la loi de la verge fait marcher, et qu'un maître absolu mène selon son caprice.

. . . .

(Diderot)

AZARECAH (*Hist. mod.*), hérétiques Musulmans qui ne reconnaissaient aucune puissance, ni spirituelle ni temporelle. Ils se joignirent à toutes les sectes opposées au musulmanisme. Ils formèrent bientôt des troupes nombreuses, livrèrent des batailles, et défirent souvent les armées qu'on envoya contre eux. Ennemis mortels des Ommiades, ils leur donnèrent bien de la peine dans l'Ahovase et les Iraques Babylonienne et Persienne. Iezid et Abdalmelek, califes de cette maison, les resserrèrent enfin dans la province de Chorasan, où ils s'éteignirent peu à peu. Les *Azarecah* tiraient leur origine de Nafé-ben-Azrah. Cette secte était faite pour causer de grands ravages en peu de temps : mais n'ayant par ses constitutions mêmes aucun chef qui la conduisît, il était nécessaire qu'elle passât comme un torrent, qui pouvait entraîner bien des couronnes et des sceptres dans sa chute. Il n'était pas permis à une multitude aussi effrénée de se reposer un moment sans se détruire d'elle-même ; parce qu'un peuple formé d'hommes indépendants les uns des autres, et de toute loi, n'aura jamais une passion pour la liberté assez violente et assez continue, pour qu'elle puisse seule le garantir des inconvénients d'une pareille société ; si toutefois on peut donner le nom de société à un nombre d'hommes ramassés à la vérité dans le plus petit espace possible, mais qui n'ont rien qui les lie entre eux. Cette assemblée ne compose non plus une société, qu'une multitude infinie de cailloux mis à côté les uns des autres, et qui se toucheraient, ne formeraient un corps solide.

(Diderot)

B

BACCHIONITES, s. m. plur. (*Hist. nat.*).
C'étaient, à ce qu'on dit, des philosophes qui avaient
un mépris si universel pour les choses de ce bas monde,
qu'ils ne se réservaient qu'un vaisseau pour boire ;
encore ajoute-t-on qu'un d'entre eux ayant aperçu dans
les champs un berger qui puisait dans un ruisseau de
l'eau avec le creux de sa main, il jeta loin de lui sa tasse,
comme un meuble incommode et superflu. C'est ce
qu'on raconte aussi de Diogène. S'il y a eu jamais des
hommes aussi désintéressés, il faut avouer que leur
métaphysique et leur morale mériteraient bien d'être
un peu plus connues. Après avoir banni d'entre eux les
distinctions funestes du *tien* et du *mien*, il leur restait
peu de choses à faire pour n'avoir plus aucun sujet de
querelles, et se rendre aussi heureux qu'il est permis à
l'homme de l'être.

(Diderot)

BAS, s. m. (*Bonneterie, et autres marchands, comme
Peaussier, etc.*). C'est la partie de notre vêtement qui
sert à nous couvrir les jambes : elle se fait de laine, de
peau, de toile, de drap, de fil, de filoselle, de soie ; elle
se tricote à l'aiguille ou au métier.
Voici la description du bas au métier, et la manière

de s'en servir. Nous avertissons avant que de commencer, que nous citerons ici deux sortes de Planches : celles du métier à *bas*, qui sont relatives à la machine ; et celles du *bas* au métier, qui ne concernent que la main-d'œuvre. Ainsi la *Pl. III, fig. 7 du métier à bas*, n'est pas la même Planche que la *Pl. III, fig. 7 du bas au métier*.

Le métier à faire des *bas* est une des machines les plus compliquées et les plus conséquentes que nous ayons : on peut la regarder comme un seul et unique raisonnement dont la fabrication de l'ouvrage est la conclusion ; aussi, règne-t-il entre ses parties une si grande dépendance, qu'en retrancher une seule, ou altérer la forme de celles qu'on juge les moins importantes, c'est nuire à tout le mécanisme.

Elle est sortie des mains de son inventeur presque dans l'état de perfection où nous la voyons ; et comme cette circonstance doit ajouter beaucoup à l'admiration, j'ai préféré le métier tel qu'il était anciennement, au métier tel que nous l'avons, observant seulement d'indiquer leurs petites différences à mesure qu'elles se présenteront.

On conçoit, après ce que je viens de dire de la liaison et de la forme des parties du métier à *bas*, qu'on se promettrait en vain quelque connaissance de la machine entière, sans entrer dans le détail et la description de ces parties : mais elles sont en si grand nombre, qu'il semble que cet ouvrage doive excéder les bornes que nous nous sommes prescrites, et dans l'étendue du discours, et dans la quantité des Planches. D'ailleurs, par où entamer ce discours ? comment faire exécuter ces Planches ? La liaison des parties demanderait qu'on dît et qu'on montrât tout à la fois ; ce qui n'est possible, ni dans le discours, où les choses se suivent nécessairement, ni dans les Planches, où les parties se couvrent les unes les autres.

Ce sont apparemment ces difficultés qui ont détourné l'utile et ingénieux auteur du *Spectacle de la nature*, d'insérer cette machine admirable parmi celles dont il nous a donné la description : il a senti qu'il fallait tout dire ou rien ; que ce n'était point ici un de ces mécanismes dont on pût donner des idées claires et nettes, sans un grand attirail de Planches et de discours ; et nous sommes restés sans aucun secours de sa part.

Que le lecteur, loin de s'étonner de la longueur de cet article, soit bien persuadé que nous n'avons rien épargné pour le rendre plus court, comme nous espérons qu'il s'en apercevra, lorsqu'il considérera que nous avons renfermé dans l'espace de quelques pages l'énumération et la description des parties, leur mécanisme et la main-d'œuvre de l'ouvrier. La main-d'œuvre est fort peu de chose ; la machine fait presque tout d'elle-même : son mécanisme en est d'autant plus parfait et plus délicat. Mais il faut renoncer à l'intelligence de ce mécanisme, sans une grande connaissance des parties : or j'ose assurer que dans un métier, tel que ceux que les ouvriers appellent un *quarante-deux*, on n'en compterait pas moins de deux mille cinq cents, et par-delà, entre lesquelles on en trouverait à la vérité beaucoup de semblables : mais si ces parties semblables sont moins embarrassantes pour l'esprit que les autres, en ce qu'elles ont le même jeu, elles sont très incommodes pour les yeux dans les figures, où elles ne manquent jamais d'en cacher d'autres.

Pour surmonter ces obstacles, nous avons cru devoir suivre ici une espèce d'analyse, qui consiste à distribuer la machine entière en plusieurs assemblages particuliers ; représenter au-dessous de chaque assemblage les parties qu'on n'y apercevait pas distinctement, assembler successivement ces assemblages les uns avec les autres, et former ainsi peu à peu la machine entière. On passe de cette manière d'un assemblage simple à un composé, de celui-ci à un plus composé, et l'on arrive sans obscurité ni fatigue à la connaissance d'un tout fort compliqué.

Pour cet effet nous divisons le métier à *bas* en deux parties ; le *fût* ou les parties en bois qui soutiennent le métier, et qui servent dans la main-d'œuvre; et le métier même, ou les parties en fer, et autres qui le composent. Nous nous proposons de traiter chacune séparément. Mais avant que d'entrer dans ce détail, nous rapporterons le jugement que faisait de cette machine un homme qui a très bien senti le prix des inventions modernes. Voici comment M. Perrault s'en exprime dans un ouvrage, qui plaira d'autant plus, qu'on aura moins de préjugés. « Ceux qui ont assez de génie, non pas pour inventer de semblables choses, mais pour les comprendre, tombent dans un profond étonnement à la vue des ressorts presque infinis dont la machine à *bas* est composée, et du grand nombre de ses divers et extraordinaires mouvements. Quand on voit tricoter des *bas*, on admire la souplesse et la dextérité des mains de l'ouvrier, quoiqu'il ne fasse qu'une seule maille à la fois : qu'est-ce donc quand on voit une machine qui forme des centaines de mailles à la fois, c'est-à-dire qui fait en un moment tous les divers mouvements que les mains ne font qu'en plusieurs heures ? Combien de petits ressorts tirent la soie à eux, puis la laissent aller pour la reprendre, et la faire passer d'une maille dans l'autre d'une manière inexplicable ? et tout cela sans que l'ouvrier qui remue la machine y comprenne rien, en sache rien, et même y songe seulement : en quoi on la peut comparer à la plus excellente machine que Dieu ait faite, etc. »

« Il est bien fâcheux et bien injuste, ajoute M. Perrault, qu'on ne sache point les noms de ceux qui ont imaginé des machines si merveilleuses, pendant qu'on nous force d'apprendre ceux des inventeurs de mille autres machines qui se présentent si naturellement à l'esprit, qu'il suffirait d'être venus des premiers au monde pour les imaginer. » Il est constant que la machine à *bas* a pris naissance en Angleterre, et qu'elle nous est venue par une de ces supercheries que les nations se sont permises de tout temps les unes envers les autres. On fait sur son auteur et sur son invention des contes puérils, qui amuseraient peut-être ceux qui n'étant pas en état d'entendre la machine, seraient bien aises d'en parler, mais que les autres mépriseraient avec raison.

L'auteur du *Dictionnaire du Commerce* dit que les Anglais se vantent en vain d'en être les inventeurs, et que c'est inutilement qu'ils en veulent ravir la gloire à la France ; que tout le monde sait maintenant qu'un Français ayant trouvé ce métier si utile et si surprenant, et rencontrant des difficultés à obtenir un privilège exclusif qu'il demandait pour s'établir à Paris, passa en Angleterre, où la machine fut admirée et l'ouvrier récompensé. Les Anglais devinrent si jaloux de cette invention, qu'il fut longtemps défendu, sous peine de la vie, de la transporter hors de l'île, ni d'en donner de modèle aux étrangers ; mais un Français les avait enrichis de ce présent, un Français le restitua à sa patrie, par un effort de mémoire et d'imagination, qui ne se concevra bien qu'à la fin de cet article ; il fit construire à Paris, au retour d'un voyage de Londres, le premier métier, celui sur lequel on a construit ceux qui sont en France et en Hollande. Voilà ce qu'on pense parmi nous de l'invention du métier à *bas*. J'ajouterai seulement au témoignage de M. de Savary, qu'on ne sait à qui l'attribuer en Angleterre, le pays du monde où les honneurs qu'on rend aux inventeurs de la nation, leur permettent le moins de rester ignorés.

. . . .

(Diderot)

BASSESSE, *abjection (Gramm.)*, termes synonymes, en ce qu'ils marquent l'un et l'autre l'état où l'on est : mais si on les construit ensemble, dit M. l'abbé Girard, *abjection* doit précéder *bassesse*, et la délicatesse de notre langue veut que l'on dise, *état d'abjection, bassesse d'état*.

L'*abjection* se trouve dans l'obscurité où nous nous

enveloppons de notre propre mouvement, dans le peu d'estime qu'on a pour nous, dans le rebut qu'on en fait, et dans les situations humiliantes où l'on nous réduit. La *bassesse*, continue le même auteur, se trouve dans le peu de naissance, de mérite, de fortune et de dignité.

Observons ici combien la langue seule nous donne de préjugés, si la dernière réflexion de M. l'abbé Girard est juste. Un enfant, au moment où il reçoit dans sa mémoire le terme *bassesse*, le reçoit donc comme un signe qui doit réveiller pour la suite dans son entendement les idées du défaut de naissance, de mérite, de fortune, de condition, et de mépris : soit qu'il lise, soit qu'il écrive, soit qu'il médite, soit qu'il converse, il ne rencontrera jamais le terme *bassesse*, qu'il ne lui attache ce cortège de notions fausses ; et les signes grammaticaux ayant cela de particulier, en Morale surtout, qu'ils indiquent non seulement les choses, mais encore l'opinion générale que les hommes qui parlent la même langue, en ont conçue, il croira penser autrement que tout le monde et se tromper, s'il ne méprise pas quiconque manque de naissance, de dignité, de mérite et de fortune ; et s'il n'a pas la plus haute vénération pour quiconque a de la naissance, des dignités, du mérite, et de la fortune ; et mourra peut-être, sans avoir conçu que toutes ces qualités étant indépendantes de nous, heureux seulement celui qui les possède ! Il ne mettra aucune distinction entre le mérite acquis et le mérite inné ; et il n'aura jamais su qu'il n'y a proprement que le vice qu'on puisse mépriser, et que la vertu qu'on puisse louer.

Il imaginera que la nature a placé des êtres dans l'élévation, et d'autres dans la *bassesse* ; mais qu'elle ne place personne dans l'*abjection* ; que l'homme s'y jette de son choix, ou y est plongé par les autres ; et faute de penser que ces autres sont pour la plupart injustes et remplis de préjugés, la différence *mal fondée* que l'usage de sa langue met entre les termes *bassesse* et *abjection*, achèvera de lui corrompre le cœur et l'esprit.

La piété, dit l'auteur des Synonymes, diminue les amertumes de l'état d'*abjection*. La stupidité empêche de sentir tous les désagréments de la *bassesse d'état*. L'esprit et la grandeur d'âme font qu'on se chagrine de l'un, et qu'on rougit de l'autre.

Et je dis moi que les termes *abjection*, *bassesse*, semblent n'avoir été inventés que par quelques hommes injustes dans le sein du bonheur, d'où ils insultaient à ceux que la nature, le hasard, et d'autres causes pareilles n'avaient pas également favorisés ; que la Philosophie soutient dans l'*abjection* où l'on est tombé, et ne permet pas de penser qu'on puisse *naître* dans la *bassesse ;* que le philosophe sans naissance, sans bien, sans fortune, sans place, saura bien qu'il n'est qu'un être *abject* pour les autres hommes mais ne se tiendra point pour tel ; que s'il sort de l'état prétendu de *bassesse* qu'on a imaginé, il en sera tiré par son mérite seul ; qu'il n'épargnera rien pour ne pas tomber dans l'*abjection*, à cause des inconvénients physiques et moraux qui l'accompagnent ; mais que s'il y tombe, sans avoir aucun mauvais usage de sa raison à se reprocher, il ne s'en chagrinera guère et n'en rougira point. Il n'y a qu'un moyen d'éviter les inconvénients de la *bassesse* d'état et les humiliations de l'*abjection*, c'est de fuir les hommes, ou de ne voir que ses semblables. Le premier me semble le plus sûr, et c'est celui que je choisirais.

(Diderot)

BEAU, adj. (*Métaphysique*). Avant que d'entrer dans la recherche difficile de l'origine du *beau*, je remarquerai d'abord, avec tous les auteurs qui en ont écrit, que, par une sorte de fatalité, les choses dont on parle le plus parmi les hommes, sont assez ordinairement celles qu'on connaît le moins ; et que telle est, entre beaucoup d'autres, la nature du *beau*. Tout le monde raisonne du *beau* : on l'admire dans les ouvrages de la nature ; on l'exige dans les productions des arts ; on accorde ou l'on refuse cette qualité à tout moment ; cependant si l'on demande aux hommes du goût le plus sûr et le plus exquis, quelle est son origine, sa nature, sa notion précise, sa véritable idée, son exacte définition ; si c'est quelque chose d'absolu ou de relatif ; s'il y a un *beau* essentiel, éternel, immuable, règle et modèle du *beau* subalterne ; ou s'il en est de la *beauté* comme des modes, on voit aussitôt les sentiments partagés ; et les uns avouent leur ignorance, les autres se jettent dans le scepticisme. Comment se fait-il que presque tous les hommes soient d'accord qu'il y a un *beau* ; qu'il y en ait tant entre eux qui le sentent vivement où il est, et que si peu sachent ce que c'est ?

. . . .

Nous naissons avec la faculté de sentir et de penser ; le premier pas de la faculté de penser, c'est d'examiner ses perceptions, de les unir, de les comparer, de les combiner, d'apercevoir entre elles des rapports de convenance et de disconvenance, etc. Nous naissons avec des besoins qui nous contraignent de recourir à différents expédients, entre lesquels nous avons souvent été convaincus par l'effet que nous en attendions, et par celui qu'ils produisaient, qu'il y en a de bons, de mauvais, de prompts, de courts, de complets, d'incomplets, etc. La plupart de ces expédients étaient un outil, une machine, ou quelque autre invention de ce genre ; mais toute machine suppose combinaison, arrangement de parties tendantes à un même but, etc. Voilà donc nos besoins, et l'exercice le plus immédiat de nos facultés, qui conspirent aussitôt que nous naissons à nous donner des idées d'ordre, d'arrangement, de symétrie, de mécanisme, de proportion, d'unité ; toutes ces idées viennent des sens, et sont factices ; et nous avons passé de la notion d'une multitude d'êtres artificiels et naturels, arrangés, proportionnés, combinés, symétrisés, à la notion positive et abstraite d'ordre, d'arrangement, de proportion, de combinaison, de rapports, de symétrie, et à la notion

abstraite et négative de disproportion, de désordre et
de chaos.

Ces notions sont expérimentales comme toutes les
autres : elles nous sont aussi venues par les sens ; il n'y
aurait point de Dieu, que nous ne les aurions pas
moins : elles ont précédé de longtemps en nous celle de
son existence ; elles sont aussi positives, aussi dis-
tinctes, aussi nettes, aussi réelles, que celles de longueur, largeur, profondeur, quantité, nombre ; comme
elles ont leur origine dans nos besoins et l'exercice de
nos facultés, y eût-il sur la surface de la terre quelque
peuple dans la langue duquel ces idées n'auraient point
de nom, elles n'en existeraient pas moins dans les
esprits d'une manière plus ou moins étendue, plus ou
moins développée, fondée sur un plus ou moins grand
nombre d'expériences, appliquée à un plus ou moins
grand nombre d'êtres ; car voilà toute la différence
qu'il peut y avoir entre un peuple et un autre peuple,
entre un homme et un autre homme, chez le même
peuple ; et quelles que soient les expressions sublimes
dont on se serve pour désigner les notions abstraites
d'ordre, de proportion, de rapports, d'harmonie ;
qu'on les appelle, si l'on veut, *éternelles, originales,
souveraines, règles essentielles du beau ;* elles ont passé
par nos sens pour arriver dans notre entendement, de
même que les notions les plus viles ; et ce ne sont que
des abstractions de notre esprit.

Mais à peine l'exercice de nos facultés intellectuelles,
et la nécessité de pourvoir à nos besoins par des
inventions, des machines, etc., eurent-ils ébauché dans
notre entendement les notions d'ordre, de rapports, de
proportion, de liaison, d'arrangement, de symétrie,
que nous nous trouvâmes environnés d'êtres où les
mêmes notions étaient, pour ainsi dire, répétées à
l'infini ; nous ne pûmes faire un pas dans l'univers sans
que quelque production ne les réveillât ; elles entrèrent
dans notre âme à tout instant et de tous côtés ; tout ce
qui se passait en nous, tout ce qui existait hors de nous,
tout ce qui subsistait des siècles écoulés, tout ce que

l'industrie, la réflexion, les découvertes de nos contemporains, produisaient sous nos yeux, continuait de nous inculquer les notions d'ordre, de rapports, d'arrangement, de symétrie, de convenance, de disconvenance, etc., et il n'y a pas une notion, si ce n'est peut-être celle d'existence, qui ait pu devenir aussi familière aux hommes, que celle dont il s'agit.

S'il n'entre donc dans la notion du *beau* soit *absolu*, soit *relatif*, soit *général*, soit *particulier*, que les notions d'ordre, de rapports, de proportions, d'arrangement, de symétrie, de convenance, de disconvenance ; ces notions ne découlant pas d'une autre source que celles d'existence, de nombre, de longueur, largeur, profondeur, et une infinité d'autres, sur lesquelles on ne conteste point, on peut, ce me semble, employer les premières dans une définition du *beau*, sans être accusé de substituer un terme à la place d'un autre, et de tourner dans un cercle vicieux.

. . . .

J'appelle donc *beau* hors de moi, tout ce qui contient en soi de quoi réveiller dans mon entendement l'idée de rapports ; et *beau* par rapport à moi, tout ce qui réveille cette idée.

Quand je dis *tout*, j'en excepte pourtant les qualités relatives au goût et à l'odorat ; quoique ces qualités puissent réveiller en nous l'idée de rapports, on n'appelle point *beaux* les objets en qui elles résident, quand on ne les considère que relativement à ces qualités. On dit *un mets excellent, une odeur délicieuse ;* mais non *un beau mets, une belle odeur.* Lors donc qu'on dit, *voilà un beau turbot, voilà une belle rose*, on considère d'autres qualités dans la rose et dans le turbot que celles qui sont relatives aux sens du goût et de l'odorat.

Quand je dis *tout ce qui contient en soi de quoi réveiller dans mon entendement l'idée de rapports*, ou *tout ce qui réveille cette idée*, c'est qu'il faut bien distinguer les formes qui sont dans les objets, et la notion que j'en ai. Mon entendement ne met rien dans les choses et n'en

ôte rien. Que je pense ou ne pense point à la façade du
Louvre, toutes les parties qui la composent n'en ont
pas moins telle ou telle forme, et tel et tel arrangement
entre elles : qu'il y eût des hommes ou qu'il n'y en eût
point, elle n'en serait pas moins *belle ;* mais seulement
pour des êtres possibles constitués de corps et d'esprit
comme nous ; car pour d'autres, elle pourrait n'être ni
belle ni *laide*, ou même être *laide*. D'où il s'ensuit que,
quoiqu'il n'y ait point de *beau absolu*, il y a deux sortes
de *beau* par rapport à nous, un *beau réel*, et un *beau
aperçu*.

   Quand je dis, *tout ce qui réveille en nous l'idée de
rapports*, je n'entends pas que pour appeler un être
beau, il faille apprécier quelle est la sorte de rapports
qui y règne ; je n'exige pas que celui qui voit un
morceau d'architecture soit en état d'assurer ce que
l'architecte même peut ignorer, que cette partie est à
celle-là comme tel nombre est à tel nombre ; ou que
celui qui entend un concert, sache plus quelquefois
que ne sait le musicien, que tel son est à tel son dans le
rapport de deux à quatre, ou de quatre à cinq. Il suffit
qu'il aperçoive et sente que les membres de cette
architecture, et que les sons de cette pièce de musique
ont des rapports, soit entre eux, soit avec d'autres
objets. C'est l'indétermination de ces rapports, la
facilité de les saisir, et le plaisir qui accompagne leur
perception, qui ont fait imaginer que le *beau* était
plutôt une affaire de sentiment que de raison. J'ose
assurer que toutes les fois qu'un principe nous sera
connu dès la plus tendre enfance, et que nous en ferons
par habitude une application facile et subite aux objets
placés hors de nous, nous croirons en juger par
sentiment ; mais nous serons contraints d'avouer notre
erreur dans toutes les occasions où la complication des
rapports et la nouveauté de l'objet suspendront l'application du principe : alors le plaisir attendra pour se
faire sentir, que l'entendement ait prononcé que l'objet
est *beau*. D'ailleurs le jugement en pareil cas est
presque toujours du *beau relatif*, et non du *beau réel*.

Ou l'on considère les rapports dans les mœurs, et
l'on a le *beau moral,* ou on les considère dans les
ouvrages de littérature, et l'on a le *beau littéraire ;* ou on
les considère dans les pièces de musique, et l'on a le
beau musical ; ou on les considère dans les ouvrages de
la nature, et l'on a le *beau naturel ;* ou on les considère
dans les ouvrages mécaniques des hommes, et l'on a le
beau artificiel ; ou on les considère dans les représentations des ouvrages de l'art ou de la nature, et l'on a le
beau d'imitation : dans quelque objet, et sous quelque
aspect que vous considériez les rapports dans un même
objet, le *beau* prendra différents noms.

. . . .

Mais qu'entendez-vous par un *rapport ?* me demandera-t-on. N'est-ce pas changer l'acception des termes,
que de donner le nom de *beau* à ce qu'on n'a jamais
regardé comme tel ? Il semble que dans notre langue
l'idée de *beau* soit toujours jointe à celle de grandeur, et
que ce ne soit pas définir le *beau* que de placer sa
différence spécifique dans une qualité qui convient à
une infinité d'êtres, qui n'ont ni grandeur ni sublimité.
M. Crousaz a péché, sans doute, lorsqu'il a chargé sa
définition du *beau* d'un si grand nombre de caractères,
qu'elle s'est trouvée restreinte à un très petit nombre
d'êtres ; mais n'est-ce pas tomber dans le défaut
contraire, que de la rendre si générale, qu'elle semble
les embrasser tous, sans en excepter un amas de pierres
informes, jetées au hasard sur le bord d'une carrière ?
Tous les objets, ajoutera-t-on, sont susceptibles de
rapports entre eux, entre leurs parties, et avec d'autres
êtres ; il n'y en a point qui ne puissent être arrangés,
ordonnés, symétrisés. La perfection est une qualité qui
peut convenir à tous ; mais il n'en est pas de même de
la *beauté,* elle est d'un petit nombre d'objets.

Voilà, ce me semble, sinon la seule, du moins la plus
forte objection qu'on puisse me faire, et je vais tâcher
d'y répondre.

Le rapport en général est une opération de l'entendement, qui considère soit un être, soit une qualité, en

tant que cet être ou cette qualité suppose l'existence d'un autre être ou d'une autre qualité. Exemple : Quand je dis que Pierre est un *bon père,* je considère en lui une qualité qui suppose l'existence d'une autre, celle de fils ; et ainsi des autres rapports, tels qu'ils puissent être. D'où il s'ensuit que, quoique le rapport ne soit que dans notre entendement, quant à la perception, il n'en a pas moins son fondement dans les choses ; et je dirai qu'une chose contient en elle des rapports réels, toutes les fois qu'elle sera revêtue de qualités qu'un être constitué de corps et d'esprit comme moi, ne pourrait considérer sans supposer l'existence ou d'autres êtres, ou d'autres qualités, soît dans la chose même, soit hors d'elle ; et je distribuerai les rapports en *réels* et en *aperçus.* Mais il y a une troisième sorte de rapports ; ce sont les rapports *intellectuels* ou *fictifs ;* ceux que l'entendement humain semble mettre dans les choses. Un statuaire jette l'œil sur un bloc de marbre ; son imagination plus prompte que son ciseau, en enlève toutes les parties superflues, et y discerne une figure : mais cette figure est propre- ment imaginaire et fictive ; il pourrait faire sur une portion d'espace terminée par des lignes intellectuelles, ce qu'il vient d'exécuter d'imagination dans un bloc informe de marbre. Un philosophe jette l'œil sur un amas de pierres jetées au hasard ; il anéantit par la pensée toutes les parties de cet amas qui produisent l'irrégularité, et il parvient à en faire sortir un globe, un cube, une figure régulière. Qu'est-ce que cela signifie ? Que quoique la main de l'artiste ne puisse tracer un dessin que sur des surfaces résistantes, il en peut transporter l'image par la pensée sur tout corps ; que dis-je, sur tout corps ? dans l'espace et le vide. L'image, ou transportée par la pensée dans les airs, ou extraite par imagination des corps les plus informes, peut être *belle* ou *laide ;* mais non la toile idéale à laquelle on l'a attachée, ou le corps informe dont on l'a fait sortir.

Quand je dis donc qu'un être est *beau* par les

rapports qu'on y remarque, je ne parle point des rapports intellectuels ou fictifs que notre imagination y transporte, mais des rapports réels qui y sont, et que notre entendement y remarque par le secours de nos sens.

En revanche, je prétends que, quels que soient les rapports, ce sont eux qui constitueront la *beauté*, non dans ce sens étroit où le *joli* est l'opposé du *beau*, mais dans un sens, j'ose le dire, plus philosophique et plus conforme à la notion du *beau* en général, et à la nature des langues et des choses.

Si quelqu'un a la patience de rassembler tous les êtres auxquels nous donnons le nom de *beau*, il s'apercevra bientôt que dans cette foule il y en a une infinité où l'on n'a nul égard à la petitesse ou la grandeur ; la petitesse et la grandeur sont comptées pour rien toutes les fois que l'être est solitaire, ou qu'étant individu d'une espèce nombreuse, on le considère solitairement. Quand on prononça de la première horloge ou de la première montre qu'elle était *belle*, faisait-on attention à autre chose qu'à son mécanisme, ou au rapport de ses parties entre elles ? Quand on prononce aujourd'hui que la montre est *belle*, fait-on attention à autre chose qu'à son usage et à son mécanisme ? Si donc la définition générale du *beau* doit convenir à tous les êtres auxquels on donne cette épithète, l'idée de grandeur en est exclue. Je me suis attaché à écarter de la notion du *beau* la notion de grandeur ; parce qu'il m'a semblé que c'était celle qu'on lui attachait plus ordinairement. En mathématique, on entend par un *beau problème*, un problème difficile à résoudre ; par une *belle solution*, la solution simple et facile d'un problème difficile et compliqué. La notion de *grand*, de *sublime*, d'*élevé*, n'a aucun lieu dans ces occasions où l'on ne laisse pas d'employer le nom de *beau*. Qu'on parcoure de cette manière tous les êtres qu'on nomme *beaux* : l'un exclura la grandeur, l'autre exclura l'utilité ; un troisième la symétrie ; quelques-uns même l'apparence marquée d'ordre et de

symétrie ; telle serait la peinture d'un orage, d'une
tempête, d'un chaos ; et l'on sera forcé de convenir,
que la seule qualité commune, selon laquelle ces êtres
conviennent tous, est la notion de rapports.

. . . .

Placez la *beauté* dans la perception des rapports, et
vous aurez l'histoire de ses progrès depuis la naissance
du monde jusqu'aujourd'hui ; choisissez pour caractère
différentiel du *beau* en général, telle autre qualité qu'il
vous plaira, et votre notion se trouvera tout à coup
concentrée dans un point de l'espace et du temps.

La perception des rapports est donc le fondement du
beau ; c'est donc la perception des rapports qu'on a
désignée dans les langues sous une infinité de noms
différents, qui tous n'indiquent que différentes sortes
de *beau*.

. . . .

Après avoir tenté d'exposer en quoi consiste l'origine
du *beau*, il ne nous reste plus qu'à rechercher celle des
opinions différentes que les hommes ont de la *beauté* :
cette recherche achèvera de donner de la certitude à
nos principes ; car nous démontrerons que toutes ces
différences résultent de la diversité des rapports aperçus ou introduits, tant dans les productions de la
nature, que dans celles des arts.

Le *beau* qui résulte de la perception d'un seul
rapport, est moindre ordinairement que celui qui
résulte de la perception de plusieurs rapports. La vue
d'un *beau* visage ou d'un *beau* tableau, affecte plus que
celle d'une seule couleur ; un ciel étoilé, qu'un rideau
d'azur ; un paysage, qu'une campagne ouverte ; un
édifice, qu'un terrain uni ; une pièce de musique,
qu'un son. Cependant il ne faut pas multiplier le
nombre des rapports à l'infini ; et la *beauté* ne suit pas
cette progression : nous n'admettons de rapports dans
les *belles* choses, que ce qu'un bon esprit en peut saisir
nettement et facilement. Mais qu'est-ce qu'un bon
esprit ? Où est ce point dans les ouvrages en deçà
duquel faute de rapports, ils sont trop unis, et au-delà

duquel ils en sont chargés par excès ? Première source de diversité dans les jugements. Ici commencent les contestations. Tous conviennent qu'il y a un *beau*, qu'il est le résultat des rapports aperçus : mais selon qu'on a plus ou moins de connaissance, d'expérience, d'habitude de juger, de méditer, de voir, plus d'étendue naturelle dans l'esprit, on dit qu'un objet est pauvre ou riche, confus ou rempli, mesquin ou chargé.

Mais combien de compositions où l'artiste est contraint d'employer plus de rapports que le grand nombre n'en peut saisir, et où il n'y a guère que ceux de son art, c'est-à-dire, les hommes les moins disposés à lui rendre justice, qui connaissent tout le mérite de ses productions ? Que devient alors le *beau* ? Ou il est présenté à une troupe d'ignorants qui ne sont pas en état de le sentir, ou il est senti par quelques envieux qui se taisent ; c'est là souvent tout l'effet d'un grand morceau de musique. M. d'Alembert a dit dans le *Discours préliminaire* de cet ouvrage, discours qui mérite bien d'être cité dans cet article, qu'après avoir fait un art d'apprendre la musique, on en devrait bien faire un de l'écouter : et j'ajoute qu'après avoir fait un art de la poésie et de la peinture, c'est en vain qu'on en a fait un de lire et de voir ; et qu'il régnera toujours dans les jugements de certains ouvrages une uniformité apparente, moins injurieuse à la vérité pour l'artiste que le partage des sentiments, mais toujours fort affligeante.

. . . .

Quoi qu'il en soit de toutes ces causes de diversité dans nos jugements, ce n'est point une raison de penser que le *beau* réel, celui qui consiste dans la perception des rapports, soit une chimère ; l'application de ce principe peut varier à l'infini, et ses modifications accidentelles occasionner des dissertations et des guerres littéraires : mais le principe n'en est pas moins constant. Il n'y a peut-être pas deux hommes sur la terre, qui aperçoivent exactement les mêmes rapports dans un même objet, et qui le jugent *beau* au même degré ; mais s'il y en avait un seul qui ne fût affecté des rapports dans aucun genre, ce serait un stupide parfait ; et s'il y était insensible seulement dans quelques genres, ce phénomène décèlerait en lui un défaut d'économie animale, et nous serions toujours éloignés du scepticisme, par la condition générale du reste de l'espèce.

Le *beau* n'est pas toujours l'ouvrage d'une cause intelligente : le mouvement établit souvent, soit dans un être considéré solitairement, soit entre plusieurs êtres comparés entre eux, une multitude prodigieuse de rapports surprenants. Les cabinets d'histoire naturelle en offrent un grand nombre d'exemples. Les rapports sont alors des résultats de combinaisons fortuites, du moins par rapport à nous. La nature imite, en se jouant, dans cent occasions, les productions de l'art ; et l'on pourrait demander, je ne dis pas si ce philosophe qui fut jeté par une tempête sur les bords d'une île inconnue, avait raison de s'écrier, à la vue de quelques figures de géométrie : *Courage, mes amis, voici des pas d'hommes ;* mais combien il faudrait remarquer de rapports dans un être, pour avoir une certitude complète qu'il est l'ouvrage d'un artiste ; en quelle occasion un seul défaut de symétrie prouverait plus que toute somme donnée de rapports ; comment sont entre eux le temps de l'action et la cause fortuite, et les rapports observés dans les effets produits ; et si, à l'exception des œuvres du Tout-Puissant, il y a des cas où le nombre des rapports ne puisse jamais être compensé par celui des jets.

(Diderot)

BESOIN, s. m. C'est un sentiment désagréable, occasionné par l'absence aperçue, et la présence désirée d'un objet. Il s'ensuit de là, 1° que nous avons deux sortes de *besoins ;* les uns du corps, qu'on nomme *appétits ;* les autres de l'esprit, qu'on appelle *désirs ;* 2° que puisqu'ils sont occasionnés par l'absence d'un

objet, ils ne peuvent être satisfaits que par sa présence ;
3° que puisque l'absence de l'objet qui occasionnait le
besoin était désagréable, la présence de l'objet qui le
satisfait est douce ; 4° qu'il n'y a point de plaisir sans
besoin ; 5° que l'état d'un homme qui aurait toujours du
plaisir, sans avoir jamais éprouvé de peine, ou toujours
de la peine, sans avoir connu le plaisir, est un état
chimérique ; 6° que ce sont les alternatives de peines et
de plaisirs, qui donnent de la pointe aux plaisirs et de
l'amertume aux peines ; 7° qu'un homme né avec un
grand chatouillement qui ne le quitterait point, n'aurait aucune notion de plaisir ; 8° que des sensations
ininterrompues ne feraient jamais ni notre bonheur ni
notre malheur ; 9° que ce n'est pas seulement en nous-
mêmes que les *besoins* sont la source de nos plaisirs et
de nos peines, mais qu'ils ont donné lieu à la formation
de la société, à tous les avantages qui l'accompagnent,
et à tous les désordres qui la troublent. Supposons un
homme formé et jeté dans cet univers comme par
hasard, il repaîtra d'abord ses yeux de tout ce qui
l'environne ; il s'approchera ou s'éloignera des objets,
selon qu'il en sera diversement affecté : mais au milieu
des mouvements de la curiosité qui l'agiteront, bientôt
la faim se fera sentir, et il cherchera à satisfaire ce
besoin. A peine ce *besoin* sera-t-il satisfait, qu'il lui en
surviendra d'autres qui l'approcheront de ses semblables, s'il en rencontre : la crainte, dit l'auteur de
l'*Esprit des lois*, porte les hommes à se fuir ; mais les
marques d'une crainte réciproque doivent les engager à
se réunir. Ils se réunissent donc ; ils perdent dans la
société le sentiment de leur faiblesse, et l'état de guerre
commence. La société leur facilite et leur assure la
possession des choses dont ils ont un *besoin* naturel :
mais elle leur donne en même temps la notion d'une
infinité de *besoins* chimériques, qui les pressent mille
fois plus vivement que des *besoins* réels, et qui les
rendent peut-être plus malheureux étant rassemblés
qu'ils ne l'auraient été dispersés.

                                                    (Diderot)

BRAMINES OU BRAMENES, OU BRAMINS
OU BRAMENS, s. m. pl. *(Hist. mod.)*. Secte de
philosophes indiens, appelés anciennement *Brach-
manes*. Ce sont des prêtres qui révèrent principalement
trois choses, le dieu Fo, sa loi, et les livres qui
contiennent leurs constitutions. Ils assurent que le
monde n'est qu'une illusion, un songe, un prestige, et
que les corps, pour exister véritablement, doivent
cesser d'être en eux-mêmes, et se confondre avec le
néant, qui par sa simplicité fait la perfection de tous les
êtres. Ils font consister la sainteté à ne rien vouloir, à
ne rien penser, à ne rien sentir, et à si bien éloigner de
son esprit toute idée, même de vertu, que la parfaite
quiétude de l'âme n'en soit pas altérée. C'est le profond
assoupissement de l'esprit, le calme de toutes les
puissances, la suspension absolue des sens, qui font la
perfection. Cet état ressemble si fort au sommeil, qu'il
paraît que quelques grains d'*opium* sanctifieraient un
Bramine bien plus sûrement que tous ses efforts. Ce
quiétisme a été attaqué dans les Indes, et défendu avec
chaleur : du reste ils méconnaissent leur première
origine : le roi *Brachman* n'est point leur fondateur. Ils
se prétendent issus de la tête du dieu *Brama*, dont le
cerveau ne fut pas seul fécond ; ses pieds, ses mains,
ses bras, son estomac, ses cuisses, engendrèrent aussi,
mais des êtres bien moins nobles que les *Bramines*. Ils
ont des livres anciens qu'ils appellent *sacrés*. Ils
conservent la langue dans laquelle ils ont été écrits. Ils
admettent la métempsycose. Ils prétendent que la
chaîne des êtres est émanée du sein de Dieu, et y
remonte continuellement, comme le fil sort du ventre
de l'araignée et y rentre : au reste il paraît que ce
système de religion varie avec les lieux. Sur la côte de
Coromandel, Wistnou est le dieu des *Bramines* ; Brama
n'est que le premier homme. Brama reçut de Wistnou
le pouvoir de créer : il fit huit mondes comme le nôtre,

dont il abandonna l'administration à huit lieutenants.
Les mondes périssent et renaissent ; notre terre a
commencé par l'eau et finira par le feu : il s'en
reformera de ses cendres une autre, où il n'y aura ni
mer ni vicissitude de saisons. Les *Bramines* font
circuler les âmes dans différents corps ; celle de
l'homme doux passe dans le corps d'un pigeon ; celle
du tyran dans le corps d'un vautour ; et ainsi des
autres. Ils ont en conséquence un extrême respect pour
les animaux ; ils leur ont établi des hôpitaux ; la piété
leur fait racheter les oiseaux que les Mahométans
prennent. Ils sont fort respectés des Benjans ou
Banians dans toutes les Indes ; mais surtout de ceux de
la côte de Malabar, qui poussent la vénération jusqu'à
leur abandonner leurs épouses avant la consommation
du mariage, afin que ces hommes divins en disposent
selon leur sainte volonté, et que les nouveaux mariés
soient heureux et bénis. Ils sont à la tête de la religion ;
ils en expliquent les rêveries aux idiots, et dominent
ainsi sur ces idiots, et par contrecoup sur le petit
nombre de ceux qui ne le sont pas. Ils tiennent les
petites écoles. L'austérité de leur vie, l'ostentation de
leurs jeûnes, en imposent. Ils sont répandus dans
toutes les Indes : mais leur collège est proprement à
Banassi. Nous pourrions pousser plus loin l'exposition
des extravagances de la philosophie et de la religion des
Bramines : mais leur absurdité, leur nombre et leur
durée, ne doivent rien avoir d'étonnant : un chrétien y
voit l'effet de la colère céleste. Tout se tient dans
l'entendement humain ; l'obscurité d'une idée se
répand sur celles qui l'environnent : une erreur jette
des ténèbres sur des vérités contiguës ; et s'il arrive
qu'il y ait dans une société des gens intéressés à former,
pour ainsi dire, des centres de ténèbres, bientôt le
peuple se trouve plongé dans une nuit profonde. Nous
n'avons point ce malheur à craindre : jamais les centres
de ténèbres n'ont été plus rares et plus resserrés

qu'aujourd'hui : la Philosophie s'avance à pas de géant, et la lumière l'accompagne et la suit. *Voyez* dans la nouvelle édition de M. de Voltaire la *Lettre d'un Turc sur les Bramines*.

(Diderot)

C

CAPUCHON, s. m. (*Hist. ecclés.*), espèce de vêtement à l'usage des Bernardins, des Bénédictins, etc. Il y a deux sortes de *capuchons;* l'un blanc, fort ample, que l'on porte dans les occasions de cérémonie : l'autre noir, qui est une partie de l'habit ordinaire.

Le P. Mabillon prétend que le *capuchon* était dans son origine, la même chose que le scapulaire. Mais l'auteur de l'Apologie pour l'empereur Henri IV, distingue deux espèces de *capuchon;* l'une était une robe qui descendait de la tête jusqu'aux pieds, qui avait des manches, et dont on se couvrait dans les jours et les occasions remarquables; l'autre une sorte de camail pour les autres jours : c'est ce dernier qu'on appelait proprement *scapulaire,* parce qu'il n'enveloppait que la tête et les épaules.

Capuchon, se dit plus communément d'une pièce d'étoffe grossière, taillée et cousue en cône, ou arrondie par le bout, dont les Capucins, les Récollets, les Cordeliers, et d'autres religieux mendiants, se couvrent la tête. Le *capuchon* fut autrefois l'occasion d'une grande guerre entre les Cordeliers. L'ordre fut divisé en deux factions, les frères spirituels, et les frères de communauté. Les uns voulaient le *capuchon* étroit, les autres le voulaient large. La dispute dura plus d'un siècle avec beaucoup de chaleur et d'animosité, et fut à peine terminée par les bulles des quatre papes, Nico-

las IV, Clément V, Jean XXII et Benoît XII. Les
religieux de cet ordre ne se rappellent à présent cette
contestation qu'avec le dernier mépris. Cependant, si
quelqu'un s'avisait aujourd'hui de traiter le scotisme
comme il le mérite, quoique les futilités du docteur
subtil soient un objet moins important encore que la
forme du coqueluchon de ses disciples, je ne doute
point que l'agresseur n'eût une querelle fort vive à
soutenir, et qu'il ne s'attirât bien des injures.

Mais un Cordelier qui aurait du bon sens ne
pourrait-il pas dire aux autres avec raison : « Il me
semble, mes pères, que nous faisons trop de bruit pour
rien : les injures qui nous échapperont ne rendront pas
meilleur l'ergotisme de Scot. Si nous attendions que la
saine philosophie, dont les lumières se répandent
partout, eût pénétré un peu plus avant dans nos
cloîtres, peut-être trouverions-nous alors les rêveries
de notre docteur aussi ridicules que l'entêtement de
nos prédécesseurs sur la mesure de notre *capuchon*. »
Voyez les articles Cordeliers et Scotisme.

(Diderot)

CASUISTE, s. m. *(Morale)*.

. . . .

Le casuiste est donc un personnage important par
son état et par son caractère ; un homme d'autorité
dans Israël, dont par conséquent la conduite et les
écrits ne peuvent être trop rigoureusement examinés :
voilà mes principes. Cependant je ne sais s'il faut
approuver la plaisanterie éloquente et redoutable de
Pascal, et le zèle peut-être indiscret avec lequel d'autres auteurs, d'ailleurs très habiles et très respectables,
poursuivirent vers le milieu du siècle dernier, la morale
relâchée de quelques *casuistes obscurs*. Ils ne s'aperçu-
rent pas sans doute que les principes de ces *casuistes*,
recueillis en un corps, et exposés en *langue vulgaire*, ne
manqueraient pas d'enhardir les passions, toujours

disposées à s'appuyer de l'autorité la plus frêle. Le monde ignorait qu'on eût osé enseigner qu'*il est quelquefois permis de mentir, de voler, de calomnier, d'assassiner pour une pomme*, etc. Quelle nécessité de l'en instruire ? Le scandale que la délation de ces maximes occasionna dans l'Eglise, fut un mal plus grand que celui qu'auraient jamais fait des volumes poudreux relégués dans les ténèbres de quelques bibliothèques monastiques.

En effet, qui connaissait Villalobos, Connink, Llamas, Achozier, Dealkofer, Squilanti, Bizoteri, Tribarne, de Graffalis, de Pitigianis, Strevesdorf et tant d'autres, qu'on prendrait, à leurs noms et à leurs opinions, pour des Algériens ? Pour qui leurs principes étaient-ils dangereux ? pour les enfants qui ne savent pas lire ; pour les laboureurs, les marchands, les artisans et les femmes, qui ignorent la langue dans laquelle la plupart ont écrit ; pour les gens du monde, qui lisent à peine les ouvrages de leur état, qui ont oublié le peu de latin qu'ils ont rapporté des collèges, et à qui une dissipation continuelle ne laisse presque pas le temps de parcourir un roman ; pour une poignée de théologiens éclairés et décidés sur ces matières ? Je voudrais bien qu'un bon *casuiste* m'apprît qui est le plus coupable, ou de celui à qui il échappe une proposition absurde qui passerait sans conséquence, ou de celui qui la remarque et qui l'éternise.

Mais, *après avoir protesté contre tout désir d'une liberté qui s'exercerait aux dépens de la tranquillité de l'état et de la religion*, ne puis-je pas demander si l'*oubli* que je viens de proposer par rapport aux corrupteurs obscurs de la morale chrétienne, n'est pas applicable à tout autre auteur dangereux, pourvu qu'il ait écrit en *langue savante* ? Il me semble qu'il faut ou embrasser l'affirmative, ou abandonner les *casuistes* ; car pourquoi les uns mériteraient-ils plus d'attention que les autres ? Des *casuistes* relâchés seraient-ils moins pernicieux et plus méprisables que des inconvaincus ?

Mais, dira-t-on, *ne vaudrait-il pas mieux qu'il n'y eût*

ni incrédule, ni mauvais casuistes, et que les productions
des uns et des autres ne parussent ni en langue savante et ni
en langue vulgaire ? Rien n'est plus vrai, de même qu'il
serait à souhaiter qu'il n'y eût ni maladies ni méchanceté parmi les hommes : mais c'est une nécessité qu'il y
ait des malades et des méchants, et il y a des maladies
et des crimes que les remèdes ne font qu'aigrir.

Et qui vous a dit, continuera-t-on, *qu'il est aussi*
nécessaire qu'il y ait parmi nous des casuistes relâchés et des
incrédules, que des méchants et des malades ? N'avons-
nous pas des lois qui peuvent nous mettre à couvert de
l'incrédulité et du relâchement ?

Je ne prétends point donner des bornes aux puissances ecclésiastiques et civiles, personne ne respecte
plus que moi l'autorité des lois publiées contre les
auteurs dangereux ; mais je n'ignore pas que ces lois
existaient longtemps avant les *casuistes* relâchés et leur
apologiste, et *qu'elles ne les ont pas empêchés de penser et*
d'écrire.

Je sais aussi que par l'éclat de la procédure, les lois
civiles pourraient arracher des productions misérables
à l'obscurité profonde où elles ne demanderaient qu'à
rester ; et que c'est là précisément ce qu'elles auraient
de commun avec les lois ecclésiastiques dans la censure
de *casuistes* ignorés, qu'une délation maligne aurait fait
connaître mal à propos.

Au reste, c'est moins ici une opinion que je prétends
établir, qu'une question que je propose. C'est aux
sages magistrats chargés du dépôt des lois, et aux
illustres prélats qui veillent pour le maintien de la foi et
de la morale évangélique, à décider dans quels cas il
vaut mieux ignorer que punir ; et quelles sont, pour me
servir de l'expression d'un auteur célèbre, les bornes
précises de la nécessité dans lesquelles il faut tenir les
abus et les scandales.

(Diderot)

CAUCASE, s. m. (*Myth. et Géog.*). Chaîne de montagnes, qui commence au-dessus de la Colchide et finit à la mer Caspienne. C'est là que Prométhée enchaîné eut le foie déchiré par un vautour ou par un aigle. Les habitants de cette contrée prenant, si l'on en croit Philostrate, cette fable à la lettre, faisaient la guerre aux aigles, dénichaient leurs petits, et les perçaient avec des flèches ardentes ; ou l'interprétant, selon Strabon, de la condition malheureuse des humains, ils se mettaient en deuil à la naissance des enfants, et se réjouissaient à leurs funérailles. Il n'y a point de chrétien vraiment pénétré des vérités de sa religion, qui ne dût imiter l'habitant du *Caucase*, et se féliciter de la mort de ses enfants. La mort assure à l'enfant qui vient de naître, une félicité éternelle ; et le sort de l'homme qui paraît avoir vécu le plus saintement, est encore incertain. Que notre religion est tout à la fois terrible et consolante !

(Diderot)

CÉRÉMONIES, s. f. pl. (*Hist. civ. et ecclés.*). Les *cérémonies* sont en général des démonstrations extérieures et symboliques, qui font partie des usages de la police et du culte d'une société.

. . . .

Il y a deux choses principales à examiner sur les *cérémonies* ; leur origine, soit dans la société, soit dans la religion, et leur nécessité dans la religion : quant au premier point, il paraît que chaque *cérémonie* dans la société a son origine particulière, relative à quelque fait primitif et aux circonstances de ce fait, et qu'il en est de même de l'origine de chaque *cérémonie* dans la religion ; avec cette différence qu'on peut rechercher ce qui a donné lieu à celles-ci, qui forment tantôt un système sage et raisonné, ou qui ne sont d'autres fois qu'un assemblage d'extravagances, d'absurdités et de petitesses, sans motif, sans liaison, sans autorité.

Il est donc à propos dans cette recherche de distribuer les *cérémonies religieuses* en deux classes ; en *cérémonies pieuses et saintes,* et en *cérémonies superstitieuses et abominables.*

Il n'y a eu de *cérémonies religieuses* pieuses et saintes sur la surface de la terre, 1° que le petit nombre de celles qui accompagnèrent le culte naturel que les premiers hommes rendirent à Dieu en pleine campagne, dans la simplicité de leur cœur et l'innocence de leurs mœurs, n'ayant d'autre temple que l'univers, d'autre autel qu'une touffe de gazon, d'autre offrande qu'une gerbe, d'autre victime qu'un agneau, et d'autres sacrificateurs qu'eux-mêmes, et qui ont duré depuis Adam jusqu'à Moïse ; 2° les *cérémonies* qu'il plut à Dieu de prescrire au peuple juif, par sa propre bouche ou par celle de ses pontifes et de ses prophètes, qui commencèrent à Moïse, et que Jésus-Christ a abolies ; 3° les *cérémonies* de la religion chrétienne, que son divin instituteur a indiquées, que ses apôtres et leurs successeurs ont instituées, qui sont toujours sanctifiées par l'esprit des ministres qui les exécutent, et des fidèles qui y assistent, et qui dureront jusqu'à la fin des siècles.

L'origine de ces *cérémonies* est fondée sur l'histoire, et nous est transmise par des livres sur l'authenticité desquels il n'y a point de doute. Elles furent chez les premiers hommes des mouvements de la nature inspirée ; chez les Juifs, une portion des lois d'un gouvernement théocratique ; chez les chrétiens, des symboles de foi, d'espérance, et de charité ; et il ne peut y avoir sur elles deux sentiments. Loin donc de nous les idées de Marsham et de Spencer ; c'est presque un blasphème que de déduire les *cérémonies* du Lévitique, des rites égyptiens.

Mais il n'en est pas de même des *cérémonies superstitieuses :* il semble qu'à l'exception de ce que les saintes Ecritures nous en apprennent, le reste soit entièrement abandonné aux disputes de la philosophie ; et voici en peu de mots ce qu'elle nous suggère de plus raisonnable. Elle réduit les causes de l'idolâtrie à la flatterie, à l'admiration, à la tendresse, à la crainte, à l'espérance, mal entendues ; *voyez* IDOLÂTRIE ; conséquemment il paraît que toutes les *cérémonies superstitieuses* ne sont que des expressions de ces différents sentiments, variées selon l'intérêt, le caprice, et la méchanceté des prêtres idolâtres. Faites une combinaison des passions qui ont donné naissance aux idoles, avec celles de leurs ministres, et tous les monstres d'abomination et de cruauté qui noircissent les volumes de nos historiens et de nos voyageurs ; vous les en verrez sortir, sans avoir recours aux conjectures d'Huet, de Bochart, de Vossius, et de Dickinson, où l'on remarque quelquefois plus de zèle que de vraisemblance.

Quant à la question de la nécessité des *cérémonies* pour un culte, sa solution dépend d'une autre ; savoir, si la religion est faite pour le seul philosophe, ou pour le philosophe et le peuple : dans le premier cas, on pourrait peut-être soutenir que les *cérémonies* sont superflues, puisqu'elles n'ont d'autre but que de nous rappeler les objets de notre foi et de nos devoirs, dont le philosophe se souvient bien sans le secours des signes sensibles : mais la religion est faite indistinctement pour tous les hommes, comme il en faut convenir ; donc, comme les prodiges de la nature ramènent sans cesse le philosophe à l'existence d'un Dieu créateur ; dans la religion chrétienne, par exemple, les *cérémonies* ramèneront sans cesse le chrétien à la loi d'un Dieu crucifié. Les représentations sensibles, de quelque nature qu'elles soient, ont une force prodigieuse sur l'imagination du commun des hommes : jamais l'éloquence d'Antoine n'eût fait ce que fit la robe de César. *Quod litteratis est scriptura, hoc idiotis praestat pictura*, dit saint Grégoire le Grand, livre IX, épître IX.

(Diderot)

CHASTETÉ, est une vertu morale par laquelle nous modérons les désirs déréglés de la chair. Parmi les appétits que nous avons reçus de la nature, un des plus violents est celui qui porte un sexe vers l'autre : appétit qui nous est commun avec les animaux, de quelque espèce qu'ils soient ; car la nature n'a pas moins veillé à la conservation des animaux, qu'à celle de l'homme ; et à la conservation des animaux malfaisants, qu'à celle des animaux que nous appelons *bienfaisants*. Mais il est arrivé parmi les hommes, cet animal par excellence, ce qu'on n'a jamais remarqué parmi les autres animaux ; c'est de tromper la nature, en jouissant du plaisir qu'elle a attaché à la propagation de l'espèce humaine, et en négligeant le but de cet attrait ; c'est là précisément ce qui constitue l'essence de l'impureté : et par conséquent l'essence de la vertu opposée consistera à mettre sagement à profit ce qu'on aura reçu de la nature, et à ne jamais séparer la fin des moyens. La *chasteté* aura donc lieu hors le mariage, et dans le mariage : dans le mariage, en satisfaisant à tout ce que la nature exige de nous, et que la religion et les lois de l'Etat ont autorisé ; dans le célibat, en résistant à l'impulsion de la nature qui nous pressant sans égard pour les temps, les lieux, les circonstances, les usages, le culte, les coutumes, les lois, nous entraînerait à des actions proscrites.

Il ne faut pas confondre la *chasteté* avec la *continence*. Tel est *chaste* qui n'est pas continent ; et réciproquement, tel est continent qui n'est pas *chaste*. La *chasteté* est de tous les temps, de tous les âges, et de tous les états : la *continence* n'est que du célibat ; et il s'en manque beaucoup que le célibat soit un état d'obligation. *Voyez* CÉLIBAT. L'âge rend les vieillards nécessairement continents ; il est rare qu'il les rende *chastes*.

Voilà tout ce que la philosophie semble nous dicter sur la *chasteté*. Mais les lois de la religion chrétienne sont beaucoup plus étroites ; un mot, un regard, une parole, un geste, mal intentionnés, flétrissent la *chasteté* chrétienne : le chrétien n'est parvenu à la vraie *chasteté,* que quand il a su se conserver dans un état de pureté angélique, malgré les suggestions perpétuelles du démon de la chair. Tout ce qui peut favoriser les efforts de cet ennemi de notre innocence, passe dans son esprit pour autant d'obstacles à la *chasteté :* tels que les excès dans le boire et le manger, la fréquentation de personnes déréglées, ou même d'un autre sexe, la vue d'un objet indécent, un discours équivoque, une lecture déshonnête, une pensée libre, etc. *Voyez* à CÉLIBAT, MARIAGE, et aux autres articles de cet ouvrage, où l'on traite des *devoirs de l'homme envers lui-même,* ce qu'il faut penser de la *chasteté.*

(Diderot)

CITÉ, s. f. *(Politiq.),* est la première des grandes sociétés de plusieurs familles, où les actes de la volonté et l'usage des forces sont résignés à une personne physique ou à un être moral, pour la sûreté, la tranquillité intérieure et extérieure, et tous les autres avantages de la vie. *Voyez* SOCIÉTÉ et FAMILLE. La personne physique, ou l'être moral dépositaire des volontés et des forces, est dite *commander ;* les personnes qui ont résigné leurs volontés et leurs forces, sont dites *obéir.* L'idée de *cité* suppose donc le rapport d'une personne physique ou d'un être moral public qui *veut seul,* à des êtres physiques privés qui *n'ont plus de volonté.* Toute *cité* a deux origines ; l'une philosophique, l'autre historique. Quant à la première de ces origines, il y en a qui prétendent que l'homme est porté par sa nature à former des *cités* ou sociétés civiles ; que les familles tendent à se réunir, c'est-à-dire à résigner leurs forces et leurs volontés à une personne physique ou à un être moral ; ce qui peut être vrai, mais ce qui n'est pas facile à prouver. D'autres la déduisent de la nécessité d'une société civile pour la formation et la subsistance des moindres sociétés, la conjugale, la paternelle, et l'hérile, ce qui est démontré faux par l'exemple des patriarches qui vivaient en familles libres et séparées. Il y en a qui ont recours, ou à l'indigence de la nature humaine, ou à sa crainte du mal, ou à un appétit violent des commodités de la vie, ou même à la débauche, ce qui suffirait bien pour rassembler les familles en société civile, et pour les y maintenir. La première ville ou *cité* fut construite par Caïn. Nemrod, qui fut méchant, et qui affecta un des premiers la souveraineté, fut aussi un fondateur de *cités*. Nous voyons naître et s'accroître la corruption et les vices, avec la naissance et l'accroissement des *cités*. L'histoire et la philosophie sont donc d'accord sur leurs origines. Quelles que soient les lois de la *cité* où l'on s'est retiré, il faut les connaître, s'y soumettre, et les défendre. Quand on se représente en esprit des familles s'assemblant pour former une *cité*, on ne conçoit entre elles que l'égalité. Quand on se les représente assemblées, et que la résignation des volontés et des forces s'est faite, on conçoit de la subordination, non seulement entre les familles, mais entre les individus. Il faut faire le même raisonnement par rapport aux *cités* entre elles. Quand on se représente en esprit les *cités* isolées, on ne conçoit que de l'égalité entre elles; quand on se les représente réunies, on conçoit la formation des empires et la subordination des *cités*, soit entre elles, soit à quelque personne physique, ou à quelque être moral. Que n'en peut-on dire autant des empires! Mais c'est par cela même qu'il ne s'est point formé de combinaison des empires, que les souverains absolus restent égaux, et vivent seuls indépendants et dans l'état de nature. Le consentement qui assure, soit la subordination des familles dans une *cité*, soit celle des *cités* dans un empire, à une personne physique ou à un être moral, est démontré par le fait; et celui qui trouble l'ordre des familles dans la *cité* est mauvais citoyen; et celui qui trouble l'ordre des *cités* dans l'empire est mauvais sujet; et celui qui trouble l'ordre des empires dans le monde est mauvais souverain. Dans un Etat bien ordonné, une *cité* peut être regardée comme une seule

personne, et la réunion des *cités* comme une seule
personne, et cette dernière personne comme soumise à
une autorité qui réside dans un individu physique ou
dans un être moral souverain, à qui il appartient de
veiller au bien des *cités* en général et en particulier.

. . . .

(Diderot)

CITOYEN, s. m. (*Hist. anc. mod. Droit publ.*)
. . . .

Hobbes ne met aucune différence entre le sujet et le
citoyen ; ce qui est vrai, en prenant le terme de *sujet*
dans son acception stricte, et celui de *citoyen* dans son
acception la plus étendue ; et en considérant que celui-
ci est par rapport aux lois seules, ce que l'autre est par
rapport à un souverain. Ils sont également com-
mandés, mais l'un par un être moral, et l'autre par une
personne physique. Le nom de *citoyen* ne convient ni à
ceux qui vivent subjugués, ni à ceux qui vivent isolés ;
d'où il s'ensuit que ceux qui vivent absolument dans
l'état de nature, comme les souverains ; et ceux qui ont
parfaitement renoncé à cet état, comme les esclaves, ne
peuvent point être regardés comme *citoyens ;* à moins
qu'on ne prétende qu'il n'y a point de société raisonnable où il n'y ait un être moral, immuable, et au-dessus
de la personne physique souveraine.

. . . .

Pufendorf, en restreignant le nom de *citoyen* à ceux
qui par une réunion première de familles ont fondé
l'état, et à leurs successeurs de père en fils, introduit
une distinction frivole qui répand peu de jour dans son
ouvrage, et qui peut jeter beaucoup de trouble dans
une société civile, en distinguant les *citoyens* originaires
des naturalisés, par une idée de noblesse mal entendue.
Les *citoyens* en qualité de *citoyens,* c'est-à-dire dans
leurs sociétés, sont tous également nobles ; la noblesse
se tirant non des ancêtres, mais du droit commun aux
premières dignités de la magistrature.

L'être moral souverain étant par rapport au *citoyen* ce que la personne physique despotique est par rapport au sujet, et l'esclave le plus parfait ne transférant pas tout son être à son souverain ; à plus forte raison le *citoyen* a-t-il des droits qu'il se réserve, et dont il ne se départ jamais. Il y a des occasions où il se trouve sur la même ligne, je ne dis pas avec ses concitoyens, mais avec l'être moral qui leur commande à tous. Cet être a deux caractères, l'un particulier, et l'autre public : celui-ci ne doit point trouver de résistance ; l'autre peut en éprouver de la part des particuliers, et succomber même dans la contestation. Puisque cet être moral a des domaines, des engagements, des fermes, des fermiers, etc. il faut, pour ainsi dire, distinguer en lui le souverain et le sujet de la souveraineté. Il est dans ces occasions juge et partie. C'est un inconvénient sans doute ; mais il est de tout gouvernement en général, et il ne prouve pour ou contre, que par sa rareté ou par sa fréquence, et non par lui-même. Il est certain que les sujets ou *citoyens* seront d'autant moins exposés aux injustices, que l'être souverain physique ou moral sera plus rarement juge et partie dans les occasions où il sera attaqué comme particulier.

Dans les temps de troubles, le *citoyen* s'attachera au parti qui est pour le système établi ; dans les dissolutions de systèmes, il suivra le parti de sa cité, s'il est unanime, et s'il y a division dans la cité, il embrassera celui qui sera pour l'égalité des membres et la liberté de tous.

Plus les *citoyens* approcheront de l'égalité de prétentions et de fortune, plus l'état sera tranquille : cet avantage paraît être de la démocratie pure, exclusivement à tout autre gouvernement ; mais dans la démocratie même la plus parfaite, l'entière égalité entre les membres est une chose chimérique, et c'est peut-être là le principe de dissolution de ce gouvernement, à moins qu'on y remédie par toutes les injustices de l'ostracisme. Il en est d'un gouvernement en général, ainsi que de la vie animale : chaque pas de la vie est un pas

vers la mort. Le meilleur gouvernement n'est pas celui
qui est immortel, mais celui qui dure le plus longtemps
et le plus tranquillement.

(Diderot)

COLLÈGE.

. . . .
Nous n'entrerons point ici dans le détail historique
de l'établissement des différents collèges de Paris ; ce
détail n'est point de l'objet de notre ouvrage, et
d'ailleurs intéresserait assez peu le public : il est un
autre objet bien plus important dont nous voulons ici
nous occuper ; c'est celui de l'éducation qu'on y donne
à la jeunesse.

. . . .
Mais avant que de traiter un sujet si important, je
dois prévenir les lecteurs désintéressés, que cet article
pourra choquer quelques personnes, quoique ce ne soit
pas mon intention : je n'ai pas plus de sujet de haïr
ceux dont je vais parler, que de les craindre ; il en est
même plusieurs que j'estime, et quelques-uns que
j'aime et que je respecte : ce n'est point aux hommes
que je fais la guerre, c'est aux abus, à des abus qui
choquent et qui affligent comme moi la plupart même
de ceux qui contribuent à les entretenir, parce qu'ils
craignent de s'opposer au torrent. La matière dont je
vais parler intéresse le gouvernement et la religion et
mérite bien qu'on en parle avec liberté, sans que cela
puisse offenser personne : après cette précaution,
j'entre en matière.

On peut réduire à cinq chefs l'éducation publique ;
les humanités, la rhétorique, la philosophie, les mœurs
et la religion.

. . . .
Il résulte de ce détail, qu'un jeune homme après
avoir passé dans un *collège* dix années, qu'on doit
mettre au nombre des plus précieuses de sa vie, en

sort, lorsqu'il a le mieux employé son temps, avec la connaissance très imparfaite d'une langue morte, avec des préceptes de rhétorique et des principes de philosophie qu'il doit tâcher d'oublier ; souvent avec une corruption de mœurs dont l'altération de la santé est la moindre suite ; quelquefois avec des principes d'une dévotion mal entendue ; mais plus ordinairement avec une connaissance de la religion si superficielle, qu'elle succombe à la première conversation impie, ou à la première lecture dangereuse.

Je sais que les maîtres les plus sensés déplorent ces abus avec encore plus de force que nous ne faisons ici ; presque tous désirent passionnément qu'on donne à l'éducation des *collèges* une autre forme : nous ne faisons qu'exposer ici ce qu'ils pensent, et ce que personne d'entre eux n'ose écrire : mais le train une fois établi a sur eux un pouvoir dont ils ne sauraient s'affranchir ; et en matière d'usage, ce sont les gens d'esprit qui reçoivent la loi des sots. Je n'ai donc garde dans ces réflexions sur l'éducation publique, de faire la satire de ceux qui enseignent ; ces sentiments seraient bien éloignés de la reconnaissance dont je fais profession pour mes maîtres : je conviens avec eux que l'autorité supérieure du gouvernement est seule capable d'arrêter les progrès d'un si grand mal ; je dois même avouer que plusieurs professeurs de l'université de Paris s'y opposent autant qu'il leur est possible, et qu'ils osent s'écarter en quelque chose de la routine ordinaire, au risque d'être blâmés par le plus grand nombre. S'ils osaient encore davantage, et si leur exemple était suivi, nous verrions peut-être enfin les études changer de face parmi nous : mais c'est un avantage qu'il ne faut attendre que du temps, si même le temps est capable de nous le procurer. La vraie philosophie a beau se répandre en France de jour en jour, il lui est bien plus difficile de pénétrer chez les corps que chez les particuliers : ici elle ne trouve qu'une tête à forcer, si on peut parler ainsi, là elle en trouve mille. L'université de Paris, composée de particuliers qui ne forment d'ailleurs entre eux aucun corps régulier ni ecclésiastique, aura moins de peine à secouer le joug des préjugés dont les écoles sont encore pleines.

. . . .

Il me semble qu'il ne serait pas impossible de donner une autre forme à l'éducation des *collèges :* pourquoi passer six ans à apprendre, tant bien que mal, une langue morte ? Je suis bien éloigné de désapprouver l'étude d'une langue dans laquelle les Horaces et les Tacites ont écrit ; cette étude est absolument nécessaire pour connaître leurs admirables ouvrages : mais je crois qu'on devrait se borner à les entendre, et que le temps qu'on emploie à composer en latin est un temps perdu. Ce temps serait bien mieux employé à apprendre par principes sa propre langue, qu'on ignore toujours au sortir du *collège,* et qu'on ignore au point de la parler très mal. Une bonne grammaire française serait tout à la fois une excellente logique, et une excellente métaphysique, et vaudrait bien les rapsodies qu'on lui substitue. D'ailleurs, quel latin que celui de certains *collèges !* nous en appelons au jugement des connaisseurs.

. . . .

Je sais que le latin étant une langue morte dont presque toutes les finesses nous échappent, ceux qui passent aujourd'hui pour écrire le mieux en cette langue, écrivent peut-être fort mal ; mais du moins les vices de leur diction nous échappent aussi ; et combien doit être ridicule une latinité qui nous fait rire ? Certainement un étranger peu versé dans la langue française, s'apercevrait facilement que la diction de Montaigne, c'est-à-dire du XVIe siècle, approche plus de celle des bons écrivains du siècle de Louis XIV, que celle de Geoffroi de Villehardouin, qui écrivait dans le XIIIe siècle.

Au reste, quelque estime que j'aie pour quelques-uns de nos humanistes modernes, je les plains d'être forcés à se donner tant de peine pour parler fort

élégamment une autre langue que la leur. Ils se
trompent s'ils s'imaginent en cela avoir le mérite de la
difficulté vaincue : il est plus difficile d'écrire et de
parler bien sa langue, que de parler et d'écrire bien une
langue morte ; la preuve en est frappante. Je vois que
les Grecs et les Romains, dans le temps que leur langue
était vivante, n'ont pas eu plus de bons écrivains que
nous n'en avons dans la nôtre ; je vois qu'ils n'ont eu,
ainsi que nous, qu'un très petit nombre d'excellents
poètes, et qu'il en est de même de toutes les nations. Je
vois au contraire que le renouvellement des lettres a
produit une quantité prodigieuse de poètes latins, que
nous avons la bonté d'admirer : d'où peut venir cette
différence ? et si Virgile ou Horace revenaient au
monde pour juger ces héros modernes du Parnasse
latin, ne devrions-nous pas avoir grand peur pour eux ?
Pourquoi, comme l'a remarqué un auteur moderne,
telle compagnie, fort estimable d'ailleurs, qui a produit
une nuée de versificateurs latins, n'a-t-elle pas un seul
poète français qu'on puisse lire ?

. . . .

Concluons de ces réflexions, que les compositions
latines sont sujettes à de grands inconvénients, et
qu'on ferait beaucoup mieux d'y substituer des compositions françaises ; c'est ce qu'on commence à faire
dans l'université de Paris : on y tient cependant encore
au latin par préférence, mais enfin on commence à y
enseigner le français.

J'ai entendu quelquefois regretter les thèses qu'on
soutenait autrefois en grec ; j'ai bien plus de regret
qu'on ne les soutienne pas en français ; on serait obligé
d'y parler raison, ou de se taire.

Les langues étrangères dans lesquelles nous avons
un grand nombre de bons auteurs, comme l'anglais et
l'italien, et peut-être l'allemand et l'espagnol,
devraient aussi entrer dans l'éducation des *collèges ;* la
plupart seraient plus utiles à savoir que des langues
mortes, dont les savants seuls sont à portée de faire
usage.

J'en dis autant de l'histoire et de toutes les sciences qui s'y rapportent, comme la chronologie et la géographie. Malgré le peu de cas que l'on paraît faire dans les *collèges* de l'étude de l'histoire, c'est peut-être l'enfance qui est le temps le plus propre à l'apprendre. L'histoire, assez inutile au commun des hommes, est fort utile aux enfants, par les exemples qu'elle leur présente, et les leçons vivantes de vertu qu'elle peut leur donner, dans un âge où ils n'ont point encore de principes fixes, ni bons ni mauvais. Ce n'est pas à trente ans qu'il faut commencer à l'apprendre, à moins que ce ne soit pour la simple curiosité ; parce qu'à trente ans l'esprit et le cœur sont ce qu'ils seront pour toute la vie. Au reste, un homme d'esprit de ma connaissance voudrait qu'on étudiât et qu'on enseignât l'histoire à rebours, c'est-à-dire en commençant par notre temps, et remontant de là aux siècles passés. Cette idée me paraît très juste, et très philosophique ; à quoi bon ennuyer d'abord un enfant de l'histoire de Pharamond, de Clovis, de Charlemagne, de César et d'Alexandre, et lui laisser ignorer celle de son temps, comme il arrive presque toujours, par le dégoût que les commencements lui inspirent ? A l'égard de la rhétorique, on voudrait qu'elle consistât beaucoup plus en exemples qu'en préceptes ; qu'on ne se bornât pas à lire des auteurs anciens, et à les faire admirer quelquefois assez mal à propos ; qu'on eût le courage de les critiquer souvent, les comparer avec les auteurs modernes, et de faire voir en quoi nous avons de l'avantage ou du désavantage sur les Romains et sur les Grecs. Peut-être même devrait-on faire précéder la rhétorique par la philosophie ; car enfin, il faut apprendre à penser avant que d'écrire.

Dans la philosophie, on bornerait la logique à quelques lignes ; la métaphysique, à un abrégé de Locke ; la morale purement philosophique, aux ouvrages de Sénèque et d'Epictète ; la morale chrétienne, au sermon de Jésus-Christ sur la montagne ; la physique, aux expériences et à la géométrie, qui est de toutes les logiques et physiques la meilleure.

On voudrait enfin qu'on joignît à ces différentes études, celle des beaux-arts, et surtout de la musique, étude si propre pour former le goût, et pour adoucir les mœurs, et dont on peut bien dire avec Cicéron : *Haec studia adolescentiam alunt, senectutem oblectant, jucundas res ornant, adversis perfugium et solatium proebent.*

Ce plan d'études irait, je l'avoue, à multiplier les maîtres et le temps de l'éducation. Mais : 1° Il me semble que les jeunes gens en sortant plus tard du *collège*, y gagneraient de toute manière, s'ils en sortaient plus instruits ; 2° Les enfants sont plus capables d'application et d'intelligence qu'on ne le croit communément ; j'en appelle à l'expérience ; et si, par exemple, on leur apprenait de bonne heure la géométrie, je ne doute point que les prodiges et les talents précoces en ce genre ne fussent beaucoup plus fréquents ; il n'est guère de science dont on ne puisse instruire l'esprit le plus borné, avec beaucoup d'ordre et de méthode ; mais c'est là pour l'ordinaire par où l'on pèche ; 3° Il ne serait pas nécessaire d'appliquer tous les enfants à tous ces objets à la fois ; on pourrait ne les montrer que successivement ; quelques-uns pourraient se borner à un certain genre ; et dans cette quantité prodigieuse, il serait bien difficile qu'un jeune homme n'eût du goût pour aucun. Au reste c'est au gouvernement, comme je l'ai dit, à faire changer là-dessus la routine et l'usage ; qu'il parle, et il se trouvera assez de bons citoyens pour proposer un excellent plan d'études. Mais en attendant cette réforme, dont nos neveux auront peut-être le bonheur de jouir, je ne balance point à croire que l'éducation des *collèges*, telle qu'elle est, est sujette à beaucoup plus d'inconvénients qu'une éducation privée, où il est beaucoup plus facile de se procurer les diverses connaissances dont je viens de faire le détail.

Je sais qu'on fait sonner très haut deux grands avantages en faveur de l'éducation des *collèges*, la société et l'émulation : mais il me semble qu'il ne serait pas impossible de se les procurer dans l'éducation privée, en liant ensemble quelques enfants à peu près de la même force et du même âge. D'ailleurs, j'en prends à témoin les maîtres, l'émulation dans les *collèges* est bien rare ; et à l'égard de la société, elle n'est pas sans de grands inconvénients : j'ai déjà touché ceux qui en résultent par rapport aux mœurs ; mais je veux parler ici d'un autre qui n'est que trop commun, surtout dans les lieux où on élève beaucoup de jeune noblesse ; on leur parle à chaque instant de leur naissance et de leur grandeur, et par là on leur inspire, sans le vouloir, des sentiments d'orgueil à l'égard des autres. On exhorte ceux qui président à l'instruction de la jeunesse, à s'examiner soigneusement sur un point de si grande importance.

Un autre inconvénient de l'éducation des *collèges*, est que le maître se trouve obligé de proportionner sa marche au plus grand nombre de ses disciples, c'est-à-dire aux génies médiocres ; ce qui entraîne pour les génies plus heureux une perte de temps considérable.

Je ne puis m'empêcher non plus de faire sentir à cette occasion les inconvénients de l'instruction gratuite, et je suis assuré d'avoir ici pour moi tous les professeurs les plus éclairés et les plus célèbres : si cet établissement a fait quelque bien aux disciples, il a fait encore plus de mal aux maîtres.

Au reste, si l'éducation de la jeunesse est négligée, ne nous en prenons qu'à nous-mêmes, et au peu de considération que nous témoignons à ceux qui s'en chargent, c'est le fruit de cet esprit de futilité qui règne dans notre nation, et qui absorbe, pour ainsi dire, tout le reste. En France, on sait peu de gré à quelqu'un de remplir les devoirs de son état ; on aime mieux qu'il soit frivole.

Voilà ce que l'amour du bien public m'a inspiré de dire ici sur l'éducation, tant publique que privée : d'où il s'ensuit que l'éducation publique ne devrait être la ressource que des enfants dont les parents ne sont

malheureusement pas en état de fournir à la dépense
d'une éducation domestique. Je ne puis penser sans
regret au temps que j'ai perdu dans mon enfance : c'est
à l'usage établi, et non à mes maîtres, que j'impute
cette perte irréparable ; et je voudrais que mon expérience pût être utile à ma patrie. *Exoriare aliquis.*

(D'Alembert)

COLONIE, s. f. (*Hist. anc. mod. et Commerce*).
. . . .
VI. La découverte de l'Amérique vers la fin du
xvᵉ siècle a multiplié les *colonies* européennes, et nous
en présente une sixième espèce.

Toutes celles de ce continent ont eu le commerce et
la culture tout à la fois pour objet de leur établissement, ou s'y sont tournées ; dès lors il était nécessaire
de conquérir les terres, et d'en chasser les anciens
habitants, pour y en transporter de nouveaux.

Ces *colonies* n'étant établies que pour l'utilité de la
métropole, il s'ensuit :

1° Qu'elles doivent être sous sa dépendance immédiate, et par conséquent sous sa protection.

2° Que le commerce doit en être exclusif aux
fondateurs. Une pareille *colonie* remplit mieux son
objet, à mesure qu'elle augmente le produit des terres
de la métropole, qu'elle fait subsister un plus grand
nombre de ses hommes, et qu'elle contribue au gain de
son commerce avec les autres nations. Ces trois
avantages peuvent ne pas se rencontrer ensemble dans
des circonstances particulières ; mais l'un des trois au
moins doit compenser les autres dans un certain degré.
Si la compensation n'est pas entière, ou si la *colonie* ne
procure aucun des trois avantages, on peut décider
qu'elle est ruineuse pour le pays de la domination, et
qu'elle l'énerve.

Ainsi le profit du commerce et de la culture de nos
colonies est précisément : 1° Le plus grand produit que

leur consommation occasionne au propriétaire de nos terres, les frais de culture déduits ; 2° ce que reçoivent nos artistes et nos matelots qui travaillent pour elles, et à leur occasion ; 3° tout ce qu'elles suppléent de nos besoins ; 4° tout le superflu qu'elles nous donnent à exporter.

De ce calcul, on peut tirer plusieurs conséquences :

La première est que les *colonies* ne seraient plus utiles, si elles pouvaient se passer de la métropole : ainsi c'est une loi prise dans la nature de la chose, que l'on doit restreindre les arts et la culture dans une *colonie*, à tels et tels objets, suivant les convenances du pays de la domination.

La seconde conséquence est que si la *colonie* entretient un commerce avec les étrangers, où que l'on y consomme les marchandises étrangères, le montant de ce commerce et de ces marchandises est un vol fait à la métropole ; vol trop commun, mais punissable par les lois, et par lequel la force réelle et relative d'un état est diminuée de tout ce que gagnent les étrangers.

Ce n'est donc point attenter à la liberté de ce commerce, que de le restreindre dans ce cas : toute police qui le tolère par son indifférence, ou qui laisse à certains ports la facilité de contrevenir au premier principe de l'institution des *colonies*, est une police destructive du commerce, ou de la richesse d'une nation.

La troisième conséquence est qu'une *colonie* sera d'autant plus utile, qu'elle sera plus peuplée, et que ses terres seront plus cultivées.

Pour y parvenir sûrement, il faut que le premier établissement se fasse aux dépens de l'état qui la fonde ; que le partage des successions y soit égal entre les enfants, afin d'y fixer un plus grand nombre d'habitants par la subdivision des fortunes ; que la concurrence du commerce y soit parfaitement établie, parce que l'ambition des négociants fournira aux habitants plus d'avances pour leurs cultures, que ne le feraient des compagnies exclusives, et dès lors maî-

tresses tant du prix des marchandises, que du terme
des paiements. Il faut encore que le sort des habitants
soit très doux, en compensation de leurs travaux et de
leur fidélité : c'est pourquoi les nations habiles ne
retirent tout au plus de leurs *colonies*, que la dépense
des forteresses et des garnisons ; quelquefois même
elles se contentent du bénéfice général du commerce.

Les dépenses d'un état avec ses *colonies*, ne se
bornent pas aux premiers frais de leur établissement.
Ces sortes d'entreprises exigent de la constance, de
l'opiniâtreté même, à moins que l'ambition de la nation
n'y supplée par des efforts extraordinaires ; mais la
constance a des effets plus sûrs et des principes plus
solides : ainsi jusqu'à ce que la force du commerce ait
donné aux *colonies* une espèce de consistance, elles ont
besoin d'encouragement continuel, suivant la nature
de leur position et de leur terrain ; si on les néglige,
outre la perte des premières avances et du temps, on les
expose à devenir la proie des peuples plus ambitieux ou
plus actifs.

Les *colonies* de l'Amérique ayant établi une nouvelle
forme de dépendance et de commerce, il a été nécessaire d'y faire des lois nouvelles. Les législateurs
habiles ont eu pour objet principal de favoriser l'établissement et la culture : mais lorsque l'un et l'autre
sont parvenus à une certaine perfection, il peut arriver
que ces lois deviennent contraires à l'objet de l'institution, qui est le commerce ; dans ce cas elles sont même
injustes, puisque c'est le commerce qui par son activité
en a donné à toutes les *colonies* un peu florissantes. Il
paraîtrait donc convenable de les changer ou de les
modifier, à mesure qu'elles s'éloignent de leur esprit.
Si la culture a été favorisée plus que le commerce, ç'a
été en faveur même du commerce ; dès que les raisons
de préférence cessent, l'équilibre doit être rétabli.

Lorsqu'un état a plusieurs *colonies* qui peuvent
communiquer entre elles, le véritable secret d'augmenter les forces et les richesses de chacune, c'est d'établir

entre elles une correspondance et une navigation suivie. Ce commerce particulier a la force et les avantages du commerce intérieur d'un état, pourvu que les denrées des *colonies* ne soient jamais de nature à entrer en concurrence avec celles de la métropole. Il en accroît réellement la richesse, puisque l'aisance des *colonies* lui revient toujours en bénéfice, par les consommations qu'elle occasionne : par cette même raison, le commerce actif qu'elles font avec les *colonies* étrangères, des denrées pour leur propre consommation, est avantageux, s'il est contenu dans ses bornes légitimes.

. . . .

(Véron de Forbonnais)

COMMERCE, s. m.

. . . .

Nous avons défini cette opération, la circulation intérieure des denrées d'un pays ou de ses colonies, l'exportation de leur superflu, et l'importation des denrées étrangères, soit pour les consommer, soit pour les réexporter.

Cette définition partage naturellement le *commerce* en deux parties, le *commerce intérieur* et l'*extérieur*. Leurs principes sont différents, et ne peuvent être confondus sans un grand désordre.

Le *commerce intérieur* est celui que les membres d'une société font entre eux. Il tient le premier rang dans le *commerce général,* comme l'on prise le nécessaire avant le superflu, qui n'en est pas moins recherché.

Cette circulation intérieure est la consommation que les citoyens font des productions de leurs terres et de leur industrie, dont elle est le premier soutien. Nous avons déjà observé que la richesse réelle d'une nation est à son plus haut degré, lorsqu'elle n'a recours à aucune autre pour ses besoins. Les règles établies en conséquence dans les divers états, varient suivant l'abondance des richesses naturelles ; et l'habileté de plusieurs a suppléé par l'industrie aux refus de la nature.

La valeur du *commerce intérieur* est précisément la somme des dépenses particulières de chaque citoyen pour se nourrir, se loger, se vêtir, se procurer des commodités, et entretenir son luxe. Mais il faut déduire de cette valeur tout ce qui est consommé de denrées étrangères, qui sont une perte réelle pour la nation, si le *commerce extérieur* ne la répare.

La population est l'âme de cette circulation intérieure ; sa perfection consiste dans l'abondance des denrées du crû du pays en proportion de leur nécessité ; sa conservation dépend du profit que ces denrées donnent à leur propriétaire, et de l'encouragement que l'état leur donne. Tant que les terres reçoivent la plus grande et la meilleure culture possible, l'usage des denrées de commodité et de luxe ne saurait être trop grand, pourvu qu'elles soient du crû du pays ou de ses colonies.

Leur valeur augmente la somme des dépenses particulières et se répartit entre les divers citoyens qu'elles occupent. Il est bon qu'un peuple ne manque d'aucun des agréments de la vie, parce qu'il en est plus heureux. Il cesserait de l'être, si ces agréments et ces commodités épuisaient sa richesse ; il en serait même bientôt privé, parce que les besoins réels sont des créanciers barbares et impatients : mais lorsque les commodités et le luxe sont une production du pays, leur agrément est accompagné de plusieurs avantages ; leur appât attire les étrangers, les séduit, et procure à l'état qui les possède la matière d'une nouvelle exportation.

Qu'il me soit permis d'étendre ce principe aux sciences, aux productions de l'esprit, aux arts libéraux : ce n'est point les avilir que de les envisager sous une nouvelle face d'utilité. Les hommes ont besoin d'instruction et d'amusement : toute nation obligée d'avoir recours à une autre pour se les procurer, est appauvrie de cette dépense qui tourne tout entière au profit de la nation qui les procure. L'art le plus frivole aux yeux de la raison, et la denrée la plus commune, sont des objets très essentiels dans le *commerce politique*. Philippe II, possesseur des mines de Potozi, rendit deux ordonnances pendant son règne, uniquement pour défendre l'entrée des poupées, des verroteries, des peignes, et des épingles, nommément de France.

Que les modes et leurs caprices soient, si l'on veut, le fruit de l'inconstance et de la légèreté d'un peuple ; il n'en est pas moins sûr qu'il ne pourrait se conduire plus sagement pour l'intérêt de son *commerce* et de la circulation. La folie est tout entière du côté des citoyens qui s'y assujettissent, lorsque la fortune le leur défend ; le vrai ridicule est de se plaindre des modes ou du faste, et non pas de s'en priver. L'abus du luxe n'est pas impossible cependant, à beaucoup près, et son excès serait l'abandon des terres et des arts de première nécessité, pour s'occuper des cultures et des arts moins utiles.

Le législateur est toujours en état de réprimer cet excès en corrigeant son principe ; il saura toujours maintenir l'équilibre entre les diverses occupations de son peuple, soulager par des franchises et par des privilèges la partie qui souffre, et rejeter les impôts sur la consommation intérieure des denrées de luxe.

Cette partie du *commerce* est soumise aux lois particulières du corps politique ; il peut à son gré permettre, restreindre, ou abolir l'usage des denrées soit nationales, soit étrangères, lorsqu'il le juge convenable à ses intérêts. C'est pour cette raison que ses colonies sont toujours dans un état de prohibition.

Enfin il faut se souvenir continuellement, que le *commerce* intérieur s'applique particulièrement à entretenir la richesse réelle d'un état.

Le *commerce extérieur* est celui qu'une société politique fait avec les autres : il concourt au même but que le *commerce* intérieur, mais il s'applique plus particulièrement à procurer les richesses relatives. En effet, si nous supposons un peuple commerçant très riche réellement en denrées dont les autres peuples ne veuillent faire que très peu d'usage, le *commerce* intérieur entretiendra soigneusement cette culture ou cette industrie par la consommation du peuple : mais le *commerce* extérieur ne s'attachera qu'à la favoriser, sans lui sacrifier les occasions d'augmenter les richesses relatives de l'état. Cette partie extérieure du *commerce* est si étroitement liée avec les intérêts politiques, qu'elle contracte de leur nature.

Les princes sont toujours dans un état forcé respectivement aux autres princes : et ceux qui veulent procurer à leurs sujets une grande exportation de leurs denrées, sont obligés de se régler sur les circonstances, sur les principes, et les intérêts des autres peuples commerçants, enfin sur le goût et le caprice du consommateur.

L'opération du *commerce* extérieur consiste à fournir aux besoins des autres peuples, et à en tirer de quoi satisfaire aux siens. Sa perfection consiste à fournir le plus qu'il est possible, et de la manière la plus avantageuse. Sa conservation dépend de la lumière dont il est conduit.

Les productions de la terre et de l'industrie sont la base de tout *commerce*, comme nous l'avons observé plusieurs fois. Les pays fertiles ont nécessairement un avantage pour l'exportation, sur ceux qui le sont moins. Enfin plus les denrées seront nécessaires et parfaites, plus la dépendance des étrangers sera grande.

Une grande population est un des avantages qui met un peuple en état de fournir le plus qu'il est possible aux besoins des autres peuples ; et réciproquement, son *commerce* extérieur occupe tous les hommes que le *commerce* intérieur n'aurait pu nourrir.

La population dépend de la facilité que trouvent les citoyens à se procurer une subsistance aisée par le travail, et de leur sûreté. Si ce travail ne suffit pas à leur subsistance, il est d'expérience qu'ils vont se la procurer dans d'autres états. Aussi lorsque des circonstances extraordinaires ont causé ces non-valeurs, le législateur a soin d'en prévenir les effets : il nourrit ses ouvriers, on leur fournit du travail. De ce que la population est si nécessaire, il s'ensuit que l'oisiveté doit être réprimée, les maisons de travail sont le principal remède que les peuples policés y emploient.

Un peuple ne fournira rien aux autres, s'il ne donne ses denrées à aussi bon marché que les autres peuples qui possèdent les mêmes denrées : s'il les vend moins cher, il aura la préférence dans leur propre pays.

Quatre moyens y conduisent sûrement : la concurrence, l'économie du travail des hommes, la modicité des frais d'exportation et le bas prix de l'intérêt de l'argent.

La concurrence produit l'abondance, et celle-ci le bon marché des vivres, des matières premières, des artistes, et de l'argent. La concurrence est un des plus importants principes du *commerce*, et une partie considérable de sa liberté. Tout ce qui la gêne ou l'altère dans ces quatre points, est ruineux pour l'état, diamétralement opposé à son objet, qui est le bonheur et la subsistance aisée du plus grand nombre d'hommes possible.

L'économie du travail des hommes consiste à le suppléer par celui des machines et des animaux, lorsqu'on le peut à moins de frais, ou que cela les conserve : c'est multiplier la population bien loin de la détruire. Ce dernier préjugé s'est soutenu plus longtemps dans les pays qui ne s'occupaient que du commerce intérieur : en effet, si le *commerce* extérieur est médiocre, l'objet général ne serait pas rempli si l'intérieur n'occupait le plus d'hommes qu'il est possible. Mais si le *commerce* extérieur, c'est-à-dire la navigation, les colonies, et les besoins des autres peuples peuvent occuper encore plus de citoyens qu'il ne s'en trouve, il est nécessaire d'économiser leur travail pour remplir de son mieux tous ces objets. L'expérience démontre, comme nous l'avons déjà remarqué, que l'on perd son *commerce* lorsqu'on ne cultive pas tout celui que l'on pourrait entreprendre. Enfin il est évident que la force d'un corps politique dépend du meilleur et du plus grand emploi des hommes, qui lui attirent ses richesses politiques : combinaison qu'il ne faut jamais perdre de vue. L'économie du travail des hommes ne détruira donc point la population, lorsque le législateur ne fera que détourner avec précaution leur travail d'un objet à un autre : ce qui est la matière d'une police particulière.

La modicité des frais d'exportation est la troisième source du bon marché, et par conséquent de la vente des productions d'un pays.

Ces frais sont ceux du transport, et les droits de sortie. Le transport se fait ou par terre, ou par eau. Il est reconnu que la voiture par terre est infiniment plus coûteuse. Ainsi dans les états commerçants, les canaux pour suppléer au défaut des rivières navigables, l'entretien et la commodité de celles-ci, la franchise absolue de cette navigation intérieure, sont une partie essentielle de l'administration. Les droits des douanes, soit à la sortie, soit dans l'intérieur, sur les productions d'une nation, sont les faits auxquels les étrangers se soumettent avec le plus de peine. Le négociant les regarde comme un excédent de la valeur réelle, et la politique les envisage comme une augmentation de richesse relative.

Les peuples intelligents, ou suppriment ces droits à la sortie de leurs productions, ou les proportionnent au besoin que les autres peuples en ont ; surtout ils comparent le prix de leurs productions rendues dans le lieu de la consommation, avec le prix des mêmes productions fournies en concurrence par les nations rivales. Cette comparaison est très importante : quoi-qu'entre deux peuples manufacturiers la qualité et le prix d'achat des étoffes soient semblables, les droits de sortie ne doivent pas être les mêmes, si le prix du transport n'est pas égal : la petite différence décide le consommateur.

Quelquefois le législateur, au lieu de prendre des

droits sur l'exportation, l'encourage par des récompenses. L'objet de ces récompenses est d'augmenter le
profit de l'ouvrier, lorsqu'il n'est pas assez considérable pour soutenir un genre de travail utile en concurrence : si la gratification va jusqu'à diminuer le prix, la
préférence de l'étranger pendant quelques années,
suffit pour établir cette nouvelle branche de *commerce*,
qui n'aura bientôt plus besoin de soutien. L'effet est
certain, et la pratique n'en peut être que salutaire au
corps politique, comme l'est dans le corps humain la
communication qu'un membre fait à l'autre de sa
chaleur, lorsqu'il en a besoin.

. . . .

Il est évident qu'entre divers peuples, celui dont la
balance générale est constamment la plus avantageuse,
deviendra le plus puissant ; il aura plus de richesses de
convention et ces richesses en circulant dans l'intérieur, procureront une substance aisée à un plus grand
nombre de citoyens. Tel est l'effet du *commerce*, quand
il est porté à sa perfection dans un corps politique :
c'est à les lui procurer que tendent les soins de
l'administration ; c'est par une grande supériorité de
vues, par une vigilance assidue sur les démarches, les
règlements, et les motifs des peuples en concurrence,
enfin par la combinaison des richesses réelles et
relatives, qu'elle y parvient. Les circonstances varient
à l'infini, mais les principes sont toujours les mêmes ;
leur application est le fruit du génie qui embrasse
toutes les faces.

. . . .

                              (Véron de Forbonnais)

CONSCIENCE (*Droit nat. Mor.*).
LIBERTÉ DE CONSCIENCE.

. . . .

IV. La dernière question est si, en conséquence du
jugement que l'on fait de l'ignorance ou des erreurs
d'autrui en matière de *conscience*, on peut se porter à

quelque action contre ceux que l'on croit être dans
cette ignorance ou dans ces erreurs? Ici nous répon-
dons que lorsque l'erreur ne va point à faire ou à
enseigner des choses manifestement contraires aux lois
de la société humaine en général, et à celles de la
société civile en particulier, l'action la plus convenable
par rapport aux errants, est le soin charitable de les
ramener à la vérité par des instructions paisibles et
solides.

Persécuter quelqu'un par un motif de *conscience*,
deviendrait une espèce de contradiction; ce serait
renfermer dans l'étendue d'un droit une chose qui par
elle-même détruit le fondement de ce droit. En effet,
dans cette supposition on serait autorisé à forcer les
consciences, en vertu du droit qu'on a d'agir selon sa
conscience. Et il n'importe que ce ne soit pas la même
personne dont la *conscience* force, et est forcée : car
outre que chacun aurait à son tour autant de raison
d'user d'une pareille violence, ce qui mettrait tout le
genre humain en combustion, le droit d'agir selon les
mouvements de la *conscience*, est fondé sur la nature
même de l'homme, qui étant commune à tous les
hommes, ne saurait rien autoriser qui accorde à aucun
d'eux en particulier la moindre chose qui tende à la
diminution de ce droit commun. Ainsi, le droit de
suivre sa *conscience* emporte par lui-même cette exception, hors les cas où il s'agirait de faire violence à la
conscience d'autrui.

Si l'on punit ceux qui font ou qui enseignent des
choses nuisibles à la société, ce n'est pas à cause qu'ils
sont dans l'erreur, quand même ils y seraient de
mauvaise foi; mais parce qu'on a droit, pour le bien
public, de réprimer de tels gens, par quelques principes qu'ils agissent.

Nous laissons à part toutes ces autres questions sur
la *conscience*, qui ont été tant agitées dans le siècle
passé, et qui n'auraient pas dû paraître dans les temps
d'une morale éclairée. Quand la boussole donna la
connaissance du monde, on abandonna les côtes

d'Afrique ; les lumières de la navigation changèrent la
face du commerce, il ne fut plus entre les mains de
l'Italie ; toute l'Europe se servit de l'aiguille aimantée
comme d'un guide sûr pour traverser les mers sans
périls et sans alarmes. *Voyez* TOLÉRANCE.

(De Jaucourt)

COPERNIC, *système ou hypothèse de Copernic (Ordre
encyclop. Entendement, Raison, Philosophie ou Science,
Science de la nat., Science du ciel, Astron.).*
. . . .
En Italie il est défendu de soutenir le système de
Copernic qu'on regarde comme contraire à l'Ecriture à
cause du mouvement de la terre que ce système
suppose. Le grand Galilée fut autrefois mis à l'inquisition, et son opinion du mouvement de la terre,
condamnée comme hérétique : les inquisiteurs, dans le
décret qu'ils rendirent contre lui, n'épargnèrent pas le
nom de *Copernic* qui l'avait renouvelée depuis le
cardinal de Cusa, ni celui de Diègue de Zuniga qui
l'avait enseignée dans ses commentaires sur Job ni
celui du P. Foscarini, carme italien, qui venait de
prouver dans une savante lettre adressée à son général,
que cette opinion n'était point contraire à l'Ecriture.
Galilée, nonobstant cette censure, ayant continué de
dogmatiser sur le mouvement de la terre, fut
condamné de nouveau, obligé de se rétracter publique-
ment, et d'abjurer sa prétendue erreur de bouche et
par écrit ; ce qu'il fit le 22 juin 1633 : et ayant promis à
genoux, la main sur les évangiles, qu'il ne dirait et ne
ferait jamais rien de contraire à cette ordonnance, il fut
ramené dans les prisons de l'inquisition d'où il fut
bientôt élargi. Cet événement effraya si fort Descartes,
très soumis au Saint-Siège, qu'il l'empêcha de publier
son traité du monde qui était prêt à voir le jour. *Voyez
tous ces détails dans la vie de* Descartes, par M. Baillet.
Depuis ce temps les philosophes et les astronomes
les plus éclairés d'Italie n'ont osé soutenir le système de

Copernic ; ou si par hasard ils paraissent l'adopter, ils ont grand soin d'avertir qu'ils ne le regardent que comme hypothèse, et qu'ils sont d'ailleurs très soumis aux décrets des souverains pontifes sur ce sujet.

Il serait fort à désirer qu'un pays aussi plein d'esprit et de connaissances que l'Italie, voulût enfin reconnaître une erreur si préjudiciable au progrès des sciences, et qu'elle pensât sur ce sujet comme nous faisons en France ! un tel changement serait bien digne du pontife éclairé qui gouverne aujourd'hui l'Eglise ; ami des sciences et savant lui-même, c'est à lui à donner sur ce sujet la loi aux inquisiteurs, comme il l'a déjà fait sur d'autres matières plus importantes. Il n'y a point d'inquisiteur, dit un auteur célèbre, qui ne dût rougir en voyant une sphère de *Copernic.* Cette fureur de l'inquisition contre le mouvement de la terre, nuit même à la religion : en effet que penseront les faibles et les simples des dogmes réels que la foi nous oblige de croire, s'il se trouve qu'on mêle à ces dogmes des opinions douteuses ou fausses ? ne vaut-il pas mieux dire que l'écriture, dans les matières de foi, parle d'après le S. Esprit, et dans les matières de physique doit parler comme le peuple dont il fallait bien parler le langage pour se mettre à sa portée ? Par cette distinction on répond à tout : la physique et la foi sont également à couvert. Une des principales causes du décri où est le système de *Copernic* en Espagne et en Italie, c'est qu'on y est persuadé que quelques souverains pontifes ont décidé que la terre ne tourne pas, et qu'on y croit le jugement du pape infaillible, même sur ces matières qui n'intéressent en rien le Christianisme. En France on ne connaît que l'Eglise d'infaillible, et on se trouve beaucoup mieux d'ailleurs de croire sur le système du monde les observations astronomiques que les décrets de l'inquisition ; par la même raison que le roi d'Espagne, dit M. Pascal, se trouva mieux de croire sur l'existence des antipodes Christophe Colomb qui en venait, que le pape Zacharie qui n'y avait jamais été.

. . . .

En France on soutient le système de *Copernic* sans aucune crainte, et l'on est persuadé par les raisons que nous avons dites, que ce système n'est point contraire à la foi, quoique Josué ait dit, *sta sol ;* c'est ainsi qu'on répond d'une manière solide et satisfaisante à toutes les difficultés des incrédules sur certains endroits de l'Ecriture où ils prétendent sans raison trouver des erreurs physiques ou astronomiques grossières.

. . . .

(D'Alembert)

CORDELIERS, s. m. *(Hist. ecclésiast.),* religieux de l'ordre de S. François d'Assise, institués vers le commencement du XIIIe siècle. Les *Cordeliers* sont habillés d'un gros drap gris : Ils ont un petit capuce ou chaperon, un manteau de la même étoffe, et une ceinture de corde nouée de trois nœuds, d'où leur vient le nom de *Cordeliers.* Ils s'appelaient auparavant *pauvres mineurs,* nom qu'ils changèrent pour celui de *frères mineurs ;* ce *pauvre* leur déplut. Ils sont cependant les premiers qui aient renoncé à la propriété de toutes possessions temporelles. Ils peuvent être membres de la faculté de Théologie de Paris. Plusieurs ont été évêques, cardinaux, et même papes. Ils ont eu de grands hommes en plusieurs genres, à la tête desquels on peut nommer le frère Bacon, célèbre par les persécutions qu'il essuya dans son ordre, et par les découvertes qu'il fit dans un siècle de ténèbres. Quoique cet ordre n'ait pas eu en tout temps un nombre égal de noms illustres, il n'a cessé dans aucun de servir utilement l'Eglise et la société ; il se distingue singulièrement aujourd'hui par le savoir, les mœurs et la réputation. *Voyez* CAPUCHON.

(Diderot)

COUR (*histoire moderne et anc.*), c'est toujours le lieu qu'habite un souverain ; elle est composée des princes, des princesses, des ministres, des grands, et des principaux officiers. Il n'est donc pas étonnant que ce soit le centre de la politesse d'une nation. La politesse y subsiste par l'égalité où l'extrême grandeur d'un seul y tient tous ceux qui l'environnent, et le goût y est raffiné par un usage continuel des superfluités de la fortune. Entre ces superfluités il se rencontre nécessairement des productions artificielles de la perfection la plus recherchée. La connaissance de cette perfection se répand sur d'autres objets beaucoup plus importants ; elle passe dans le langage, dans les jugements, dans les sentiments, dans le maintien, dans les manières, dans le ton, dans la plaisanterie, dans les ouvrages d'esprit, dans la galanterie, dans les ajustements, dans les mœurs mêmes. J'oserais presque assurer qu'il n'y a point d'endroit où la délicatesse dans les procédés soit mieux connue, plus rigoureusement observée par les honnêtes gens, et plus finement affectée par les courtisans. L'auteur de l'*Esprit des Lois* définit l'air de *cour,* l'échange de sa grandeur naturelle contre une grandeur empruntée. Quoi qu'il en soit de cette définition, cet air, selon lui, est le vernis séduisant sous lequel se dérobent l'ambition dans l'oisiveté, la bassesse dans l'orgueil, le désir de s'enrichir sans travail, l'aversion pour la vérité, la flatterie, la trahison, la perfidie, l'abandon de tout engagement, le mépris des devoirs du citoyen, la crainte de la vertu du prince, l'espérance sur ses faiblesses, etc. en un mot la malhonnêteté avec tout son cortège, sous les dehors de l'honnêteté la plus vraie ; la réalité du vice toujours derrière le fantôme de la vertu. Le défaut de succès fait seul dans ce pays donner aux actions le nom qu'elles méritent ; aussi n'y a-t-il que la maladresse qui y ait des remords.

(Diderot)

CRÉDULITÉ, s. f., est une faiblesse d'esprit par laquelle on est porté à donner son assentiment, soit à des propositions, soit à des faits, avant que d'en avoir pesé les preuves. Il ne faut pas confondre l'impiété, l'incrédulité et l'inconviction, comme il arrive tous les jours à des écrivains aussi étrangers dans notre langue que dans la philosophie. L'impie parle avec mépris de ce qu'il croit au fond de son cœur. L'incrédule nie sur une première vue de son esprit, la vérité de ce qu'il n'a point examiné, et de ce qu'il ne veut point se donner la peine d'examiner sérieusement ; parce que frappé de l'absurdité apparente des choses qu'on lui assure, il ne les juge pas dignes d'un examen réfléchi. L'inconvaincu a examiné ; et sur la comparaison de la chose et des preuves il a cru voir que la certitude qui résultait des preuves que la chose était comme on la lui disait, ne contrebalançait pas le penchant qu'il avait à croire, soit sur les circonstances de la chose même, soit sur des expériences réitérées, ou qu'elle n'était point du tout, ou qu'elle était autrement qu'on ne la lui racontait. Il ne peut y avoir de doute que sur une chose possible ; et l'on est d'autant moins porté à croire le passage du possible à l'existant, que les preuves de ce passage sont plus faibles, que les circonstances en sont plus extraordinaires, et que l'on a un plus grand nombre d'expériences que ce passage s'est trouvé faux ou dans des cas semblables, ou même dans des cas moins extraordinaires ; en sorte que si les cas où une pareille chose s'est trouvée fausse, sont aux cas où elle s'est trouvée vraie, comme 100 000 est à 1, et que ce rapport soit seulement doublé par la combinaison des circonstances de la chose considérée en elle-même, sans aucun égard à l'expérience, il faudra que les preuves du passage du possible à l'existant, soient équivalentes à 1 999 au moins. Celui qui aura fait ce calcul, dans la supposition dont il s'agit, et trouvé la valeur de la probabilité égale à 1 999, ou moindre que cette quantité, sera un inconvaincu de bonne foi. Celui qui n'aura point fait le calcul, mais qui l'aura présumé tel en effet qu'il est et qu'il doit être, par l'habitude d'un esprit exercé à discerner la vérité, sans entrer dans la discussion scrupuleuse des preuves, sera nécessairement un incrédule ; l'impie aura dans la bouche le discours de l'incrédule, et dans l'esprit une présomption contraire : ainsi l'inconviction est éclairée par la méditation, l'incrédulité par le sentiment, et l'impiété s'étourdit elle-même ; l'inconvaincu mérite d'être instruit, l'incrédule d'être exhorté, l'impie seul est sans excuse. L'impiété ne répugne point à la *crédulité*. Un idolâtre qui croit en son idole et qui la brise, quand il n'en est pas exaucé, est un impie ; un catholique qui approche de la sainte table sans reconnaître en lui-même les dispositions nécessaires, est un impie ; un mahométan aux yeux duquel les différents articles de sa croyance sont autant de rêveries qui ne sont pas dignes d'occuper sa réflexion, est un incrédule ; le protestant qui, sur un examen impartial, parvient à se former des doutes graves sur la préférence qu'il donne à sa secte, est un inconvaincu. Au reste, comme il s'agit ici de questions morales, il pourrait bien arriver que quoiqu'il y eût deux mille à parier contre un que telle chose est, cependant elle ne fût pas. L'inconvaincu peut donc supposer raisonnablement à la vérité où elle n'est pas : il est encore bien plus facile à l'incrédule de s'y tromper. Mais il ne s'agit point de ce qui est ou de ce qui n'est pas, il est question de ce qui nous paraît. C'est avec nous-mêmes qu'il importe de nous acquitter ; et quand nous serons de bonne foi, la vérité ne nous échappera pas. Il y a le même danger à tout rejeter et à tout admettre indistinctement ; c'est le cas de la *crédulité*, le vice le plus favorable au mensonge.

(Diderot)

CRITIQUE, s. f. *(Belles-lettres).*
. . . .
Critique dans les Sciences. Les sciences se réduisent à trois points : à la démonstration des vérités anciennes,

à l'ordre de leur exposition, à la découverte des
nouvelles vérités. Les vérités anciennes sont ou de fait
ou de spéculation. Les faits sont ou moraux ou
physiques. Les faits moraux composent l'histoire des
hommes, dans laquelle souvent il se mêle du physique,
mais toujours relativement au moral.

Comme l'histoire sainte est révélée, il serait impie de
la soumettre à l'examen de la raison ; mais il est une
manière de la discuter pour le triomphe même de la foi.
Comparer les textes, et les concilier entre eux ; rapprocher les événements des prophéties qui les annoncent ;
faire prévaloir l'évidence morale à l'impossibilité physique ; vaincre la répugnance de la raison par l'ascendant des témoignages ; prendre la tradition dans sa
source, pour la présenter dans toute sa force ; exclure
enfin du nombre des preuves de la vérité tout argument vague, faible ou non concluant, espèce d'armes
communes à toutes les religions, que le faux zèle
emploie et dont l'impiété se joue : tel serait l'emploi du
critique dans cette partie. Plusieurs l'ont entrepris, avec
autant de succès que de zèle, parmi lesquel Pascal doit
occuper la première place, pour la céder à celui qui
exécutera ce qu'il n'a fait que méditer.

Dans l'histoire profane, donner plus ou moins
d'autorité aux faits, suivant leur degré de possibilité,
de vraisemblance, de célébrité, et suivant les poids des
témoignages qui les confirment : examiner le caractère
et la situation des historiens ; s'ils ont été libres de dire
la vérité, à portée de la connaître, en état de l'approfondir, sans intérêt de la déguiser : pénétrer après eux
dans la source des événements, apprécier leurs conjectures, les comparer entre eux et les juger l'un par
l'autre : quelles fonctions pour un *critique* ; et s'il veut
s'en acquitter, combien de connaissances à acquérir !
Les mœurs, le naturel des peuples, leurs intérêts
respectifs, leurs richesses et leurs forces domestiques,
leurs ressources étrangères, leur éducation, leurs lois,
leurs préjugés et leurs principes ; leur politique au-
dedans, leur discipline au-dehors ; leur manière de

s'exercer, de se nourrir, de s'armer et de combattre ; les talents, les passions, les vices, les vertus de ceux qui ont présidé aux affaires publiques ; les sources des projets, des troubles, des révolutions, des succès et des revers ; la connaissance des hommes, des lieux et des temps ; enfin tout ce qui en morale et en physique peut concourir à former, à entretenir, à changer, à détruire et à rétablir l'ordre des choses humaines, doit entrer dans le plan d'après lequel un savant discute l'histoire. Combien un seul trait dans cette partie ne demande-t-il pas souvent, pour être éclairci, de réflexions et de lumières ? Qui osera décider si Annibal eut tort de s'arrêter à Capoue, et si Pompée combattait à Pharsale pour l'empire ou pour la liberté ?

Les faits purement physiques composent l'histoire naturelle, et la vérité s'en démontre de deux manières : ou en répétant les observations et les expériences : ou en pesant les témoignages, si l'on n'est pas à portée de les vérifier. C'est faute d'expérience qu'on a regardé comme des fables une infinité de faits que Pline rapporte, et qui se confirment de jour en jour par les observations de nos Naturalistes.

Les anciens avaient soupçonné la pesanteur de l'air, Torricelli et Pascal l'ont démontrée. Newton avait annoncé l'aplatissement de la terre, des philosophes ont passé d'un hémisphère à l'autre pour la mesurer. Le miroir d'Archimède confondait notre raison, et un physicien, au lieu de nier ce phénomène, a tenté de le reproduire, et le prouve en le répétant. Voilà comme on doit *critiquer* les faits. Mais suivant cette méthode les sciences auront peu de *critiques*. Il est plus court et plus facile de nier ce qu'on ne comprend pas ; mais est-ce à nous de marquer les bornes des possibles, à nous qui voyons chaque jour imiter la foudre, et qui touchons peut-être au secret de la diriger ?

Ces exemples doivent rendre un *critique* bien circons-pect dans ses décisions. La crédulité est le partage des ignorants ; l'incrédulité décidée, celui des demi-savants ; le doute méthodique, celui des sages. Dans les connaissances humaines, un philosophe démontre ce qu'il peut; croit ce qui lui est démontré; rejette ce qui y répugne, et suspend son jugement sur tout le reste.

Il est des vérités que la distance des lieux et des temps rend inaccessibles à l'expérience, et qui n'étant pour nous que dans l'ordre des possibles, ne peuvent être observées que des yeux de l'esprit. Ou ces vérités sont les principes des faits qui les prouvent, et le *critique* doit y remonter par l'enchaînement de ces faits; ou elles en sont des conséquences, et par les mêmes degrés il doit descendre jusqu'à elles.

Souvent la vérité n'a qu'une voie par où l'inventeur y est arrivé, et dont il ne reste aucun vestige : alors il y a peut-être plus de mérite à retrouver la route, qu'il n'y en a eu à la découvrir. L'inventeur n'est quelquefois qu'un aventurier que la tempête a jeté dans le port; le *critique* est un pilote habile que son art seul y conduit : si toutefois il est permis d'appeler *art* une suite de tentatives incertaines et de rencontres fortuites où l'on ne marche qu'à pas tremblants. Pour réduire en règles l'investigation des vérités physiques, le *critique* devrait tenir le milieu et les extrémités de la chaîne; un chaînon qui lui échappe, est un échelon qui lui manque pour s'élever à la démonstration. Cette méthode sera longtemps impraticable. Le voile de la nature est pour nous comme le voile de la nuit, où dans une immense obscurité brillent quelques points de lumière; et il n'est que trop prouvé que ces points lumineux ne sauraient se multiplier assez pour éclairer leurs intervalles. Que doit donc faire le *critique* ? observer les faits connus; en déterminer, s'il se peut, les rapports et les distances; rectifier les faux calculs et les observations défectueuses; en un mot, convaincre l'esprit humain de sa faiblesse, pour lui faire employer utilement le peu de force qu'il épuise en vain; et oser dire à celui qui veut plier l'expérience à ses idées : *Ton métier est d'interroger la nature, non de la faire parler.*

. . . .

Il est pour les découvertes un temps de maturité avant lequel les recherches semblent infructueuses. Une vérité attend pour éclore la réunion de ses éléments. Ces germes ne se rencontrent et ne s'arrangent que par une longue suite de combinaisons ; ainsi ce qu'un siècle n'a fait que couver, s'il est permis de le dire, est produit par le siècle qui lui succède ; ainsi le problème des trois corps proposé par Newton, n'a été résolu que de nos jours, et l'a été par trois hommes en même temps. C'est cette espèce de fermentation de l'esprit humain, cette digestion de nos connaissances, que le *critique* doit observer avec soin : suivre pas à pas la science dans ses progrès, marquer les obstacles qui l'ont retardée, comment ces obstacles ont été levés, et par quel enchaînement de difficultés et de solutions elle a passé du doute à la probabilité, de la probabilité à l'évidence. Par là il imposerait silence à ceux qui ne font que grossir le volume de la science sans en augmenter le trésor. Il marquerait le pas qu'elle aurait fait dans un ouvrage ; ou renverrait l'ouvrage au néant, si l'auteur la laissait où il l'aurait prise. Tels sont dans cette partie l'objet et le fruit de la *critique*.

. . . .

(Marmontel)

CROIRE, v. act. et neut. (*Métaphysique*). C'est être persuadé de la vérité d'un fait ou d'une proposition, ou parce qu'on ne s'est pas donné la peine de l'examen, ou parce qu'on a mal examiné, ou parce qu'on a bien examiné. Il n'y a guère que le dernier cas dans lequel l'assentiment puisse être ferme et satisfaisant. Il est aussi rare que difficile d'être content de soi, lorsqu'on n'a fait aucun usage de sa raison, ou lorsque l'usage qu'on en a fait est mauvais. Celui qui *croit,* sans avoir aucune raison de *croire,* eût-il rencontré la vérité, se sent toujours coupable d'avoir négligé la prérogative la plus importante de sa nature, et il n'est pas possible qu'il imagine qu'un heureux hasard pallie l'irrégularité de sa conduite. Celui qui se trompe, après avoir employé les facultés de son âme dans toute leur étendue, se rend à lui-même le témoignage d'avoir rempli son devoir de créature raisonnable ; et il serait aussi condamnable de croire sans examen, qu'il le serait de ne pas croire une vérité évidente ou clairement prouvée. On aura donc bien réglé son assentiment, et on l'aura placé comme on doit, lorsque en quelque cas et sur quelque matière que ce soit, on aura écouté la voix de sa conscience et de sa raison. Si on eût agi autrement, on eût péché contre ses propres lumières, et abusé de facultés qui ne nous ont été données pour aucune autre fin, que pour suivre la plus grande évidence et la plus grande probabilité : on ne peut contester ces principes, sans détruire la raison et jeter l'homme dans des perplexités fâcheuses. *Voyez* CRÉDULITÉ, FOI.

(Diderot)

CRUAUTÉ, s. f. *(Morale).*

. . . .

Mais le zèle destructeur inspire surtout la *cruauté*, et une *cruauté* d'autant plus affreuse, qu'on l'exerce tranquillement par de faux principes qu'on suppose légitimes. Voilà quelle a été la source des barbaries incroyables commises par les Espagnols sur les Maures, les Américains, et les habitants des Pays-Bas. On rapporte que le duc d'Albe fit passer dix-huit mille personnes par les mains du bourreau pendant les six années de son gouvernement ; et ce barbare eut une fin paisible, tandis qu'Henri IV fut assassiné.

Lorsque la superstition, dit un des beaux esprits du siècle, répandit en Europe cette maladie épidémique nommée *croisade*, c'est-à-dire ces voyages d'outre-mer prêchés par les moines, encouragés par la politique de la Cour de Rome, exécutés par les Rois, les Princes de l'Europe et leurs vassaux, on égorgea tout dans Jérusalem, sans distinction de sexe ni d'âge ; et quand les croisés arrivèrent au Saint-Sépulcre, ornés de leurs croix encore toutes dégouttantes du sang des femmes qu'ils venaient de massacrer après les avoir violées, ils baisèrent la terre et fondirent en larmes. Tant la nature humaine est capable d'associer extravagamment une religion douce et sainte avec le vice détestable qui lui est le plus opposé !

. . . .

(De Jaucourt)

D

DÉLICIEUX, adj. *(Gramm.)*, ce terme est propre à l'organe du goût. Nous disons d'un mets, d'un vin, qu'il est *délicieux*, lorsque le palais en est flatté le plus agréablement qu'il est possible. Le *délicieux* est le plaisir extrême de la sensation du goût. On a généralisé son acception ; et l'on dit d'un séjour qu'il est *délicieux*, lorsque tous les objets qu'on y rencontre réveillent les idées les plus douces, ou excitent les sensations les plus agréables. Le suave extrême est le *délicieux* des odeurs. Le repos a aussi son *délice ;* mais qu'est-ce qu'un repos *délicieux ?* Celui-là seul en a connu le charme inexprimable, dont les organes étaient sensibles et délicats ; qui avait reçu de la nature une âme tendre et un tempérament voluptueux ; qui jouissait d'une santé parfaite ; qui se trouvait à la fleur de son âge ; qui n'avait l'esprit troublé d'aucun nuage, l'âme agitée d'aucune émotion trop vive ; qui sortait d'une fatigue douce et légère, et qui éprouvait dans toutes les parties de son corps un plaisir si également répandu, qu'il ne se faisait distinguer dans aucun. Il ne lui restait dans ce moment d'enchantement et de faiblesse, ni mémoire du passé, ni désir de l'avenir, ni inquiétude sur le présent. Le temps avait cessé de couler pour lui, parce qu'il existait tout en lui-même ; le sentiment de son bonheur ne s'affaiblissait qu'avec celui de son existence. Il passait par un mouvement imperceptible de la veille au sommeil ; mais sur ce passage imperceptible, au milieu de la défaillance de toutes ses facultés, il veillait encore assez, sinon pour penser à quelque chose de distinct, du moins pour sentir toute la douceur de son existence : mais il en jouissait d'une jouissance tout à fait passive, sans y être attaché, sans y réfléchir, sans s'en réjouir, sans s'en féliciter. Si l'on pouvait fixer par la pensée cette situation de pur sentiment, où toutes les facultés du corps et de l'âme sont vivantes sans être agissantes, et attacher à ce quiétisme *délicieux* l'idée d'immutabilité, on se formerait la notion du bonheur le plus grand et le plus pur que l'homme puisse imaginer.

(Diderot)

DICTIONNAIRE, s. m. (*Ordre Encycl. Entend. Raison. Philos. ou science de l'homme ; Logiq. Art de communiquer, Grammaire, Dictionn.*)

. . . .

DICTIONNAIRES DE SCIENCES ET D'ARTS, TANT LIBÉRAUX QUE MÉCANIQUES. M. Diderot a traité cette matière avec tant de soin et de précision dans le *Prospectus* de cet ouvrage, imprimé depuis à la suite du Discours Préliminaire, que nous n'avons rien à y ajouter. Nous ne nous arrêterons ici que sur deux choses, sur l'utilité des ouvrages de cette espèce, et (ce qui nous touche de plus près) sur les *dictionnaires de Sciences et d'Arts*, qui sont de plus encyclopédiques.

Nous avons déjà parlé assez au long du premier objet dans le Discours Préliminaire et dans l'avertissement du troisième volume. Ces sortes d'ouvrages sont un secours pour les savants, et sont pour les ignorants un moyen de ne l'être pas tout à fait : mais jamais aucun auteur de *dictionnaire* n'a prétendu qu'on pût dans un livre de cette espèce, s'instruire à fond de la science qui en fait l'objet ; indépendamment de tout autre obstacle, l'ordre alphabétique seul en empêche. Un *dictionnaire* bien fait est un ouvrage que les vrais savants se bornent à consulter, et que les autres lisent pour en tirer quelques lumières superficielles. Voilà pourquoi un *dictionnaire* peut et souvent même doit être autre chose qu'un simple vocabulaire, sans qu'il en résulte aucun inconvénient. Et quel mal peuvent faire aux Sciences des *dictionnaires* où l'on ne se borne pas à expliquer les mots, mais où l'on traite les matières jusqu'à un certain point, surtout quand ces *dictionnaires*, comme l'Encyclopédie, renferment des choses nouvelles ?

Ces sortes d'ouvrages ne favorisent la paresse que de ceux qui n'auraient jamais eu par eux-mêmes la patience d'aller puiser dans les sources. Il est vrai que le nombre des vrais savants diminue tous les jours, et que le nombre des *dictionnaires* semble augmenter à proportion ; mais bien loin que le premier de ces deux effets soit la suite du second, je crois que c'est tout le contraire. C'est la fureur du bel esprit qui a diminué le goût de l'étude, et par conséquent les savants ; et c'est la diminution de ce goût qui a obligé de multiplier et de faciliter les moyens de s'instruire.

Enfin on pourrait demander aux censeurs des *dictionnaires*, s'ils ne croyent pas que les journaux littéraires soient utiles, du moins quand ils sont bien faits ; cependant on peut faire à ces sortes d'ouvrages le même reproche que l'on fait aux *dictionnaires*, celui de contribuer à étendre les connaissances en superficie, et à diminuer par ce moyen le véritable savoir. La multiplication des journaux est même en un sens moins utile que celle des *dictionnaires*, parce que tous les journaux ont ou doivent avoir par leur nature à peu près le même objet, et que les *dictionnaires* au contraire peuvent varier à l'infini, soit par leur exécution, soit par la matière qu'ils traitent.

A l'égard de l'ordre encyclopédique d'un *dictionnaire*, nous en avons aussi parlé dans le Discours Préliminaire. Nous avons fait voir en quoi consistait cet ordre, et de quelle manière il pouvait s'allier avec l'ordre alphabétique. Ajoutons ici les réflexions sui-

vantes. Si on voulait donner à quelqu'un l'idée d'une
machine un peu compliquée, on commencerait par
démonter cette machine, par en faire voir séparément
et distinctement toutes les pièces, et ensuite on expli-
querait le rapport de chacune de ces pièces à ses
voisines; et en procédant ainsi, on ferait entendre
clairement le jeu de toute la machine, sans même être
obligé de la remonter. Que doivent donc faire les
auteurs d'un *dictionnaire* encyclopédique? C'est de
dresser d'abord, comme nous l'avons fait, une table
générale des principaux objets des connaissances
humaines. Voilà la machine démontée pour ainsi dire
en gros : pour la démonter plus en détail, il faut
ensuite faire sur chaque partie de la machine, ce qu'on
a fait sur la machine entière : il faut dresser une table
des différents objets de cette partie, des termes principaux qui y sont en usage : il faut, pour voir la liaison et
l'analogie des différents objets, et l'usage des différents
termes, former dans sa tête et à part le plan d'un traité
de cette Science bien lié et bien suivi : il faut ensuite
observer quelles seraient dans ce traité les parties et
propositions principales, et remarquer non seulement
leur dépendance avec ce qui précède et ce qui suit,
mais encore l'usage de ces propositions dans d'autres
sciences, ou l'usage qu'on a fait des autres sciences
pour trouver ces propositions. Ce plan bien exécuté, le
dictionnaire ne sera plus difficile. On prendra ces
propositions ou parties principales; on en fera des
articles étendus et distingués; on marquera avec soin
par des renvois la liaison de ces articles avec ceux qui
en dépendent ou dont ils dépendent, soit dans la
science même dont il s'agit, soit dans d'autres
sciences; on fera pour les simples termes d'art particuliers à la science, des articles abrégés avec un renvoi à
l'article principal, sans craindre même de tomber dans
des redites, lorsque ces redites seront peu considérables, et qu'elles pourront épargner au lecteur la peine
d'avoir recours à plusieurs articles sans nécessité; et le
dictionnaire encyclopédique sera achevé. Il ne s'agit pas

de savoir si ce plan a été observé exactement dans notre ouvrage ; nous croyons qu'il l'a été dans plusieurs parties, et dans les plus importantes ; mais quoi qu'il en soit, il suffit d'avoir montré qu'il est très possible de l'exécuter. Il est vrai que dans un ouvrage de cette espèce on ne verra pas la liaison des matières aussi clairement et aussi immédiatement que dans un ouvrage suivi. Mais il est évident qu'on y suppléera par des renvois, qui serviront principalement à montrer l'ordre encyclopédique, et non pas seulement comme dans les autres *dictionnaires* à expliquer un mot par un autre. D'ailleurs on n'a jamais prétendu, encore une fois, ou étudier ou enseigner de suite quelque science que ce puisse être dans un *dictionnaire*. Ces sortes d'ouvrages sont faits pour être consultés sur quelque objet particulier : on y trouve plus commodément qu'ailleurs ce qu'on cherche, comme nous l'avons déjà dit, et c'est là leur principale utilité. Un *dictionnaire* encyclopédique joint à cet avantage celui de montrer la liaison scientifique de l'article qu'on lit, avec d'autres articles qu'on est le maître, si l'on veut, d'aller chercher. D'ailleurs si la liaison particulière des objets d'une science ne se voit pas aussi bien dans un *dictionnaire* encyclopédique que dans un ouvrage suivi, du moins la liaison de ces objets avec les objets d'une autre science, se verra mieux dans ce *dictionnaire* que dans un traité particulier, qui borné à l'objet de la science dont il traite, ne fait pour l'ordinaire aucune mention du rapport qu'elle peut avoir aux autres sciences. *Voir le Prospectus et le Discours préliminaire déjà cités.*

. . . .

(D'Alembert)

DROIT NATUREL *(Morale)*. L'usage de ce mot est si familier, qu'il n'y a presque personne qui ne soit convaincu au-dedans de soi-même que la chose lui est

évidemment connue. Ce sentiment intérieur est commun au philosophe, et à l'homme qui n'a point
réfléchi ; avec cette seule différence qu'à la question,
qu'est-ce que le droit ? celui-ci manquant aussitôt et de
termes et d'idées, vous renvoie au tribunal de la
conscience et reste muet ; et que le premier n'est réduit
au silence, et à des réflexions plus profondes, qu'après
avoir tourné dans un cercle vicieux qui le ramène au
point même d'où il était parti, ou le jette dans quelque
autre question non moins difficile à résoudre que celle
dont il se croyait débarrassé par sa définition.

Le philosophe interrogé dit, *le droit est le fondement
ou la raison première de la justice.* Mais qu'est-ce que la
justice ? *C'est l'obligation de rendre à chacun ce qui lui
appartient.* Mais qu'est-ce qui appartient à l'un plutôt
qu'à l'autre dans un état de choses où tout serait à tous,
et où peut-être l'idée distincte d'obligation n'existerait
pas encore ? et que devrait aux autres celui qui leur
permettrait tout, et ne leur demanderait rien ? C'est ici
que le philosophe commence à sentir que de toutes les
notions de la Morale, celle du *droit naturel* est une des
plus importantes et des plus difficiles à déterminer.
Aussi croirions-nous avoir fait beaucoup dans cet
article, si nous réussissions à établir clairement quelques principes à l'aide desquels on pût résoudre les
difficultés les plus considérables qu'on a coutume de
proposer contre la notion du *droit naturel*.

. . . .

I. Il est évident que si l'homme n'est pas libre, ou
que si ses déterminations instantanées, ou même ses
oscillations, naissant de quelque chose de matériel qui
soit extérieur à son âme, son choix n'est point l'acte
pur d'une substance incorporelle, et d'une faculté
simple de cette substance ; il n'y aura ni bonté ni
méchanceté raisonnées, quoiqu'il puisse y avoir bonté
et méchanceté animales ; il n'y aura ni bien ni mal
moral, ni juste ni injuste, ni obligation ni droit. D'où
l'on voit, pour le dire en passant, combien il importe
d'établir solidement la réalité, je ne dis pas du *volon-*

taire, mais de la *liberté* qu'on ne confond que trop ordinairement avec le *volontaire*.

II. Nous existons d'une existence pauvre, contentieuse, inquiète. Nous avons des passions et des besoins. Nous voulons être heureux ; et à tout moment l'homme injuste et passionné se sent porter à faire à autrui ce qu'il ne voudrait pas qu'on lui fît à lui-même. C'est un jugement qu'il prononce au fond de son âme, et qu'il ne peut se dérober. Il voit sa méchanceté, et il faut qu'il se l'avoue, ou qu'il accorde à chacun la même autorité qu'il s'arroge.

III. Mais quels reproches pourrons-nous faire à l'homme tourmenté par des passions si violentes, que la vie même lui devient un poids onéreux, s'il ne les satisfait, et qui, pour acquérir le droit de disposer de l'existence des autres, leur abandonne la sienne ? Que lui répondrons-nous, s'il dit intrépidement : « Je sens que je porte l'épouvante et le trouble au milieu de l'espèce humaine ; mais il faut ou que je sois malheureux, ou que je fasse le malheur des autres ; et personne ne m'est plus cher que je me le suis à moi-même. Qu'on ne me reproche point cette abominable prédilection ; elle n'est pas libre. C'est la voix de la nature qui ne s'explique jamais plus fortement en moi que quand elle me parle en ma faveur. Mais n'est-ce que dans mon cœur qu'elle se fait entendre avec la même violence ? O hommes, c'est à vous que j'en appelle ! Quel est celui d'entre vous qui, sur le point de mourir, ne rachèterait pas sa vie aux dépens de la plus grande partie du genre humain, s'il était sûr de l'impunité et du secret ? » Mais, continuera-t-il, « je suis équitable et sincère. Si mon bonheur demande que je me défasse de toutes les existences qui me seront importunes ; il faut aussi qu'un individu, quel qu'il soit, puisse se défaire de la mienne, s'il en est importuné. La raison le veut, et j'y souscris. Je ne suis pas assez injuste pour exiger d'un autre un sacrifice que je ne veux point lui faire. »

IV. J'aperçois d'abord une chose qui me semble avouée par le bon et par le méchant, c'est qu'il faut

raisonner en tout, parce que l'homme n'est pas seulement un animal, mais un animal qui raisonne ; qu'il y a
par conséquent dans la question dont il s'agit, des
moyens de découvrir la vérité ; que celui qui refuse de
la chercher renonce à la qualité d'homme, et doit être
traité par le reste de son espèce comme une bête
farouche ; et que la vérité une fois découverte, quiconque refuse de s'y conformer, est insensé ou méchant
d'une méchanceté morale.

V. Que répondrons-nous donc à notre raisonneur
violent, avant que de l'étouffer ? Que tout son discours
se réduit à savoir s'il acquiert un droit sur l'existence
des autres, en leur abandonnant la sienne ; car il ne
veut pas seulement être heureux, il veut encore être
équitable, et par son équité écarter loin de lui l'épithète
de *méchant ;* sans quoi il faudrait l'étouffer sans lui
répondre. Nous lui ferons donc remarquer que quand
bien même ce qu'il abandonne lui appartiendrait si
parfaitement, qu'il en pût disposer à son gré, et que la
condition qu'il propose aux autres leur serait encore
avantageuse, il n'a aucune autorité légitime pour la leur
faire accepter ; que celui qui dit, *je veux vivre,* a autant
de raison que celui qui dit, *je veux mourir ;* que celui-ci
n'a qu'une vie, et qu'en l'abandonnant il se rend maître
d'une infinité de vies ; que son échange serait à peine
équitable, quand il n'y aurait que lui et un autre
méchant sur toute la surface de la terre ; qu'il est
absurde de faire vouloir à d'autres ce qu'on veut ; qu'il
est incertain que le péril qu'il fait courir à son
semblable, soit égal à celui auquel il veut bien s'exposer : que ce qu'il permet au hasard peut n'être pas d'un
prix proportionné à ce qu'il me force de hasarder ; que
la question du *droit naturel* est beaucoup plus compliquée qu'elle ne lui paraît ; qu'il se constitue juge et
partie, et que son tribunal pourrait bien n'avoir pas la
compétence dans cette affaire.

VI. Mais si nous ôtons à l'individu le droit de
décider de la nature du juste et de l'injuste, où
porterons-nous cette grande question ? Où ? Devant le

genre humain : c'est à lui seul qu'il appartient de la décider, parce que le bien de tous est la seule passion qu'il ait. Les volontés particulières sont suspectes ; elles peuvent être bonnes ou méchantes, mais la volonté générale est toujours bonne : elle n'a jamais trompé, elle ne trompera jamais. Si les animaux étaient d'un ordre à peu près égal aux nôtres ; s'il y avait des moyens sûrs de communication entre eux et nous ; s'ils pouvaient nous transmettre évidemment leurs sentiments et leurs pensées, et connaître les nôtres avec la même évidence : en un mot s'ils pouvaient voter dans une assemblée générale, il faudrait les y appeler ; et la cause du *droit naturel* ne se plaiderait plus par-devant l'*humanité*, mais par-devant l'*animalité*. Mais les animaux sont séparés de nous par des barrières invariables et éternelles ; et il s'agit ici d'un ordre de connaissances et d'idées particulières à l'espèce humaine, qui émanent de sa dignité et qui la constituent.

VII. C'est à la volonté générale que l'individu doit s'adresser pour savoir jusqu'où il doit être homme, citoyen, sujet, père, enfant, et quand il lui convient de vivre ou de mourir. C'est à elle à fixer les limites de tous les devoirs. Vous avez le *droit naturel* le plus sacré à tout ce qui ne vous est point contesté par l'espèce entière. C'est elle qui vous éclairera sur la nature de vos pensées et de vos désirs. Tout ce que vous concevrez, tout ce que vous méditerez sera bon, grand, élevé, sublime, s'il est de l'intérêt général et commun. Il n'y a de qualité essentielle à votre espèce, que celle que vous exigez dans tous vos semblables pour votre bonheur et pour le leur. C'est cette conformité de vous à eux tous, et d'eux tous à vous, qui vous marquera quand vous sortirez de votre espèce, et quand vous y resterez. Ne la perdez donc jamais de vue, sans quoi vous verrez les notions de la bonté, de la justice, de l'humanité, de la vertu, chanceler dans votre entendement. Dites-vous souvent : Je suis homme, et je n'ai d'autres *droits naturels* véritablement inaliénables que ceux de l'humanité.

VIII. Mais, me direz-vous, où est le dépôt de cette volonté générale ? Où pourrai-je la consulter ?... Dans les principes du droit écrit de toutes les nations policées ; dans les actions sociales des peuples sauvages et barbares ; dans les conventions tacites des ennemis du genre humain entre eux ; et même dans l'indignation et le ressentiment, ces deux passions que la nature semble avoir placées jusque dans les animaux pour suppléer au défaut des lois sociales, et de la vengeance publique.

IX. Si vous méditez donc attentivement tout ce qui précède, vous resterez convaincu : 1° que l'homme qui n'écoute que sa volonté particulière, est l'ennemi du genre humain ; 2° que la volonté générale est dans chaque individu un acte pur de l'entendement qui raisonne dans le silence des passions sur ce que l'homme peut exiger de son semblable, et sur ce que son semblable est en droit d'exiger de lui ; 3° que cette considération de la volonté générale de l'espèce et du désir commun, est la règle de la conduite relative d'un particulier à un particulier dans la même société ; d'un particulier envers la société dont il est membre, et de la société dont il est membre, envers les autres sociétés ; 4° que la soumission à la volonté générale est le lien de toutes les sociétés, sans en excepter celles qui sont formées par le crime. Hélas, la vertu est si belle, que les voleurs en respectent l'image dans le fond même de leurs cavernes ; 5° que les lois doivent être faites pour tous, et non pour un ; autrement cet être solitaire ressemblerait au raisonneur violent que nous avons étouffé dans le paragraphe V ; 6° que puisque des deux volontés, l'une générale, et l'autre particulière, la volonté générale n'erre jamais, il n'est pas difficile de voir à laquelle il faudrait pour le bonheur du genre humain que la puissance législative appartînt ; et quelle vénération l'on doit aux mortels augustes dont la volonté particulière réunit et l'autorité et l'infaillibilité de la volonté générale ; 7° que quand on supposerait la notion des espèces dans un flux perpétuel, la nature du *droit naturel* ne changerait pas, puisqu'elle serait toujours relative à la volonté générale, et au désir commun de l'espèce entière ; 8° que l'équité est à la justice comme la cause est à son effet, ou que la justice ne peut être autre chose que l'équité déclarée ; 9° enfin, que toutes ces conséquences sont évidentes pour celui qui raisonne, et que celui qui ne veut pas raisonner, renonçant à la qualité d'homme, doit être traité comme un être dénaturé.

(Diderot)

TABLE

ENCYCLOPÉDIE OU DICTIONNAIRE RAISONNÉ
DES SCIENCES, DES ARTS ET DES MÉTIERS

DERNIÈRES PARUTIONS

GF-CORPUS

GF - DOSSIER

GF Flammarion

00/11/83389-XI-2000 – Impr. MAURY Eurolivres, 45300 Manchecourt.
N° d'édition FG042604. – Septembre 1986. – Printed in France.